리더십의 맹점

리더십의 맹점

초판 1쇄 발행   2015년 5월 15일

지 은 이   로버트 브러스 서
옮 긴 이   토마스 안 · 벨라 정
펴 낸 곳   앰버리트 (영어닷컴 임프린트입니다)

주　　소   서울시 종로구 삼봉로 95 208호 (견지동, 대성스카이렉스)
전　　화   02-739-5333
팩　　스   02-739-5777
이 메 일   amberlit@naver.com

ISBN 979-11-85345-04-8   13320

LEADERSHIP BLINDSPOTS

리더십의 맹점

로버트 브러스 셔 지음 │ 토마스 안 · 벨라 정 옮김

앰버리트
AMBERLIT

평소에 잘 알고 지내는 한 기업체 이사가 어느 날 내게 이런 말을 했다.

"말로 하는 모든 것이 이루어질 때, 보다 나은 지도력이 생깁니다."

"어떻게 해야 그런 능력을 개발할 수 있을까요?"라고 묻자 그는 내게 부드러운 미소를 지어 보이며 답했다.

"당신을 파멸로 이끌지만 않는다면 나쁜 결정을 많이 내리세요."

좋은 판단은 나쁜 판단 위에서 이루어진다!

경험과 실수의 결과에서 성공을 배운다는 의미다. 사람은 자신이 내린 선택의 결과를 교훈 삼아 살아가면서 더 좋은 판단을 내릴 수 있게 된다. 그리고 다른 리더의 모습을 지켜보면서, 그들이 결정하는 과정에서 교훈을 찾을 수도 있을 것이다. 하지만 완전한 진실은 경험이 절대 만병통치약은 아니라는 것이다. 사람은 똑같은 실수를 다시는 저지르지 않을 수 있고, 경력이 쌓이면서 실수가 줄어들 가능성이 크다. 하지만 실수를 아예 저지르지 않을 수는 없다. 사람이라면 실수는 하게 마련이다. 능력이 아주 뛰어나고 맡은 일에 준비가 잘된 지도자라 할지라도, 일을 하면서 계속 배워나가고 상황은 언제나 변화무쌍할 것이며 그 속에서 예측조차 힘든 복잡하고 어려운 상황을 만나게 된다. 이럴 때 실수하면 승진 기회에 치명적 대가를 지불하게 될 것이다.

 JC 페니JC Penney의 론 존슨Ron Johnson의 경우를 생각해 보자. 존슨은 타깃Target과 애플Apple에서 거둔 놀라운 실적을 바탕으로 JC 페니의 CEO로 임명되었다. 그는 타깃과 애플에 유통 분야를 창설하여 세계적으로 엄청난 수익을 올리는 업체로 만들었다. 꽤 많은 사람들이 론 존슨을 유통업계의 천재라 칭송했다. 그가 CEO로 임명되었을 때 JC 페니의 상황은 그다지 좋지 못했다. JC 페니의 이사진들은 침체에 빠진 회사에 활력을 불어넣기 위한 적임자로 존슨을 택했고, 그의 혁신적 리더십이 회사에 필요하다고 믿었다. 론 존슨은 JC 페니의 CEO로 지명되자 100년 된 이 판매업체를 위해 곧 대담한 미래 계획을 추진했다. 그는 대형 할인 판매와 개인 라벨 상품으로 판매를 해오던 이 회사의 방식을 완전히 탈피해 다양한 브랜드 상품을 매일 싼 가격에 제시하는 방식으로 변화를 주었다. 존슨은 아직 완전히 알지 못하는 이 회사와 시장을 지나치게 빨리 변화시킨다는 우려 섞인 경고를 여러 사람에게 수차례 받았지만 결코 멈추지 않았다. 그의 이전 애플 동료들 가운데 일부는 자신감이 지나쳐 오만하기까지 하다고 존슨에게 말했지만, 그는 거침없이 자신의 소신대로 밀어붙였다. 그런데 그의 사업 전략이 잘못 기획되었고 심지어 제대로 집행도 되지 않았다는 것이 밝혀졌다. 그 회사의 전통적 고객 중 많은 사람들이 JC 페니에서 쇼핑을 중단했고, 존슨이 CEO가 된 첫 해에 JC 페니는 무려 10억 달러에 달하는 손실을 냈다. 경영대 한 교수는 그가 JC 페니에 취임했을 때 이미 이 회사는 깊은 구덩이 속에 빠져 있었지만, 존슨은 JC 페니를 본궤도 위로 올려놓기는커녕 휘청이는 JC 페니에 불까지 질렀다고 말했다.

실수는 여러 가지 이유로 발생한다. 어떤 경우는 리더가 이용할 수 있는 정보가 불완전하거나 잘못됐을 수도 있고, 또 다른 경우는 회사가 활발히 움직이는 동안에도 영업적 분석이 최선의 추진 전략에서 충분하지 못할 수도 있다. 또 리더의 선택이 잘못된 경우도 있다. 모든 투자가 다 성공하는 건 아니다. 하지만 론 존슨의 실수는 합리적이었다고 말할 수 없다. 그의 경우는 사건 발생 전에는 몇 사람만이 말하지만 사건이 발생한 후에는 많은 사람이 한결같이 말하는 종류의 일반적 실수를 저질렀다. 존슨은 타깃과 애플에서 경험했던 것보다 악조건의 회사를 물려받았다. 또한 그는 화려한 애플 상품 매장에서 아이폰을 판매하는 것과는 완전히 다른 전통적 소매 중산층 시장에 대한 경험이 거의 없었다. 이런 차이가 있었음에도 그는 타깃이나 애플에 재직할 때 자기에게 가장 잘 맞았던 경영 기술이 JC 페니에서도 성공적일 것이라고 확신했다. 그에겐 무엇이 성공적일지 말해주는 연구는 필요하지 않았다. 그리고 그는 회사가 가장 성공적으로 나아갈 방향에 대한 다른 견해는 들으려 하지 않았다. 심지어 그의 전략이 완전히 실패하고 휘청이는 회사에 불까지 지른 후에도, 존슨은 그 직위에 계속 있었다면 이 정책을 절대 바꾸지 않았을 것이라고 말했다. 하지만 결국 존슨은 자신의 실수를 인정했다. 그리고 새로운 계획을 세워 JC 페니를 살리려고 노력했지만 때는 이미 늦었다. 그는 더 이상 JC 페니의 CEO가 아니었다.

　　이 책에서 나는 리더의 성공을 침식할 가능성이 있는 위협이나 약점을 인식하지 못하는 상황을 설명하기 위해 맹점Blindspot이라는 어휘를 사용한다. 맹점의 정의는 서로 관련된 두 가지 개념에서 명백해진다.

　　첫째, 소위 검은 백조 사건Black Swan Events: 예측 불가능하고 통제 불능이며 드물게 나타나는, 도저히 일어날 것 같지 않은 일이 일어나는 것의 결과로, 리더의 능력 밖에서 발생하는 일들이다. 나심 탈레브Nassim Taleb는 검은 백조와 같이 현실에서는 있을 수 없는 개념을 설명하기 위해 인터넷을 예로 들었다. 인터넷은 인간이 예측 불가능했던 사건이지만 일단 정착되자 기업 운영 전망은 물론이고 사회 특성마저 모두 바꿔버렸다. 또 다른 예는 최근 석유를 완전히 추출하기 위한 수평보링horizontal drilling과 수압파쇄hydraulic fracturing 방법의 발전으로, 이것은 미국 경제와 세계 경제에 큰 영향을 끼친다. 리더가 검은 백조 사건에 대비하는 최선의 방법은 상황을 피할 수 있는 다양한 경우를 모두 고려해 대처 방안을 미리 생각하는 것이다. 맹점은 흔히 나타나지만 사전에 인지할 수 있는 가능성이 있다는 점에서 검은 백조 사건과 다르다. 맹점은 인지할 수 있고 대책이 가능하다.

맹점은 인지할 수 있고 대책이 가능하다.

　　둘째, 실수는 때때로 상황을 인지하지 못해서 생긴다. 즉, 주변 환경이 약점이나 위험을 거의 인지하지 못하게 만드는 것이다. 이런 상황은 검은 백조 사건만큼 심각하지는 않지만 리더의 인식을 차단하기도 한다. 리더가 직면한 사건을 정확하게 판단하려면, 시간이 흐르면서 전개되는 새로운 데이터를 인식해야 한다.

　　이 점을 설명하기 위해 예를 들어보자. 뉴욕에 사는 친구의 아들은 스쿨버스를 타고 학교에 간다. 그 아들은 매일 아침 고층 아파트 창문 밖을 망원경으로 살피

**리더는 맹점을
찾기만 하면
얼마든지
인지가 가능하다.**

다가 버스가 저 멀리 보이기 시작하면 그제야 아래로 내려가 제 시각에 맞춰 버스를 탄다. 하지만 맨해튼에 안개가 짙게 깔리는 날이면 망원경으로 바깥을 살필 수 없기에 일찍부터 도로에 나가 언제 올지 모르는 버스를 기다려야 한다. 회사에서 내리는 결정에 나타나는 맹점도 결국 리더의 실수가 아니라 맨해튼의 짙은 안개 속 상황과 비슷하다. 그러나 맹점의 조건은 직면한 상황에서 발생한다. 예를 들면 리더는 시장에 비슷한 물건이 없는 새로운 상품을 내놓으려고 한다. 사전 분석이 도움이 될 수는 있지만 이 상품은 리더가 내리는 결정의 근거가 되는 데이터가 나오기 전에 시장에 출시된다. 리더는 필요한 정보를 입수할 수 있는 상황이 아니기 때문에 마치 눈을 감고 더듬는 것과 같다. 한편 리더는 맹점을 찾기만 하면 얼마든지 인지가 가능하다.

이 책은 검은 백조 사건에 집중하는 것도 아니고 상황적 맹점을 집중적으로 다루는 것도 아니다. 그보다 상당히 중요한 의미를 갖는 비非이론적 실수를 조사하고자 하는 것이다. 즉, 이것은 지도자들이 그들 앞에 무엇이 와 있는지 보지 못할 때 피해를 야기할 가능성이 있는 것들이다. 이런 종류의 맹점 중 가장 눈에 띄는 것은 일반적으로 자신의 행동이 다른 사람에게 끼치는 영향에 대해 인지하지 못하는 것이다. 이는 자기 팀원에게 전권을 주는 것이 효율적이라고 믿으면서도 중요한 결정은 직접 내리는 형태로 나타난다. 그러면 팀원은 자연히 리더가 원하는 것을 따라 하게 될 뿐이다.

예를 들어 중간 관리 매니저 채용 문제를 놓고 리더가 필요한 사람을 직접 고용하는 대신 공석에 적합한 후보를 선정하도록 지시할 수도 있다. 그런데 팀원은 리더가 자신들을 미시 관리Micromanaging하며 제약한다고 느끼고 있는 반면 리더는 지나칠 정도로 그룹을 통제하지는 않는다고 생각한다. 현실에서 리더는 모든 업무 처리 권한을 팀원들에게 위임하는 것처럼 행동하면서, 실제 결정은 자신이 내리는 이중적인 행동을 하고 있는 것이다. 리더는 분명 팀원들을 당황하게 만들면서도 전혀 인지하지 못하고 있다.

맹점은 자기 자신이나 자신의 행동을 정확하게 바라보지 못하는 경우뿐만 아니라 팀이나 조직 또는 시장을 바라보는 방법에서도 분명히 나타난다. 예를 들어 어떤 리더는 특정 팀의 직원들을 실제보다 더 능력 있는 사람으로 보거나, 다른 사람의 확인되지 않은 능력을 파악하지 못해 아예 폭 넓은 역할을 할 수 있는 기회조차 주지 않는다. 또 다른 리더는 그들의 조직에 대해 잘못된 견해를 품고 있다. 경영진 이사 중 한 사람은 회사의 조직 개편이 지속적으로 발전한다고 믿고 있다. 그러나 사내 장기 근무자들 중 일부는 새로운 계획에 저항하면서 자신들은 경영진과 입장이 다르다고 생각하고 새로운 시도를 성공시키는 데 필요한 지원도 꺼리고 있는 사실을 그는 알지 못하고 있다. 이와 같이 다른 리더들도 론 존슨이 JC 페니에서 한 것처럼 그들 시장에 대해 잘 알지 못할 수도 있다. 이런 리더는 자기 고객을 정확하게 보지 못하는 지도자들이다. 이처럼 맹점은 다양한 분야에서 나타난다. 즉, '당신은 자신에 대해 어떻게 생각하는가? 타인에 대한 영향을 어떻게 바라보는가? 당신이 경쟁하는 산업체와 시장에서 회사에 끼치는 힘을 어떻게 바라보는가?' 등의 질문에 관하여 현명한 리더는 위의 여러 가지 종류 중 한 가지의 맹점은 가지고 있을 수 있다는 것을 알고 있는 사람이다.

다음 장에서 나는 흔히 존재하는 맹점을 찾는 방법을 조사할 것이다.

리더십의 장점은 대체로 맹점과 가까운 곳에서 발견된다.

첫째, 리더십의 장점은 대체로 맹점과 가까운 곳에서 발견된다. 예를 들어 대단히 정열적인 리더는 반대 견해를 철저히 무시하면서 자기 확신과 계획에 어울리지 않는 정보는 받아들이지 않으며 자기 견해만 확신한다. 특히 환상을 품고 있는 리더는 자신의 추리에 지나치게 사로잡히기도 한다. 그렇다면 분석 능력이 탁월하고 다른 사람에게 영향을 주는 경영 리더의 경우도 생각해 보자. 이런 경우에는 리더의 고도로 발전된 분석 기술이 그로 하여금 물러서지 못하게 만들고 팀원들에게 동기를 부여할 명확한 메시지를 내놓지 못하게 한다는 것이 문제가 된다. 아니, 그는 그럴 필요조차 느끼지 못할 것이다. 왜냐하면 사업 추진에 있어 자신의 분석적 해결을 최우선으로 생각하는 믿음 때문이다.

둘째, 리더가 맹점의 특성을 일찍 발견할 수 있지만, 나중에 리더에게 맹점이 다시 나타날 수도 있다. 다시 말해 맹점을 인식한다는 것이 결코 맹점이 사라진다는 의미는 아니다. 나는 한 여성 리더와 같이 일한 적이 있는데 그녀는 무척이나 긍정적이고 매사에 낙관적이었다. 하지만 그녀의 특성이 곧 맹점이었고 많은 경우에 그 맹점이 적용되었다. 그녀는 점점 고위직으로 승진했으며 그때까지는 성공적으로 보였다. 그녀는 부하 직원의 위험을 감수했으며, 할 수 있다는 긍정적 사업 운영 방법에 동료들 또한 잘 부응했다. 하지만 그녀의 낙관주의 탓에 문제가 많은 프로젝트에 자금을 중단해야 하는 어려운 결정을 내리기까지 시간이 많이 걸렸다. 또한 능력이 부족한 사람을 다른 업무로 보내는 데도 너무 오랜 시간이 걸렸다. 결국 그녀의 낙관주의는 커다란 약점이 되었다. 낙관주의라는 맹점 때문에 한 번 실패를 겪은 후 이 맹점이 고쳐질 것이라 생각했지만, 이 리더는 프로젝트와 사람을 경영하는 데 결점이 있다는 것을 경험하고서도 결국 지나친 낙관으로 다시 되돌아가곤 했다. 요약하면, 그녀는 지나친 낙관 때문에 사업에 실패했다는 것을 알면서도 그런 행동을 계속했다.

앞의 내용에서 맹점은 피해야 하는 나쁜 것이고 제거되어야만 하는 것이라고 결론을 내릴 수도 있다. 하지만 맹점을 받아들일 수 있는 상황도 있고 때론 맹점이 큰 도움이 되기도 한다. 경제학자 조지프 슘페터Joseph Schumpeter는 리더가 이전에 이루지 못했던 일을 할 때 항상 따라다니는 경계심과 불안을 극복할 수 있는 무한한 의지력이 지도력에 필요하다고 믿었다. 맹점은 한 리더를 의심에서 보호하고 불확실한 역경 속에서 앞으로 계속 나아가는 데 도움이 된다. 맹점을 가진 리더는 현재 받고 있는 평가 이상의 가능성을 품을 수도 있다. IBM이 설립 초기에는 시계, 커피 그라인더, 육류용 저울을 파는, 지금과는 전혀 다른 이름의 작은 사업체에 불과했다. 톰 왓슨 시니어Tom Watson Sr.는 이 회사를 인수한 후 위대한 회사를 만들겠다는 꿈을 가지고 그에 걸맞은 이름이 필요하다고 생각했다. 그의 아들이 CEO를 맡은 후에 당시를 회고했다.

아버지는 회사에서 집으로 돌아와서 어머니와 포옹하며 "지금부터 회사 '컴퓨터 타뷸레이팅 리코딩 컴퍼니CTR: Computing-Tabulating-Recording Company'가 IBMInternational Business Machines이라는 위대한 이름으로 알려지게 될 것"이라고 자랑스럽게 선언했다. 나는 거실 문 쪽에 서서 "그것은 너무 작은 기계들인데…"라고 생각했다.

이런 형태의 자신감은 흔히 리더가 회사에 닥칠 어려운 도전들의 실체를 부정하고 이에 따른 지식이 없을 때 비롯된다. 이런 경우 맹점은 한 리더가 맹점이 없을 때 이룰 수 있는 업적보다 더 크고 높은 업적을 이루게 한다. 맹점에 의한 실패는 일시적인 것으로 보이기 때문에 자신감을 유지하지만, 그렇다고 맹점이 조직을 이끌 수 있는 능력은 아니다. 맹점의 잠재적 유익을 설명하는 예는 의류회사 스팽스 블레이클리Spanx Blakely의 설립자 사라 블레이클리Sara Blakely 이야기에서도 잘 나타난다. 그녀는 유통업에는 지식이 별로 없었지만, 그런 어려움이 오히려 성공의 열쇠가 되었다고 말한다.

"자신이 모른다는 사실을 받아들이고, 그 사실을 극복할 수 있는 자신감만 갖고 있다면 위대한 일을 할 수 있다. 비록 내가 배우지 못했고 누군가 내게 가르쳐준 적이 없어도 그 일을 했다. 나는 당연히 두려움을 느껴야 했지만 그렇지 않았다."

자신이 모른다는 사실을 받아들이고, 그 사실을 극복할 수 있는 자신감만 갖고 있다면 위대한 일을 할 수 있다.

그녀는 단돈 5,000달러의 자본금으로 사업을 시작했지만 자수성가한 최연소 억만장자가 되었다.

맹점은 분명히 대가가 따른다. 맹점은 지나칠 정도로 현실을 모르면 위험부담이 커지고 엄청난 약점과 위험을 보지 못한 채 행동하게 한다. 론 존슨은 톰 왓슨이 IBM에 가진 큰 포부만큼이나 JC 페니에 대한 환상을 가지고 있었다. 그는 JC 페니를 미국인이 가장 쇼핑하기 좋은 장소로 만들고 싶었다. 그러나 당시 상황에선 그 꿈을 실현할 수 없었다. 리더의 도전은 자신감과 대담성을 가지고 행동하는 일이다. 한편 그들의 지식은 어디까지나 한계가 있다는 것을 인식해야 하며 그들이 겪는 현실도 인식해야 한다. 그들은 상황을 부정적으로 보기보다는 낙관적으로 보아야 한다. 그들은 특히 언제 직감에 따라야 하는지, 어려움이 있어도 추진할 것인지, 영업 정책에 필요한 수정 경고 신호에 대해서 언제 주목해야 하는지를 알아야만 한다.

모든 일은 '균형잡기'가 어렵다. 나는 매우 활력이 넘치는 한 리더와 같이 일했는데 그는 위압적인 스타일이었다. 그의 스타일은 보다 협력적인 방법을 원했던 동료 몇 사람의 마음을 몹시 상하게 했다. 그는 자기 회사의 취약점과 고쳐야 할 분야에 대한 우려를 솔직하게 말했다. 하지만 이사들은 그에게 회사에 대해 좀 더 긍정적으로 생각하고 시행되는 모든 운영 전략에 협조적이어야 한다고 말했다. 동료 몇 사람도 그가 회사에서 그룹의 사기를 떨어뜨리고 팀의 일원으로서 합당하게 행동하지 않는다는 불만을 느꼈다. 다른 사람들이 제안한 방법은 큰 영향을 주지 않았지만 이 리더는 사람들의 의견을 다시 곰곰이 생각했다. 그리고 그가 받은 메시지 중 중요하다고 생각한 것은 받아들였다. 이후 그는 도전적이 아니라 적극적으로 행동하는 것을 배우면서 자신의 스타일을 바꿨다. 그는 이전과 달리 논쟁을 하더라도 동료를 공격하는 어투로 말하지 않았고, 그 결과 부차적 문제가 발생하지 않았다. 그는 회사를 다른 모습으로 바꾸려는 목표에서 벗어나지 않은 채 자신의 태도를 바꾼 것이다.

맹점에서 가장 흥미로운 일반적인 상식은 맹점이 '잘못된 것' 또는 '부분적으로 사실인 것'으로 알려진 점이다. 맹점을 인식하고 개선하는 방법을 배우는 것은 맹점에 관한 지식을 가지고 어떻게 회사를 운영하고 자신과 다른 사람을 더 효과적으로 관리하는지에 대한 반反 직관적인 면을 이해하는 일이다.

맹점: 가정와 현실

일반적 **가정**	일반적 **현실**
위대한 리더는 맹점이 없다.	위대한 리더는 가장 큰 맹점이 있다.
맹점이 나타나면 문제가 없다.	맹점은 없어지지 않고 계속 나타나 리더의 생애에 늘 문제를 야기한다.
맹점은 언제나 파괴적이다.	어떤 맹점은 적응할 수 있고 리더에게 도움이 된다.
타인은 리더의 맹점을 본인보다 더 정확하게 본다.	맹점은 리더뿐만 아니라 개인이나 리더의 조직에도 있다.
맹점은 막을 수 있다.	맹점은 피할 수 없지만 관리가 가능하고 비효율적으로 관리될 수 있다.
맹점 관리 방법은 생각을 바꾸는 일이다.	맹점 관리 방법은 맹점을 찾아내고 그것을 극복하도록 돕는 사람·절차·관행을 소유하는 일이다.

나의 첫 번째 목표는 자신과 회사에 해를 끼칠 가능성이 있는 맹점을 찾아내어 극복하는 데 유용한 충고를 하는 것이다. 두 번째 목표는 다른 사람의 맹점을 이해하고 맹점을 가진 사람과 최선의 거래를 하는 데 도움을 주는 것이다. 내가 언급하고자 하는 사람은 현재 지도부 위치에 있거나 차기 최고 지도부 위치에 관심이

있는 사람들이다. 나는 이 책이 HR 자원 인력 전문가, 기업 상담가, 교육자처럼 리더와 함께 일하는 사람에게 큰 도움이 되기를 바란다.

책의 각 장엔 개별적 독립 아이디어 또는 특정 맹점에 관한 적절한 충고가 들어있어서 자신의 이해관계에 따라 선별해서 읽을 수 있다. 이 책의 첫 번째 섹션은 맹점의 개념을 연구하고, 왜 맹점이 중요하며, 맹점이 어떤 역할을 하는지에 관하여 탐구한다.

1장에는 큰 맹점을 가지고 활동하는 잘 알려진 지도자의 세 가지 유형이 들어있다. 2장에는 당신 자신에 대한 맹점을 찾아내는 데 도움이 될 도구와 방법을 제시한다. 3장은 내가 리더와 같이 일할 때 관찰한 공통적 맹점을 서술한다. 4장은 왜 맹점이 생기는지 원인을 진단하고 이 요소를 관리하기 위한 종합적 대책을 설명한다. 5~9장은 자신의 맹점을 찾아내고 관리하는 것에 관한 구체적인 아이디어를 제시하는데, 이 내용은 이 책을 사용하는 방법을 설명하는 것이다. 자신의 맹점을 어떻게 처리할 것인지 실용적인 아이디어를 찾고 있다면 5~9장을 바로 읽는 것도 좋다. 5~9장의 충고는 리더십의 맹점을 최소로 줄이는 문화를 창출하기 위해 팀과 조직이 이용할 수 있는 장이다.

나는 모든 장에서 구석구석까지 맹점이 침투한 사실을 이야기하면서 리더는 다른 형태로 이 맹점을 받아들이고 있다는 것을 설명하기 위해 각 장에 사례를 제시한다. 어떤 사례에는 맹점을 어떻게 효율적으로 찾고 극복하는지 보여주는 성공적인 리더의 모습이 있을 것이다. 또 다른 사례에는 대단히 현명한 사람도 때로는 어리석은 일을 저지르는 모습을 보여주는데, 그중에는 긍정적이거나 부정적인 것이

나는 이 책이 HR 자원 인력 전문가, 기업 상담자, 교육자처럼 리더와 함께 일하는 사람에게 큰 도움이 되기를 바란다.

모두 있다. 고위 리더도 포함되는 그들의 경험에서 우리가 얻는 교훈은 그것이 모든 조직 계층의 관리자에게 다 적용되는 사례라는 점이다. 이들 가운데는 잘 알려진 사례나 내가 직접 상담하는 사례도 있다. 본문에서 실명으로 거론되는 사람들은 공공 분야에 있는 경영 책임자들이다.

우리는 권위 있는 책임자의 실수가 일반인보다 더 드러나고 언론의 관심을 받는 시대에 살고 있다. 그 결과 지난 수십 년 동안 생활 모든 분야에서 리더십의 자신감이 많이 퇴색했다. 어떤 경우에는 충분히 그럴 만한 이유로 퇴색되기도 한다. 예를 들어 엔론Enron, 타이코Tyco, 월드컴WorldCom과 같은 회사에서 일어난 사건은 일부 리더가 주변 신뢰를 어떻게 완전히 파괴했는지 잘 보여주고 있다. 어떤 리더들은 비록 윤리적이기는 했지만 자기 회사를 잘못 운영했고, 경쟁적인 회사가 되는 데 필요한 행동을 하지 못했다. 대부분의 리더에게 결점이 전혀 없는 것은 아니다. 하지만 리더는 그들에게 의존하는 고객, 동료, 회사, 주주의 필요성을 만족시키려고 노력한다. 맹점의 탐구는 지도자들이 중압감을 느끼고 영향력 있는 위치에 오를 때 직면하는 실제적 자아 인식의 어려움에 균형을 맞추는 데 필요하다.

시어도어 루스벨트Theodore Roosevelt 대통령도 언급했듯이 공적은 항상 지도부 위치에 들어가려는 사람에게 돌아간다. 리더는 자신의 크고 뚜렷한 명분을 추구할 때 취약점과 단점이 드러난다. 론 존슨은 JC 페니에 큰 혼란을 주었다. 하지만 그가 원했다면 애플에 그대로 머물 수도 있었고 안정적인 회사에서 존경을 받으며 성공적인 유통 조직을 운영할 수도 있었을 것이다. 리더의 높은 동기나 장애물을 충분히 이해하지 않고 그들의 실패에만 주목하는 사람은 앞을 내다볼 수 없다. 나는 이런 실수를 피하고자 노력할 것이다.

맹점이란 맹점을 무시하는 데 따르는 대가가 대단히 클 수 있기 때문에 주목할 가치가 있다. 어떤 핵심 부분에서는 단 한 개의 맹점이 매우 능력 있는 리더를 완전히 파멸시킬 수 있다. 또한 맹점은 리더의 결정에 따라 살아가는 사람에게 피해를 줄 수도 있다. JC 페니라는 직장을 잃은 수천 명의 직원들은 이전의 위치를 다시는 찾지 못할 수도 있다. 회사 주주들도 그들의 손실을 온전히 복구할 수 없을지도 모른다. 그들은 회사가 실패하면 주식 자체보다도 훨씬 더 많은 손실을 입을 가능성이 있다. 만약 JC 페니에서 존슨이 CEO로 17개월 동안 재직하며 끼친 손해를 만회하지 못한다면, 회사 자체는 고통을 입지 않는다 할지라도 회사가 제공하는 일자리에 의존하는 공동 사회는 큰 고통을 겪을 것이다. 지도력이 중요하기 때문에 맹점도 중요하다.

맹점이란 맹점을 무시하는 데 따르는 대가가 대단히 클 수 있기 때문에 주목할 가치가 있다.

CONTENTS
차례

 **Section 3** 맹점 개선을 위한 추가 자료

* * *

The Leadership Blindspots Self-Assessment Survey is available online at www.wiley.com/go/leadershipblindspots. The survey contains ten questions in each of the four potential blindspot areas (self, team, company and markets). The results indicate a leader's likelihood of having blindspots in each of these four areas and in total.

Section 1

왜 맹점이 중요한가

1

맹점의 위험과
유리한 점

The Dangers And Rewards Of Being Blind

성공하는 리더는 두 가지의 대립되는 요소에도 절묘한 균형을 유지한다.

첫 번째 요소로, 성공하는 리더는 자신의 능력에 대한 자신감과 확고한 회사의 전망을 갖고 있다. 이것은 자신에게 어떠한 위협이나 장애물이 생길지라도 자신의 야심 찬 목표를 흔들림 없이 추진해 나갈 수 있게 만든다. 좋은 예로 아마존Amazon의 창업자 제프 베조스Jeff Bezos를 들 수 있다. 그는 당시로선 매우 혁명적인 온라인 판매를 개발했다. 하지만 온라인 판매는 금융계 사람들에게 좋은 평가를 받지 못했다. 베조스는 아마존이 오늘날과 같은 명성을 얻기 전까지 몇 년에 걸친 손실을 버텨야 했다. 그는 무사히 잘 버텨냈다. 아마존은 빠르게 성장해 전 세계 온라인 판매를 지배하며 월마트Wal-Mart와 같은 대형 기업을 위협하고 있다. 베조스의 성공에는 많은 요인이 있을 것이다. 하지만 분명한 사실은 자신감이 결여되어 있거나 베주

스보다 현실적인 리더는 분명히 베조스가 이룩한 일들을 애초에 구상하지도, 혹은 구상했더라도 이룩하지 못했을 것이다. 베조스는 아마존 초창기의 적은 이익, 불규칙한 수입, 장기적 성장을 위한 막대한 투자 때문에 월 스트리트Wall Street로부터 지속적으로 악담을 들었지만 묵묵히 버텨냈다. 한 동료 기업인은 베조스를 특별하게 만든 장점으로 그의 버티는 힘과 비난을 이겨 낼 수 있는 힘을 들었다.

자기 자신에게 확고한 믿음을 가지고 있는 리더가 이룩한 업적은 자신감이 부족한 사람과 크게 비교된다. 최근 나는 회사 구조와 사내 문화를 개선하고 싶어 하는 리더를 만났다. 나는 그와 여러 이야기를 나누다 자기 회사에 대한 견해를 물어보았다. 그의 회사는 지난 10년 동안 크게 성장해서 지금은 자산이 50억 달러에 달하는 큰 회사가 되었다. 회사의 팀원들은 대단한 업적을 이룩했지만, 현재는 팀원 대부분이 다음 성장을 추진하는 데 필요한 자신감이 결여되어 있는 것으로 보였다. 다시 말해서 그의 회사 팀원들은 정신적 가능성이 한계에 도달해 현재의 규모에 만족하며 그저 인플레이션을 따라가는 것만이 무언의 목표가 되어버렸다. 그래서 리더는 신념이 넘치는 새로운 팀원을 영입해야겠다는 결론을 내렸다.

자신감은 분명 유리한 점이 있다. 한 연구 결과에 의하면 사람들은 자기 확신을 가지고 솔직하게 이야기하고 추진력이 있는 사람을 더 많이 따르는 경향이 있다. 바꾸어 말하면, 일반적으로 사람들은 자신의 능력을 믿는 사람이나 다른 사람에게 영향력을 행사하는 사람을 추종한다는 말이다. 예를 들어 한 심리 연구에서 자기 관리 프로그램 팀에 매니저들을 섞어 넣고 각 팀이 성취할 임무를 주었다. 연구자들은 조사 그룹에서 누가 리더로 모습을 드러내는지에 관심이 높았다. 그 결과 더 큰 만족감이나 자신감을 가지고 자신의 견해를 분명히 밝히는 사람들이 각 그룹의 지도자가 되었다는 사실을 발견했다. 덧붙여 말하자면 자신

> **더 큰 만족감이나 자신감을 가지고 자신의 견해를 분명히 밝히는 사람들이 각 그룹의 지도자가 되었다는 사실을 발견했다.**

감 있는 행동과 프로그램 결과에 영향을 주고자 하는 추진력은 그 사람을 다른 사람보다 더 능력 있는 것처럼 보이게 만든다.

우리가 때때로 다른 사람을 따르는 것은 그들이 우리보다 더 큰 자신감을 가지고 있기 때문이다. 나는 이런 현상을 기업체와는 거리가 멀어 보이는 킬리만자로 등반에서 경험했다. 열 명이 하나의 그룹을 만들어 새벽 3시부터 정상 등반을 시작했는데, 나는 문득 정상까지 올라갈 힘이 없을지도 모른다는 불안감이 들었다. 그래서 나는 힘이 가장 세고 경험이 많은 사람의 바로 뒤를 따라 걸어가기로 결정했다. 그는 험준한 산의 등반 경험이 많았기 때문에 그에게는 킬리만자로가 그리 어렵지 않은 등산코스였다. 나는 그의 뒤를 따라 등반하면 도움이 될 것이라고 생각했다. 그와 아무런 대화도 하지 않고 그저 뒤를 따라 어둡고 추운 산을 걸어서 일출 직전에 정상에 도착했다. 다음날 하산 길에 우리 그룹의 다른 등산 대원에게 이 이야기를 꺼내자 그 대원은 자신도 같은 방식으로 등반을 했다며 놀라워했다. 그는 정상까지 오르는 길에 나의 뒤를 따르며 자신감을 얻었다고 했다.

리더로서의 두 번째 자격 요건은 자신의 한계점을 정확히 이해하고 지나친 자신감과 낙관에서 오는 장애물을 피하는 일이다. 이 자격에 관한 중요한 사례는 성공의 기회를 다른 사람보다 지나치게 더 낙관적으로 생각하고 자신의 능력을 과대평가해서 문제에 대비한 계획 수립을 무시하는 한 기업인에게서 찾아볼 수 있다. 물론 낙관주의는 리더를 앞으로 나아가게 하는 힘과 책임감으로 이어지게 하기도 하지만, 한편으로는 리더가 앞으로 잘못될 수 있는 실수를 간과하거나 성공에 무엇이 필요한지 현실을 보지 못하게 할 수도 있다. 현명한 리더는 때때로 회사나 경쟁하고 있는 시장에서 극히 부분적인 정보만을 가지고 조직을 운영하고 있다는 사실을 알고 있다. 조직이 점차 복잡하게 커질 때 혹은 리더조차 예측하기 어려운 시장 변화를 맞이할 때 더욱더 그와 같은 맹점이 발생할 가능성이 커진다. 인텔Intel 의 전 CEO 앤디 그로브Andy Grove는 회사와 조직을 이끌며 자신의 한계를 이해하는 일의 필요성을 다음과 같이 강조했다.

우리의 미래가 어디로 향할지 실제로 아는 사람은 없다. 그러면서 그와 같은 그림을 명백히 설명하기 위한 투자 결정, 개인적 결정, 최우선 정책 결정은 기다리지 않는다. 우리는 결정을 내리지 않으면 안 될 때에 결정을 내려야 한다. 일단 결정을 내리고 난 후 나중에 잘못된 결정을 정리해야 한다. 이 두 가지 일은 상당히 중요하다. 우선 그것이 실제 신념인 것처럼 임시 신념을 가지고 행동하라. 하지만 이후 당신이 잘못되었다는 것을 알게 됐을 땐 재빨리 잘못된 점을 고쳐라.

자기 자신에 대한 확신과 더불어 불신을 가장 훌륭한 리더의 자질로 보고 있다.

리더는 최고의 자신감을 가지는 동시에 자신의 상황을 정확하게 볼 필요가 있다. 경영학 교수 밥 서튼Bob Sutton은 훌륭한 리더는 다음과 같은 믿음을 가져야 한다고 말한다. "나는 내가 책임진다는 것을 사람들에게 인식시키려고 자신감을 갖고 노력하지만, 때때로 잘못될 수도 있다는 사실을 겸허하게 받아들인다." 그는 자기 자신에 대한 확신과 더불어 불신을 가장 훌륭한 리더의 자질로 보고 있다.

자신감과 불신 사이의 올바른 균형은 사람에 따라, 심지어 상황에 따라서도 다르다. 하지만 심리학자들은 사람이 당연히 가져야 하는 것보다 더 많은 자신감을 갖는 것이 유리하다는 사실을 발견했다. 실제 능력보다 자신의 능력이 더 낫다고 생각하거나, 당신의 사업이 객관적인 분석이 제시하는 것보다 더 낙관적이라고 믿는 일이 도움이 된다는 말이다. '적절한 환상'은 사람들이 자신에 대해 사소하지만 잘못된 긍정적 착각을 할 때 발생하는데, 이 결과는 보다 현실적인 사람들에게 더 유리하다. 긍정적 편견은 어떤 위험한 상황에서도 개인이 앞으로 나아가려는 동기와 어려운 환경 속에서도 버틸 수 있는 동기를 늘리기 때문에 유용하다. 긍정적 자신감은 개인이나 주위 사람에게 성공적인 결과를 가져올 수 있는 행동을 유발한다.

이와 반대로 너무 지나친 자기 불신은 리더의 실제 능력보다 더 많은 자신감을 빼앗아 간다. 소속 부서의 여러 사람이 사표를 제출하고, 리더의 지도 스타일에 관련된 불만 때문에 고통받는 소비제품 회사의 사장을 생각해 보자. 그는 그룹 내 직원들의 이직과 사기 저하를 자신의 책임으로 보고 심적 고통을 느꼈다. 결국 이러한 불안과 자책은 그가 팀을 이끄는 방법에까지 영향을 미쳤다. 그는 회의 때마다 조직 내 존재하는 문제에 관하여 시간을 들여 팀원들에게 사과하는 일을 되풀이하곤 했다. 팀원들이 확신을 원할 때 리더가 불분명한 태도를 보이면, 팀원들은 현재 직면한 어려움에 사장이 완전히 당황하고 있다고 생각하게 된다. 다시 말해 팀원들은 리더가 자신감을 갖고 직면한 문제를 해결해 주기를 원하는데 리더의 태도가 불분명하면 오히려 더 큰 불안감을 느낀다.

맹점의 역할은 자신감과 자기 불신의 극단 사이를 중재하는 일이다. 여러 가지 맹점이 있는 리더는 지나친 과신을 할 수도 있고, 심지어 맹목적이라 할 정도로 오만할 수도 있으며, 이로 인해 함정에 빠질 수도 있다. 반대로 맹점이 적은 리더는 너무 현실적일 수도 있고, 앞에 놓인 장애물에 당황할 수도 있다. 일부 사람들은 맹점이 적은 리더가 비교적 세상을 정확하게 바라보거나 일을 추진하는 확신이 있기 때문에 실제보다 더 큰 자신감을 갖는다고 주장한다. 이런 리더들은 상품의 생산이나 출시 계획에 많은 시간을 들여 실험하고 결점이 없음을 입증하는 데에 시간을 많이 보낸다. 계획의 약점을 탐색한 후에 리더는 성공의 확신을 갖게 된다. 만약 이것이 적절히 관리되지 않으면 약점과 불리한 점에 대한 인식은 쉽게 자기 불신으로 바뀌고, 결국 조직을 이끄는 능력을 저하시킨다. 이 책의 핵심을 분명하게 말하자면, 자신감과 자기 불신에 대한 인지는 혜택이 될 수 있지만 이것이 언제나 더 좋다

현재 진행되고 있는 어려움이 그룹에 필요한 일이라면 자신감과 자기 불신 사이에 바람직한 균형을 이루어야 한다.

는 의미는 아니다. 다른 말로 하면 자신이 모르고 있는 것이 무엇인지 모르면 아무것도 보지 못하고, 그래서 자신의 약점에 대비하지 못할 때 큰 피해를 받을 수 있다는 것이다. 하지만 자신이 무엇을 모르는지 아는 것 역시 자신감을 빼앗아 불확실하거나 곤경을 만날 때 결사적으로 행동하는 능력을 약화하는 피해를 준다. 마찬가지로 이는 다른 사람들이 리더를 따르려는 의욕을 떨어뜨릴 수도 있다. 현재 진행되고 있는 어려움이 그룹에 필요한 일이라면 자신감과 자기 불신 사이에 바람직한 균형을 이루어야 한다.

이 점을 자세히 설명하기 위해서 의사들의 훈련 과정에서 발생하는 일을 살펴보자. 외과 의사가 되려는 의대생 중 일부는 수술 분야에서 인턴십을 마치는 대신 의학 전문 직업의 다른 분야로 뛰어든다. 의료 전문인들은 IQ가 높고 분석 능력이 매우 우수하다. 하지만 지능은 외과 의사로서 성공이나 실패를 주도하는 요인이 아니다. 그들은 손과 눈이 능숙해지도록 하는 훈련을 성공의 주요 요소로도 보지 않는다. 때때로 이 분야에서 정말 소질이 있는 사람도 있지만 그런 학생들은 극히 드물다. 주요한 점은 그들이 실패에 부딪쳤을 때 인지하는 능력이다. 의대생은 수술에서 실패한 환자가 겪는 고통의 의미로 배움을 얻는다. 그들은 외과 의사가 되기 위해 자신의 실수로부터 배우며 자기 자신을 인식하지만, 동시에 실수의 결과에 당황하지 않아야 한다. 만약 실수에 당황하면 심한 자기 불신에 빠지고 인턴십을 도중에 중지하게 된다. 현실을 잘 인식하면 극복하는 능력도 생긴다는 주장이 있다. 나의 견해 역시 자기 불신을 한편에 제쳐놓고, 실패해도 자신감을 가지고 밀고 나가는 태도를 배워야 한다는 것이다.

외과 의사이자 저자인 아툴 구완드Atul Guwande는 모든 의사들이 가끔 심각한 실수를 저지를 수 있고 그렇기 때문에 자기 불신 극복이 중요하다고 말했다. 구완드는 의사가 수술 환자를 죽게 한 일을 일종의 '선의의 살인Clean Kill'으로 묘사한다. 이런 일이 발생하면 의사는 치명적인 자기 불신을 가질 수 있다. 의사는 수술 실패에 직접적인 책임이 없다 할지라도 환자가 죽은 후 몇 개월 동안 충격에 빠진다. 나는 어느 누구도 수술로 죽는 환자가 되고 싶지 않으리라 생각한다.

자신감과 불신 두 가지를 적절히 조절하는 두 번째 예를 보자. 나는 재능과 카리스마를 겸비한 한 기업체 이사와 함께 일을 한 적이 있다. 그는 대단한 야심을 갖고 있는 사람이었다. 그의 놀라운 기술과 성공을 향한 추진력을 보면 빠르게 고위직까지 승진한 것이 절대 우연은 아니었다. 그는 자기 능력에 대한 완전한 자신감으로 자신을 따르는 조직원들에게 쉽게 그의 견해를 주입할 수 있었다. 그의 카리스마 이면에는 모든 기회를 놓치지 않고 전부 포착해서 이룩한 업적이 있었지만, 그런 모습이 보이지 않도록 관리하는 기술도 있었다. 그뿐만 아니라 자신의 관리 아래 벌어졌던 실패를 자신과 관계없는 일처럼 행동했다. 일례로 그의 회사가 야심을 가지고 혁신적 상품 도입을 추진했지만 기대했던 시장의 호응을 전혀 얻지 못한 적이 있다. 회사가 이 상품을 개발하는 데 대대적으로 투자하고 선전했기 때문에 책임 리더로서 대단히 당혹스런 일이었다. 하지만 이 리더는 판매 목표를 이행하는 데 있어서 다른 판매 부서로부터 충분한 지원을 받지 못했다고 해명하며 실수의 원인은 절대 자기가 아니라고 주장했다. 주변의 모든 사람들은 이 리더가 불과 수개월 전에 직접 책임을 지고 이끌었던 프로젝트에서 자신을 격려하는 모습을 보고 깜짝 놀랐다. 그러나 그는 계속해서 다른 분야에서 그의 능력을 과시했고 결국 대형 글로벌 상품 회사의 CEO가 되었다. 이 리더에 대한 나의 첫 번째 평가는 '그는 자신의 인격 결함 때문에 실패할 가능성이 있다'는 것이다. 하지만 그는 놀라울 정도로 고도의 성공을 이룩하게 되었다. 그의 회사는 크게 성장해서 지금은 산업계에서 굴지의 회사가 되었다. 그는 일반적으

자신의 인격 결함 때문에 실패할 가능성이 있다.

로 생산적인 자기만족주의자Narcissist라고 불리는 유형의 사람으로, 다른 사람을 한 자리에 모을 수 있는 자신감에서 오는 능력을 어려운 목표를 달성하는 데 이용하는 지도자다. 동시에 그는 자기만족주의자에게서 흔히 나타나는, 자신의 약점이나 지나친 자기중심주의에 따른 좋지 못한 영향을 볼 수는 없었지만 지금까지는 용케 그런 함정을 잘 피해 나갔다.

일반적인 리더는 자신감과 자기 불신을 잘 관리한다. 자기 확신을 가지면서도 지식의 한계로 인해 어쩌면 잘못된 결정을 할 수도 있다는 것을 인지한다. 많은 사람에게 가장 큰 위험은 지나친 자만으로 자신을 파멸할 수도 있는 약점을 보지 못하는 일이다. 사람들은 그로 인해 낙관적인 환상 너머에 존재하는 함정으로 뛰어든다. 이는 다음에 소개하는 고도의 성공을 거두었지만 결국 곤경에 빠지고만 리더 세 사람의 예로 잘 설명된다.

스티브 잡스: 자기 자신에 관한 맹점

스티브 잡스Steve Jobs는 그의 인생 후반 12년 동안 세계에서 가장 돋보이는 CEO였다. 그는 서로 관련되지 않은 다양한 산업체에서 많은 성공을 거두었으며 컴퓨터, 전화, 음악, 출판, 영화 그리고 판매업과 같은 다양한 분야에 혁명을 가져왔다. 하지만 그런 잡스조차도 맹점이 존재했다. 애플 팀원들은 그를 현실 왜곡 경향Reality Distortion Field을 가지고 있는 사람이라고 묘사했다. 이 용어는 TV쇼 스타 트랙Star Trek에서 사용했던 용어다. 이러한 경향은 잡스로 하여금 어떠한 환경이나 데이터도 모두 왜곡해서 자기 자신의 견해로 바꾸어 버리게 만들었다. 초기에 애플 프로젝트에서 일했던 팀원은 이것을 다음과 같이 설명했다.

현실 왜곡 경향은 일종의 심각한 카리스마적 어법으로, 자기 마음대로 목적에 맞게 사실을 왜곡하려는 극복할 수 없는 욕망이다. 그는 논쟁 중 남을 설득하지 못할 때에는 아주 능숙하게 다른 주제로 바꾸어 버리곤 했다. 때때로 그는 갑자기 남의 주장을 마치 자기의 의견처럼 말해 팀원들을 어리둥절하게 만들었고, 또 자신이 그때까지 다른 방향으로 생각했다는 것을 절대 시인하지도 않았다.

그의 왜곡 경향이 가진 결점 중에 주목할 만한 일은 애플의 리더로 처음 취임했을 때 발생했다. 잡스는 펩시Pepsi에서 존 스컬리John Sculley를 영입해서 회사 CEO로 임명해 애플을 더욱 세련된 회사로 만들겠다고 결정했다. 잡스와 스컬리의 관계가 처음에는 긍정적인 차원에서 시작되었으나, 회사 운영에 대한 견해가 서로 달랐기 때문에 점차 갈등을 빚게 되었다. 잡스는 결국 스컬리가 회사를 떠나야 한다는 결론을 내리고 회사 이사진에게 그를 내보내라는 로비 활동을 했다. 잡스의 계획을 듣자마자 스컬리는 이사진에게 자신과 잡스 둘 중 하나를 택할 것과 잡스와 자신은 권력을 분배하고 싶지 않다는 최후통첩을 보냈다. 이사진은 잡스의 경영 수법을 의심하게 되었고 그의 분열적 성향은 애플 내에 파벌을 조성했다. 마침내 이사진은 스컬리 편을 들었고 잡스의 권력을 박탈해 버렸다.

몇 년 후에 잡스는 애플에서 일어난 일에 관해 이렇게 언급했다. "내가 무슨 말을 할 수 있겠는가? 잘못된 사람을 고용했다. 나를 비롯하여 내가 10년 동안 일해 온 모든 것을 다 파멸해 버렸다." 그러나 그 일은 그의 주장대로 잘못된 사람을 고용했기 때문만은 아니었다. 잡스의 오만이 그로 하여금 자기가 이사진에게 실제보다 더 큰 지지를 받는다고 믿게 만들었다. 또한 그의 호전적이고 처벌적인 방법들이 애플의 주요 직책에 있는 많은 이사로 하여금 그에게 등을 돌리도록 했다

잡스의 오만이 그로 하여금 자기가 이사진에게 실제보다 더 큰 지지를 받는다고 믿게 만들었다.

는 사실을 알지 못했다. 잡스는 이사진이 자신을 스컬리보다 훨씬 우수하다고 판단하리라 생각했다. 이사들은 왜 스컬리를 선택했을까? 스컬리는 세상을 움직이는 능력 있는 사람들을 상대로 달콤한 펩시콜라를 파는 데 대부분의 인생을 보낸 사람이었다. 이사진은 스컬리를 선택했고 잡스는 자신이 설립한 회사를 떠나야 했다. 그는 그 후 10년간 넥스트NeXT(극히 제한적인 성공)와 픽사Pixar(큰 성공)를 설립했다. 이후에 애플이 쓰러져서 일종의 사망 선고를 받지 않았다면 잡스가 다시 애플로 되돌아가는 일은 불가능했을 것이고, 사업 역사에서 가장 큰 두 번째 성공을 거두지도 못했을 것이다. 그는 픽사에 그대로 있었더라도 성공했을 터지만 사람들이 가장 존경하는 현재의 스티브 잡스는 되지 못했을 것이다.

스티브 잡스는 어렸을 때 입양되었고 양부모와 친밀한 관계를 유지했다. 그가 어린 소년이었을 때 이웃에 사는 아이가 잡스에게 생부가 그를 원하지 않기 때문에 입양되었느냐고 물었다. 잡스는 집으로 뛰어가서 자신이 생부에게 버림받았는지 물었다. 양부모는 잡스가 특별했기 때문에 그들의 아들로 선택했다고 말했다. 잡스의 자서전 작가는 잡스가 그 시점부터 인생 후반기까지 자신이 큰일을 하기 위해서 선택되었다는 사실을 믿었다고 기록했다. 이러한 경험은 잡스 개인의 일생에 상당히 특이한 순간으로 보일 수도 있다. 그러나 다른 위대한 리더들 역시 보통 사람으로서 할 수 있는 일을 뛰어넘어 위대한 업적을 이룩할 운명이라는 믿음을 가지고 있었다. 예를 들면 존 록펠러John Rockefeller는 젊었을 때 열차 충돌 사고로 하마터면 죽을 뻔했다가 살아남아 미국에서 가장 부유한 사람이 되었다. 그런 경험을 한 후 그는 자기 인생이 신의 개입으로 구원받았다고 믿었다. 그는 사업과 자선 활동을 통해서 이 사회에 큰 도움을 주는 정도까지 재산을 모으는 것이 자신의 사명이라고 확신했다.

그는 사업과 자선 활동을 통해서 이 사회에 큰 도움을 주는 정도까지 재산을 모으는 것이 자신의 사명이라고 확신했다.

비록 그것이 어떻게 표현되는가에 따라서 달라질 수 있고 또 일부 지도자에게 서는 거의 찾아볼 수 없기도 하지만, 위대함을 추구하는 사람의 '선택되었다'는 정 신적인 면은 잡스와 같다. 이러한 믿음은 리더가 특히 인생 초기에 위대한 성공을 이룩할 때 더욱 강력해진다. 어떻게 해서 스티브 잡스가 빌 게이츠Bill Gate나 마이클 델Michael Dell과 같은 세계적 경쟁자를 포함한 다른 어떤 사람보다 비전 있는 기업가 로서 더욱 우수하다고 믿게 되었는지 생각해 보자. 그는 1976년에 스티브 워즈니악 Steve Wozniak과 함께 단돈 1,300달러의 창업 자금을 가지고 애플 컴퓨터 회사를 설 립했다. 두 사람은 25세 때 기술의 아이콘이 되었고 금세 백만장자가 되었다. 스티 브 잡스는 애플을 떠났다가 돌아오자마자 파산 직전의 회사를 다시 살려냈고, 혁명 적인 상품을 계속 출시해서 애플이 놀라운 성장의 시기로 접어드는 계기를 마련했 다. 그는 산업 전반에 걸쳐서 어떤 것이 소비자의 마음을 끌 수 있는가에 대한 올바 른 판단을 했고, 또 그런 판단을 거듭했다. 그의 마케팅과 브랜드에 대한 혜안은 어 느 누구도 따라가지 못했다. 다른 환상가와 달리 그는 글로벌 경영 팀, 고도로 혁신 적인 문화, 자본 보유금 수십억 달러를 가진 세계에서 가장 존경 받는 회사를 설립 할 수 있었다.

잡스는 자신이 특별하다는 것을 믿었으며 또 실제로 특별했다. 유명한 '달리 생각하자Think different'라는 애플의 광고는 그가 리더십을 어떻게 바라보았는지, 더 직접적으로 표현해서 자신을 어떻게 보았는지에 대한 깊은 이해를 제공한다.

이것은 미친 사람들에 해당하는 이야기다. 어울리지 않는 사람들, 현 체제에 반기 를 드는 사람들, 사고 덩어리, 사각 구멍에 둥근 말뚝 박기 등 사물을 달리 보는 사 람들은 형식과 규정을 좋아하지 않는다. 현실에 대한 존경심도 없다. 사람들은 그 들 생각에 동의하지 않거나, 그들을 영광스럽게 생각하지 않거나, 또는 비난하는 식으로 묘사한다. 그러나 사람들은 그들을 무시하지 못한다. 왜냐하면 그들은 상황을 바꾸어 버리기 때문이다. 그들이 바로 인간을 발전시킨다. 일부 사람들은 그들을 미친 사람으로 보겠지만 우리는 그들에게서 천재성을 본다. 세상을 바꿀 수 있다고 생각할 정도로 미친 사람들이 바로 세상을 바꿀 수 있는 사람들이다.

모든 사회와 기업은 스티브 잡스처럼 원대한 믿음을 가지고 있는 사람을 필요로 한다. 그렇지 않으면 리더들은 자기들보다 앞섰던 사람을 모방하고 고작 그것을 조금 더 발전시킬 뿐이다. 하지만 이런 사람들은 그들이 우수하다고 생각하거나, 다른 사람들이 지키는 법칙이 그들에게 해당하지 않는다고 믿을 수 있다. 잡스와 같은 사람이 위대한 일을 하게 하고 자신들처럼 성공할 수 있다는 것을 다른 사람에게 설득하는 이 마법의 생각은 또 다른 방향에서 완전히 파괴적인 맹점에 도달하게 할 수도 있다. 다른 말로 바꾸어 말하면 비전이 있는 리더십은 언제나 사람을 앞으로 나아가게 만드는 동시에 자신을 파멸로 이끌 수 있는 국면도 만든다. 그 결과는 놀라울 정도로 어리석기도 하고 혹은 자신의 두려움을 물리칠 수 있도록 현명하거나 성공적인 사람을 행동하게 만들 수도 있다.

아무나 할 수 없는 잡스의 사업적 성공을 생각해 볼 때 그가 가진 리더십의 맹점은 업적과 비교해서 그다지 크지 않다고 주장할 수도 있다. 그것은 엄연한 사실이다. 위대한 힘을 가진 잡스는 사업 초기에 많은 피해를 주었던 자신의 맹점을 시간이 흐르며 관리하는 법을 배웠다. 애플의 초창기 매킨토시Macintosh 팀에서 발생한 상황을 예로 들어 보자. 잡스는 회사 내부에서 디스크 드라이브 개발을 원했다. 또한 품질을 개량하고 생산원가를 줄이기 위해서 이 상품을 제조할 때 단일 공급처와 일하고 싶어 했다. 이와 같은 방법은 만일의 경우 디자인이나 제작 문제가 발생하게 되면 출시 예정 일자에 차질을 가져올 수 있다고 그의 팀이 경고했다. 하지만 잡스는 팀의 충고를 무시하고 단일 공급처를 주장했다. 최초에 지정된 공급처는 사실 디스크 드라이브를 생산하는 데 많은 문제가 있었고, 결국 그 문제 때문에 매킨토시의 출시가 지연될 위기에 처했다. 팀원들은 잡스에게 알리지 않고 비밀로 다른 공급처인 소니Sony와 계약을 맺었는데, 결국 애플은 소니에 필요한 모든 부품 공급을 의뢰하게 되었다. 잡스는 팀원들이 자신의 명령에 불복종한 덕분에 애플을 일약 유명하게 만든 매킨토시의 출시를 성공적으로 완수할 수 있었다는 사실을 알았을 때 웃었다.

잡스는 애플과 픽사에 능력 있고 강한 의지를 가지고 있는 사람을 채용했다는 점에서 칭찬받을 만하다. 그들은 잡스에 도전만 한 것이 아니라, 스컬리와 같은 소수의 경우를 제외하고는 언제나 그에게 충성스러웠다. 잡스는 능력을 중시하는 문화를 창출하고, 강력한 의지를 갖고 있는 직원들이 서로 격론을 벌이는 분위기를 키웠으며, 이들이 협력하여 위대한 일을 이룰 수 있다고 굳게 믿었다. 그의 생각이 지나치게 고착되어 있다는 평과 달리, 애플의 현 CEO 팀 쿡Tim Cook을 비롯한 잡스를 잘 아는 사람들은 잡스가 일이 잘못되었을 때 자기 마음을 바꾸고 인정할 수 있었다고 설명한다. 많은 사람들, 특히 CEO와 최고 이사들은 옛날 생각에 사로잡혀서 그들이 잘못되었다는 사실을 인정하지도 않고 시인할 용기도 없다고 쿡은 말한다. 어쩌면 스티브 잡스가 가장 정당하게 평가되지 못했던 부분은 그때그때 마음을 바꿀 수 있는 용기를 가졌다는 점일 것이다.

맹점에 관한 잡스의 유산에서 우리가 배우는 교훈은 여러 가지다.

첫째, 대부분의 능력 있는 사람도 맹점에서 자유롭지 못하다는 것이다. 힘이 큰 만큼, 그들의 맹점은 일반 사람들보다 훨씬 크다. 잡스는 팀원들이 '현실 왜곡 주의'라고 언급할 정도로 많은 맹점을 가지고 있었다. 사람들과 조직은 리더의 천성적인 성격을 바꾸려고 노력하기보다 능력 있는 리더의 맹점에 따른 결점을 가능한 한 줄이려고 노력해야 할 것이다. 리더의 망상이 성공에 없어서는 안 될 유용한 부분일 때 다른 사람들은 망상으로 구성된 리더의 불안정한 발상을 존중해야 한다. 잡스의 초창기에 애플 내 동료들은 그렇게 하려고 노력했지만 실패했고, 결국 애플 이사진이 잡스에게서 회사 경영에 관한 모든 권한을 빼앗아 버리는 최악의 결과에 이르게 만들었다. 하지만 잡스 역시 자신의 지나친 성격을 자제하고 능력 훼손을 야기하는 행위를 피하는 법을 배워야만 했다.

둘째, 비전 있는 지도자가 비협조적 인식 구조 때문에 발생할 수 있는 재난을 반드시 피해야 할 때는 자신의 처음 생각을 변경할 정도로 강력한 의지의 팀이 필요하다는 것이다. 잡스는 애플 후반기에 그런 팀원들을 가지고 있었다. 그는 자신의 판단에 정열적이었고 확신도 있었지만, 무엇보다 잡스 자신을 보호해 줄 수 있는 직원들을 옆에 두는 법을 배웠다.

제이미 다이먼: 팀과 회사에 관한 맹점

제이미 다이먼Jamie Dimon은 미국 금융계에서 가장 영향력 있는 사람 중에 하나다. 다이먼은 아메리칸 익스프레스American Express, 시티 뱅크Citibank, 뱅크 원Bank One에서 요직을 맡은 후 JP 모건 체이스JP Morgan Chase의 CEO가 되었다. JP 모건 체이스는 금융 분야에서 미국 정부에게 구제 자금을 전혀 받을 필요가 없던 몇 안 되는 튼튼한 회사 중 하나였다. 나중에 정부 요청에 따라 구제 자금 중 하나만을 받는 정도였다. 다이먼은 여러 경쟁 회사들을 파멸하게 한 투자 관련 위험 담보 대출Risky Mortgage을 피한 공적이 있었다. 이 때문에 그는 금융 분야에서 정부 규제 역할을 포함한 다양한 정책 이슈에 관한 산업계의 영향력 있는 대변인이 되었다.

그런 다이먼도 2012년은 무척이나 어려운 시기였다. JP 모건은 런던 고래London Whale: 영업 장소와 큰 거래 규모 때문에 붙여진 별명로 알려진 한 외환 거래인의 행동 탓에 60억 달러 이상의 손해를 입었다. 그 금융 손실은 규모가 대단했지만 이 회사의 명성과 회사 리더의 신뢰도에 끼친 손실보다는 적었다. 돌이켜 볼 때 다이먼은 그의 조직과 소통이 잘 되지 않았으며 특히 회사의 최고 투자 책임자CIO: Chief Investment Officer에 의해서 발생하는 위험의 규모를 파악하지 못한 책임이 분명했다. 다이먼은 상황이 엄청나게 잘못될 것이라는 경고 신호를 왜 보지 못했을까?

런던 고래의 외환 거래 당시에 JP 모건의 최고 투자 책임자인 이나 드류Ina Drew 는 화려한 경력의 소유자였다. 그녀는 은행과 금융계에서 존경을 받는 인물로, 그녀의 그룹은 은행에서 관리하던 자산 3,500억 달러를 투자하는 책임을 지고 있었다. 이전 4년 동안 드류의 부서는 무려 230억 달러에 달하는 흑자를 기록했으며 이는 JP 모건 전체 이익의 3분의 1에 달하는 액수였다. 그런 드류가 이처럼 어리석은 위험을 저질렀다는 것은 다이먼을 포함한 많은 사람이 상상도 할 수 없는 일이었다. 다이먼은 손실이 표면에 떠올랐을 때는 자신의 실수라고 이야기하며 드류에 대해 한 번도 의심한 적이 없었다는 말을 했다. 많은 회사에서 흑자를 내는 리더는 지도부 또는 동료에게 어떤 사람보다 더 큰 존경을 받는다. 드류는 분명히 다이먼이나 팀의 어떤 사람에게도 명령을 받지 않았다. 회사의 위험을 관리하는 과정이 염려스러울 정도로 적합하지 못했다는 것이 이후에 드러났다. 그 은행에 대하여 정부의 가장 심한 비판자는 이것이 위험을 계속 쌓아가는 영업 관행이며 위험 인식에 대한 한계점을 무시하고 적자를 숨긴 채 철저한 감독을 피하며 일반 투자자에게 잘못된 정보를 주었다고 주장했다.

다이먼은 당연히 드류를 관리하고 감독하기 위한 통솔권을 유지했어야만 했다는 사실을 일이 발생한 후에야 알게 되었다. 그녀는 회사 내 보수적이고 덜 위험한 금융 상품을 감독하는 직책으로 자리를 옮겨서 더욱 복잡하고 위험한 거래를 하는 직원들을 관리하게 되었다. 드류는 장래성 있고 성공적이기는 했지만 더 위험 가능성이 많은 새로운 분야의 책임을 맡게 된 것이다. 퇴직한 JP 모건의 한 이사는 다이먼에게 있을 수 있는 재난을 피하기 위해서는 드류의 직무실 위험 통제 수준이 좀 더 투명해야 한다는 경고를 했다고 말한다. 그러나 드류는 자신의 우려를 철저히 무시했을 뿐 아니라 자신의 일이나 잘하라고 면박을 주었다고 한다. 이와 같은 사건 발생 후 다이먼은 그 은행에 있는 누구도 드류 팀에 있는 위험부담에 대해 자신에게 지적해 주지 않았다고 말했다. 다이먼은 드류의 영업 실적과 JP 모건 내 경영을 생각해 볼 때 어떤 문제가 발생하면 사전에 위험부담이 표면 위에 떠오를 것이라고 말했다. 그 위험의 엄청난 규모와 밝혀진 영업 기록의 결과로 다이먼은 2008년 금융 위기 혼란 동안에 JP 모건을 '폭풍 속의 항구Port in the Storm'라고 불렀다.

언론이 엄청난 손실 가능성을 표면에 떠올렸을 때 다이먼은 이 문제를 '찻잔 속의 태풍(작은 일을 마치 큰 것처럼 부풀려서 떠드는 혼란)'이라고 발표함으로써 문제를 더욱 심각하게 만들었다. 이러한 언급은 전반적인 언론의 주목을 받았고, 그로부터 3개월 후에 JP 모건이 수십억 달러의 손실을 보게 될 것이라는 사실이 분명해지자 다이먼은 더욱 당혹감에 빠져들었다. 다이먼은 직원들이 자신에게 이것이 사소한 문제라고 말했으며 그들 말을 순진하게 믿은 것이 실수였다고 말했다. 그런 까닭에 다이먼은 직면한 문제의 규모를 알아차릴 기회가 두 번이나 있었지만 모두 놓치고 말았다. 최초에는 그가 해결할 수 없는 상태에서 문제가 발생한 것이고, 다음에는 표면에 떠오른 문제가 끼치는 파장을 최소화하려고 했던 것이다. 이 두 가지 면에서 그의 신뢰도는 심각한 상처를 입었다. 일부 사람들은 다이먼이나 관계자들이 실제적으로 JP 모건처럼 크고 복잡한 은행을 효율적으로 이끌어갈 수 있는 능력이 있을지 의심하게 되었다. 그들은 이 정도로 잘못된 경영은 큰 은행들이 분할해서 더욱 철저히 규제되어야 하는 증거라고 말했다.

다이먼은 손실에 대해 '자기 자신의 책임'이라고 공개적으로 밝혔다. JP 모건의 2012년 보고서에서 다이먼은 이 은행의 전략은 잘못된 것이고 복잡하며 허술하게 점검되고 감독되었다고 말했다. 투자 성공은 오랜 시간 동안 이루어지기 때문에 안일하게 생각했고, 당연히 했어야 할 관리에 적극적이지 못했으며, 우리의 일에 대해서 의심도 하지 않았다고 사과했다. JP 모건은 런던 고래 금융 거래의 부실 경영에 대한 해결책으로 최소한 정부 범칙금 9억 달러를 지불해야 할 것이다. 또한 다이먼은 여기에 책임이 있는 사람들을 해고하거나 그들의 사표를 수리하고, 드루의 개인적 과실 보상금 3,100만 달러를 회사에 지불하겠다는 제안을 받아들여야 했다. 그는 이와 관련된 다른 사람들의 벌과금 지급을 승인하고, 리스크 경영 그룹을 재조직하는 한편 회사의 공식적인 규제와 현금 보유 잔고를 더욱 강화했다. 런던 외환 거래에 대한 국회 청문회 증언에서 드루는 자신의 리스크 경영 팀과 위험이 잘 처리되었다고 상황을 평가 절하한 부하 직원들에게 속았다고 말했다. 그녀는 이와 같은 실수가 자신이 감독하고 있는 가운데 이루어졌다고 솔직히 시인하긴 했지만, 자신도 거짓말하는 사람들에게 피해를 입은 것이라고 말했다.

다이먼은 이슈와 리스크를 처리하는 데 더욱 높은 정직성을 강조하기 위해 회사의 문화를 바꾸기 시작했다. 그는 같은 해 경영 보고서에 이렇게 썼다. "때때로 사람들은 갈등을 피하기 위해 어려운 질문을 하지 않는다. 그것은 절대 올바르게 기업을 운영할 수 있는 방법이 될 수 없다. 필요할 때 사람과 부딪치거나 어려운 질문을 하는 것은 결코 모독이 아니다. 이는 당신이 조직 내에서 사교성이 부족하다는 의미도 아니고 사람을 믿지 않는다는 이야기도 아니다. 사실 어려운 질문은 실수에서 생기는 상처로부터 우리 자신을 보호하기 위해서 서로가 서로에게 꼭 해야 하는 일이다."

그는 손실을 그대로 흡수할 수 있을 만큼 은행 규모가 크기 때문에 여전히 돈을 버는 것이라고 언급했다. 다이먼은 대인 관계 운동을 전개하며, 모든 기업체와 지도자들도 실수할 수 있고, 또 그 실수가 상당히 컸지만 2012년도에 JP 모건은 기록적인 수입을 올렸다고 설명했다. 그의 이사 한 사람도 이 점을 더욱 강조했다. "당신의 잘못된 실수는 살에 난 상처이고, 이것이 죽을 만한 상처가 아니면 된다." 이것은 몸에 입은 상처다. 하지만 런던 고래의 외환 거래에서 입은 더 큰 상처는 제이미 다이먼에게 치명적인 상처가 될 가능성도 있다고 하겠다.

다이먼의 맹점은 처해 있는 위협을 보지 못했고, 사내 문화와 절차에 대한 예측이 올바르지 못했으며, JP 모건에 있는 사람들이 문제가 되기 전에 실수를 표면 위에 올려놓을 것이라고 잘못 추측했다는 것이다. 다이먼은 점점 확대되는 리스크를 재빨리 찾아낼 수 있는 능력이 없었고 필요한 조치를 취하지 못한 일 때문에 이사진에게 비난받았다. 이 손실을 수사하는 이사진 권한 위임 대책반은 내부 보고서에서 수많은 고위급 이사들도 이 손실에 책임이 있고 특히 이나 드류와 최고 금융 책임자CFO: Chief Financial Officer 그리고 최고 위기 관리 책임자CRO: Chief Risk Officer에게 책임이 있다는 결론을 내렸다. 다이먼 역시 모든 책임을 져야 했다. "CEO 다이먼은 중요한 쟁점과 관심사에 대해서 그에게 직접 보고하는 고위 매니저를 적절히 믿을 수 있다고 생각했다. 그는 자기가 들은 모든 보고에 대한 믿음을 철저히 검사할 수도 있었지만 하지 않았다. 더욱이 위험부담과 위험 관리에 대해서 최고 정보 책임자CIO: Chief Information Officer 활동과 직접 관계있는 사람에게 더욱 그렇게 했어야만 했다. 그래서 다이먼은 이에 대한 책임을 져야 한다."

다이먼의 이야기에서 우리가 배우는 교훈은 크고 복잡한 조직에서 발생하는 일들을 상세하게 이해하려면 리더의 능력을 철저히 검증해야 한다는 것이다. 리더가 여러 가지 약점과 위험에 관심을 기울이지 않으면 회사가 위험에 빠지게 된다. 그 이유는 두 가지다. 첫째는 자신이 주위로부터 고립된다는 것이고 둘째는 자기가 이끄는 회사 규모가 크다는 데 있다. 제이미 다이먼이 처한 고난은 다른 사람을 신뢰하는 것과 그로 인해 따르는 위험부담 두 가지를 강조하고 있다. 런던 고래 사건은 철저한 절차와 관행을 만들고, 발생하는 위험에 대한 정보를 찾아내기 위해 필요한 사내 문화를 더욱 장려해야 한다고 강조한다. 이와 같은 요소가 결핍될 때 조직 내부 질서에 필요한 정보가 담당자에게 원활하게 전달되지 않는다. 리더의 책임이란 회사가 어떻게 운영되는지, 사내 전반에 걸쳐 정보 유출이나 왜곡을 막는 내부 기구를 어떻게 설치하는지 아는 일이다.

크고 복잡한 조직에서 발생하는 일들을 상세하게 이해하려면 리더의 능력을 철저히 검증해야 한다는 것이다.

헨리 포드: 마케팅에 관한 맹점

치명적 맹점을 가지고 있는 전설적인 지도자의 세 번째 예는 헨리 포드Henry Ford다. 20세기 초에 포드는 산업계 전반에 걸쳐 거대한 족적을 남겼다. 잡스의 말을 빌리자면 헨리 포드는 인류를 앞으로 나아가게 미는 사람이었다. 헨리 포드 이전에 자동차는 일종의 수레였는데 주로 부유층 사람들이 구입했다. 헨리 포드는 간단하고도 믿을 만하면서 일반적인 근로자도 소유할 수 있는 값싼 자동차를 만들겠다고 결심했다. 즉, 사람을 목적지로 데리고 갔다 올 수 있는 간편한 방식의 차를 구상했다. 이런 결심에서 역사상 가장 혁명적인 자동차가 1908년에 처음으로 모습을 드러냈고, 이 차가 바로 미국의 대중에게 즉시 큰 인기를 얻었던 모델 T the Model T였다. 제조에 관한 포드의 혁신은 자동차 가격을 400달러 이하로 낮추었고 이 자동차의 인기는 더욱 높아졌다. 포드 자동차는 1921년에 미국 자동차 시장의 56퍼센트를 차지했고, GM은 13퍼센트를 차지했다.

자동차 산업이 발전하고 일반 미국 국민들이 더 부유해지자, 많은 사람들은 다양한 자동차 모델과 옵션을 원했다. 포드 자동차는 좀 더 적은 경쟁사들이 기회를 포착하려고 도전적으로 움직이고 있을 때에도 기존 사업 모델을 바꾸지 않았다. 특히 GM 자동차는 경제적인 계층에 따라 등급을 나누어 서로 다른 모델을 내놓았다. GM은 매년 새로운 자동차 모델을 소개하고 자동차 구매자들을 위해 금융을 지원하는 새로운 마케팅 기술을 도입했다. 1920년 말 포드 자동차는 한때 압도적이었던 시장 점유율을 GM에 빼앗겼다. 1930년대와 1940년대 초에는 포드 자동차가 세계 2차 대전에서 미국을 지원하는 임무를 제대로 이행할지에 대한 의구심 때문에 한때 미국 정부가 이 자동차 회사의 인수를 생각할 정도로 쇠퇴하기 시작했다.

포드는 자동차 시장에서 포드 자동차의 점유율이 점차 감소하고 있다는 사실을 알았다. 이런 상황을 그는 외면하지 않았다. 포드는 회사 내부와 외부에 있는 사람들이 그의 모델을 수정하고 새로운 자동차 시장의 현실을 바라볼 수 있기를 원한다는 것을 알았다. 포드 자동차 이사 어니스트 칸즐러Ernest Kanzler는 회사의 문제점을 설명하는 6페이지에 달하는 메모를 썼다. 칸즐러는 포드 자동차가 한때는 상당히 예측력이 있었지만 현재는 분명히 후퇴하고 있다고 조심스런 어투로 언급했다. 그는 변하는 시장에 적응하려는 의지가 없고 GM 쉐보레GM Chevrolet와 같은 점점 늘어나는 경쟁자를 따라가지 못했다고 설명했다. 또한 포드 회장은 회사 운영 방향을 늘 염려하지만, 자신들이 생각하는 바를 솔직히 이야기해 줄 용기가 없는 이사들에 둘러싸여 있다고 말했다. 하지만 포드는 그 메모를 읽은 후 회사 간부 회의 때 칸즐러 이사를 비웃으며 해고했다.

헨리 포드는 결국 회사에 미치고 있는 손실을 알게 된 그의 부인에 의해서 쫓

겨났다. 그를 잘 아는 한 리더가 헨리 포드의 인생 말년에 대해 이야기했다. 헨리 포드 마음의 분별은 거의 실현될 정도로 완벽에 가깝다. 하지만 무서운 금융, 입법, 기술적인 여러 가지 장애를 극복하는 일을 포함해서, 회사를 만들면서 그가 겪었던 모든 일을 먼저 이해해야 한다. 20세기로 접어들기 직전에 존재했던 대부분의 자동차 회사들은 모두 실패했다. 이에 비해 포드는 자동차 업계를 주도하는 압도적인 회사를 만들었고 근본적으로 미국인들이 살아가는 생활 방식을 완전히 바꾸어 놓았다. 만약 자신의 견해에 대한 정확성을 믿는 사람이 있다면 그는 바로 헨리 포드다.

맹점에 관해 포드에게 배울 수 있는 교훈은 성공 자체가 한 리더의 현실 부인과 비현실적 기존 사업 모델에 매달릴 가능성을 더욱 높인다는 것이다. 포드는 자신을 좋아하지 않는 사람이나 비판자에게 세상을 바꾸어 놓은 자신에 대해서 그들의 인식이 잘못되었음을 입증했다. 또 자기가 경쟁자보다 자동차 시장을 더 잘 안다는 것을 보여 주었다. 앞에서 아마존의 제프 베조스는 그의 꿈을 달성하기 위해 자신이 견뎌야 했던 모든 사회의 역풍을 잘 이겨낸 리더라고 설명했다. 헨리 포드도 같은 일을 했지만 그는 빠르게 바뀌는 세상에 적응하지 못했다. 빌 게이츠는 자기 사무실에 헨리 포드의 초상화를 걸어 놓고 위대한 리더와 회사들도 지난날의 성공에만 빠져서 현실과 싸우지 못하면 오히려 자신이 쓰러진다는 교훈으로 삼았다.

적어도 하나의 치명적인 맹점을 가지고 있는 리더의 위험은 위에서 설명된 세 가지 사례에서 분명히 나타난다. 그들은 각기 다른 형태의 맹점을 가지고 있다. 스티브 잡스는 회사에서 자신의 행동이 다른 사람에게 어떤 영향을 주는지 이해하지 못했고, 제이미 다이먼은 자신의 팀이나 조직에 직면한 위험부담에 대해서 알지 못했으며, 헨리 포드는 자동차 시장의 변화를 충분히 모른 채 자신의 전략이 시장에서 어떻게 침식당하는지 감지하지 못했다. 이러한 세 가지 중요한 약점을 제대로 이

성공 자체가 한 리더의 현실 부인과 비현실적 기존 사업 모델에 매달릴 가능성을 더욱 높인다는 것이다.

식하지 못했기 때문에 자신감으로 번쩍이는 위대한 리더와 회사가 어떻게 되는지 보여주었다.

에드 캣멀Ed Catmull은 세계에서 가장 혁신적인 에니매이션 영화사 픽사의 CEO 다. 그는 위대한 회사를 관찰하고 성공한 지도자들의 실수를 지켜보면서 항상 교훈을 배운다.

내 인생에서 컴퓨터 회사의 흥망성쇠를 지켜본 것이 나에게 많은 영향을 미쳤다. 많은 회사가 위대한 상품을 제작하는 능력 있는 사람들을 하나로 모았다. 우수한 엔지니어들은 소비자 요구가 무엇인지 확인하고 기술을 바꾸고 전문 경영을 도입했다. 하지만 대부분의 리더는 권력의 최정상에서 중요한 결정을 잘못 내렸고 전혀 예상하지 못한 상태로 시들어 버렸다. 현명한 사람들이 일의 진행 과정에서 상당히 중요한 요소들을 왜 보지 못했을까? 나는 스스로에게 자주 묻는다. 만약 우리가 성공하면 우리 역시 그들처럼 똑같이 눈이 멀게 될까?

캣멀은 회사의 성공 자체가 실패의 요소가 될 수 있다고 충고한다. 왜냐하면 사람들은 과거에 회사에서 발생했던 일들을 그대로 모방하려고 노력하면서 꽤 오랫동안 중요한 자원을 그런 약점에 소비해 버리기 때문이다. 사람들은 이를 '성공의 함정'이라고 묘사한다. 특히 리더들은 과거에 회사가 성공할 수 있었던 사업 모델을 바꾸려고 하지 않는 것이 문제가 된다. 마이클 델Michael Dell도 그런 사례다. 그는 낮은 생산 원가로 소비자와 직접 상대하는 사업 모델을 바탕으로 그 세대에서 가장 빨리 성장한 회사를 이룩했다. 성공의 정점에 올랐을 때 그는 만약 어려움에 처한 애플 컴퓨터 회사 책임자였다면 어떻게 했겠느냐는 질문을 받았다. 잠시 생각한 그는 다음과 같이 말했다. "나는 그 회사의 문을 닫고 주주들에게 돈을 다 돌려주었을 것이다." 하지만 애플은 잡스의 지도력 아래서 다시 회생했고 산업계에서 혁신적인 상품과 금융적 성공 두 가지 면 모두 인정받았다. 산업계에서 두 회사의 운명이 정반대 방향으로 전개되었다. 2006년에 잡스는 자기 동료들에게 다음의 메모를 보냈다. "팀 여러분, 마이클 델은 미래 전망이 완벽하지 못한 것으로 알려졌습니다. 오늘 주식 시장 종장에 애플은 델보다 훨씬 가치가 높습니다. 주식은 오르락내리락하고 내일의 상황은 달라질 수도 있습니다. 그러나 나는 오늘 여러 가지를 되돌아보는 순간이 가치가 있다고 생각했습니다." 2013년 무렵 델은 고도로 혁신적이고 빠르게 변하는 IT 산업 뒤편에서 쓰러지지 않으려고 발버둥치는 회사가 되어 버렸다.

실패를 위한 무대를 늘 준비하고 있는 성공의 유형은 여러 회사에서 분명히 나타난다. 잘 알려진 사례가 디지털 장비 회사 DEC의 몰락이다. 이 회사는 한때 세계에서 가장 성공한 컴퓨터 회사였다. 회사 설립자 켄 올슨Ken Olsen은 PC가 소비자 개인이나 사업의 필수 기구가 될 것이라고 전혀 예측하지 못했다. 이 디지털 장비 회사에 있었던 한 이사는 PC 도입 이전 10여 년간 그 회사의 성공이 너무나 완벽했기 때문에 어느 누구도 실패할 것이라 생각하지 못했다고 했다. 이는 물론 검은 백조 사건으로 생각할 수도 있지만, 그 당시에는 이미 PC 전환 조짐이 있었다. 그러나 DEC는 회사의 이익이 급격히 줄어들고 수차례 경고 신호가 있었음에도 이를 무시했다. 특히 올슨 CEO 는 DEC의 경영 시스템과 기술적 능력의 최우수성에 대한 믿음이 무척이나 강했다. 심지어 회사가 서서히 죽음의 곡선으로 접어들 때조차도 기술 우수성을 믿는 데 매달렸다. 산업계 선두 주자였던 올슨이 이제는 한때 큰 히트를 쳤던 회사의 두 번째 도약을 만들어 내지 못한 사람으로 기억된다. 이 책은 이처럼 눈이 멀어버리는 상황을 피할 수 있도록 충고한다.

그러나 맹점은 단순히 확인된 후 즉시 고쳐질 수 있는 문제가 아니다. 맹점을 관리하는 좋은 방법은 맹점을 피할 수 없는 사실로 받아들이는 법을 배우는 것이

맹점을 관리하는 좋은 방법은 맹점을 피할 수 없는 사실로 받아들이는 법을 배우는 것이다.

다. 어떤 면에서는 맹점이 당신에게 도전적 행동을 하게 만들기 때문에 개인적으로 도움이 될 수도 있다. 약점과 위험은 언제나 존재하고, 가장 큰 위험은 사실과 다른 반대편을 믿을 때 온다. 당신에게도 맹점이 있다는 것을 알면 모든 일을 더 조심스럽게 바라보고 당신의 행동이나 처한 상황을 더 깊이 들여다보게 될 것이다. 그러므로 맹점이란 위험도 되고 보호도 된다. 얀 마텔Yann Martel의 소설 '파이 이야기The Life of Pi'에서는 맹점이 어떠한 역할을 하는지에 관한 깊은 통찰을 전한다. 이 소설은 여러 종류의 동물을 실은 컨테이너가 실려 있던 대형 배가 침몰한 후에 뱅갈 호랑이와 함께 큰 구명보트를 탄 채 바다에서 꼼짝 못하고 갇혀 있던 한 젊은 인디언 남자 파이의 이야기다. 처음에 파이 파텔Pi Patel은 그 호랑이를 보지 못했다. 이 호랑이가 구명보트 반을 덮고 있는 큰 방수면 아래 숨어 있었기 때문이다. 그는 상당히 큰 위험에 빠져 있었지만 눈으로 확인하지 못한 위협을 인식하지 못하고 있다. 호랑이가 갑자기 방수면 아래에서 나타나 구명보트 위에 있던 하이에나를 죽인다. 호랑이와 함께 살아남은 파이는 죽음의 운명을 같이하게 된 맹수와 보트 위에서 자신이 직면한 위험에 적응하는 방법을 배운다. 그는 여러 가지 방법을 써서 호랑이를 간신히 제지하고 함께 공존할 수 있게 된다. 몇 주 그리고 몇 개월 동안 바다에서 표류하면서, 파이는 예측 불가능한 망망대해 한가운데에서 자신을 살아남게 만들어 주는 것이 바로 그 호랑이라는 사실을 서서히 인식한다. 호랑이와 그가 처해 있는 위험이 없었더라면 파이는 살아남지 못했을 것이다. 이 호랑이는 그를 용맹하게 만들고 용기를 갖게 만들어 주었다. 그리고 자기의 힘과 한계점을 충분히 알도록 만들어 주었다. 인디언 청년 파이는 호랑이가 어떤 순간에는 그를 덮칠 수 있는 적이자 한편으로는 자신을 앞으로 움직이게 만들어 주는 존재임을 알게 되었다. 때때로 우리도 큰 방수면 아래에 놓인 위협을 보지 못하지만, 만약 볼 수 있다면 우리는 이 맹점과 함께 살아가는 방법을 알아야 할 것이다. 그뿐만 아니라 이것을 우리에게 도움이 되는 방향으로 바꾸어야만 한다.

CHAPTER

2

지도력 맹점 찾기

How To Spot Blindspots In Yourself And Others

'인식'은 자신의 방식대로 일을 추진하고 있을 때 떠오르는 생각을 뜻한다. 규제 감독 기관과 문제를 빚고 있는 제약 회사를 생각해 보자. 제약 회사의 R&D연구개발 책임자는 정부가 부당하게 자신의 회사 상품 중 하나에 제재 조치를 부과해 약품의 사용 범위를 실제보다 극히 제한하는 불이익을 주고 있다고 생각했다. 책임자는 이 갈등을 어디까지나 사적인 갈등으로 생각했다. 그는 정부 규제가 회사의 성공에 필요한 모든 관계를 장기간 해칠 수도 있는 문제라고 생각해 담당부처를 상대로 소송을 생각할 정도로 화가 났다. 하지만 R&D 책임자는 자신의 이런 반응이 당면한 문제를 해결하는 데 전혀 도움이 되지 않는다고 결론을 내렸다. 또 그는 자신이 현재 너무 감정적으로 치우쳐 있기 때문에 구체적인 협상에 임할 준비가 안됐다는 것도 알게 되었다. 그는 규제 기관과 협상해야 하는 이 임무를 회사 법률 고문과 자신의 팀원에게 의뢰했다. 제약 회사와 규제 기관은 오랜 논의 끝에 결국 쌍방이 만족하는 합의 사항에 도달할 수 있었다. R&D 책임자의 냉철한 문제 해결 노력으로 이후 회사는 규제 기관과 갈등을 겪지 않을 수 있게 되었다. 이는 책임자가 자신의 단점을 확인하고 회사에 유익하고 효율적인 방향으로 행동한 덕분에 그의 약점이 전혀 맹점이 되지 않았음을 보여주는 사례가 되었다.

사람들은 흔히 맹점을 약점과 같은 것이라고 생각하기 쉽다. 그러나 맹점은 그 것이 무엇인지 제대로 인식하지 못하는 특수한 형태의 약점이다. 우리들이 인식하는 약점과 인식하지 못하는 약점은 분명히 큰 차이가 있다. 인식하지 못하는 약점은 본인이 행동할 필요성을 전혀 느끼지 못해 행동 수정이 불가능하다. 이 약점은 매우 큰 위협으로 다가오게 된다. 철학자 앨프리드 노스 화이트헤드Alfred North Whitehead는 이 점을 강조하면서 우리가 경계해야 할 것은 무지가 아니라 자신의 무지함을 모르는 것이라고 말했다. 이 책의 중심 주제는 조직의 리더가 문제의 핵심이 도대체 무엇인지 모를 때 위험에 처하게 되는 상황에 집중한다.

맹점 모형

지도력 인식의 네 가지 형태는 아래 도표에서 설명된다. 나는 이것을 맹점 모형이라고 부른다.

맹점 매트릭스

알고 있는 강점 : 알고 있는 것이 무엇인지 아는 것

리더가 '알고 있는 강점'은 다른 사람보다 우수한 분야이고, 그동안 입증된 활동 경력이 있는 분야다. 모형 상단 오른쪽 칸에 위치한 리더는 지식과 기술을 자신의 사업체나 조직에 도움이 되도록 이용한다. 예를 들면 나는 판매와 마케팅 팀을 거쳐서 성공한 한 기업가와 일을 했다. 그동안 그 리더는 판매 회의, 협의, 고위층 고객에게 판촉 전화를 하면서 다른 사람들을 협력하게 만드는 방법을 배울 수 있었다. 그는 소통 방법을 연마했을 뿐만 아니라 개인적 카리스마를 가진 덕분에 회사의 최고 홍보 대변인이 되었다. 이는 그의 큰 장점이다. 그는 회사의 전략과 방침을 회사 내·외부에 있는 관심 단체에 홍보하는 데 이 강점을 충분히 이용할 수 있다.

알고 있는 약점: 모르는 것이 무엇인지 아는 것

'알고 있는 약점'은 리더의 능력이 부족한 분야이고, 약하거나 일정하지 못한 지도 경험을 가지고 있는 분야다. 모형 상단 왼쪽 칸의 리더가 자기의 맹점과 약점을 충분히 인식하고 그로 말미암아 발생할 수 있는 결과를 안다면 그것은 절대 맹점이 아니다. 리더는 어떤 상황에서 자신이 약한 부분에 필요한 기술을 개발함으로써 자신이 취약한 점을 관리할 수 있다. 또는 리더가 자신이 부족한 지식이나 기술을 갖고 있는 인재를 찾아서 그에게 전폭적으로 힘을 실어줄 수도 있다. 예를 들면 나는 부하 직원들에게 힘을 실어 주기로 유명한 리더와 함께 일을 하고 있다. 그녀는 일의 분명한 방향을 제시하고, 자신의 팀원들에게 그 분야를 책임지고 효율적으로 잘 이끌어 가는 데 필요한 자치권을 부여했다. 그녀는 팀원들이 하나의 튼튼한 받침목으로 사용할 수 있는 자원 역할만을 담당할 뿐이다. 그녀는 팀의 문제를 해결해 주지도 않고, 팀원을 위해 자신이 결정을 내려주는 일은 절대 하지 않는다. 한 사례로, 그녀는 사업 진행에 필요한 능력이 부족한 직원을 내보내는 데 오랜 시간을 기다리지 않는다. 게다가 그녀는 경영이나 조직 운영을 바꾸는 데 그다지 관심을 두지도 않는다. 그녀의 말을 빌려 이유를 알아보자면 "사람을 신뢰하지 못하는 것은 내가 얼마나 다른 사람과 소통하지 못하는지를 나타낸다." 그녀는 미시 경영을 좋아하지 않고, 노력하는 사람에게 직접 업무를 지도하는 일을 별로 좋아하지 않는다는 사실에 솔직하다. 그녀는 또 이것이 자신이 취약한 부분이라는 사실도 이미 알고 있다. 그녀는 이를 보완하기 위해 각 팀의 부서 책임자에게 책임을 지우는 강력한 제2명령 계통을 도입했고, 기술과 문화에 적합한 방법으로 일을 해나가고 있다. 그녀는 자신의 방법이 가진 유익한 점을 이렇게 설명한다. "나는 팀원을 신뢰하고 팀원은 리더에게 신뢰받는 것이 당연함을 입증한다."

알고 있는 약점을 바로잡을 최후의 방법은 아무 일도 안 하는 것이다. 자신이 홍보 대변인으로는 별로 유능하지 못하다는 외부 평가를 받은 어떤 분야의 리더를 생각해 보자. 그는 이런 외부 반응Feedback에는 동의하지만 자신의 팀원은 자신과 달리 공공 포럼에서 회사를 대표할 수 있다고 믿는다. 또한 그는 회사가 기술 면에 있어서 높은 차원에서 행동하며 금융적인 임무를 이행하고 있다고 확신하고 있다. 그런 믿음으로 그는 자신의 대화 기술을 발전시키기 위해 굳이 시간을 투자하지 않는다. 이 경우에 그는 자신에게 있을 수 있는 약점과 이를 방치하여 오는 결과를 충분히 인식하며 행동한다.

모르는 강점: 무엇을 아는지 모른다

'모르는 강점'은 인식의 무지다. 왜냐하면 사람들은 자신이 알고 있는 것이 무엇인지 모른다는 것을 믿기 어렵기 때문이다. 이것은 리더가 특히 범하기 쉬운 분야이며 자신의 힘을 충분히 모르는 부분이다. 모형의 하단 오른쪽 칸에 해당하는 모르는 강점은 일반적으로 리더가 당연히 가지고 있다고 생각하거나 극히 특별하게 생각하지 않는 전형적인 강점이다. 이와 같은 강점은 리더가 결과적으로 발생할 수 있는 영향을 충분히 인식하지 못하기 때문에 제대로 이용되지 않는다. 예를 들면 나는 사람들을 개발하고 고도의 능력을 발휘하는 팀을 육성하는 기술을 가진 CFO와 일한 적이 있다. 그는 천성적으로 부지런히 일할 뿐이며 자신이 두드러지게 특별한 능력을 갖고 있다고는 꿈에도 생각하지 않는다. 그는 당연히 해야 할 일이기 때문에 그 일을 한다고 생각한다. 하지만 시간이 흐르고 차츰 이 분야에서 자신의 기술에 대적할 직원이 없다는 사실을 알게 되었다. 그는 현재 여러 그룹에서 일하는 중간 관리 책임자를 지도하고 감독하기 위해 더 많은 시간을 내고 있다. 그는 직원들을 발전시키는 데 노력을 더욱 투자하여 능력 있는 인재를 만들고 그들을 자신의 부서에 계속 유지하도록 노력하고 있다.

로버트 카플란Robert Kaplan과 로버트 카이저Robert Kaiser는 『당신의 강점을 경계하라Fear Your Strenghts』라는 제목의 저서에서 자신의 강점을 인식할 필요성을 언급했다. 그들은 강점이 지나치게 사용된 힘이라고 주장한다. 강점이 부담이 될 수 있다는 생각은 우리가 이해하고 있는 것과 정반대다. 예를 들어 어떤 리더는 '어떻게 지나치게 전략적일 수 있을까?' 또는 '지나치게 완벽할 수 있을까?'라고 생각하지만 맹점은 그 가운데에서 발생할 수 있다. 특히 남을 압도하는 강점은 리더의 성공에 중요한 요인의 인식을 방해할 때 부담이 될 수도 있다. 전략적인 분야에서 가장 마음이 편한 리더는 작전에 꼭 필요한 부분을 무시하거나, 자신이 부족한 기술을 가지고 있는 팀원을 주위에 두어야 할 필요성조차 무시해 버릴 수도 있다. 절대적인 완벽성을 가진 사람은 팀원 모두가 자신처럼 완벽하다고 믿는 실수를 저지를 수도 있다. 그리고 그룹에서 대단히 비윤리적 행동이 나타날 때 이를 보지 못한다. 또는 우수한 기술을 가진 리더가 일상 업무를 성공시키기 위해 너무 지나칠 정도로 밀고 나가다가 더 많은 협력 요구를 인지하지 못할 수도 있다. 그렇다고 리더가 자신의 강점 사용을 중단해야 한다거나 강점이 언제나 결점이 된다는 의미는 아니다. 능률적인 지도자는 언제 자신의 강점이 위험부담이 되고 언제 기술적인 방법으로 사용할 것인지를 잘 인지하고 있다.

맹점: 무엇을 모르는지 모르는 것

맹점은 제1장에서 기술한 것처럼 인지하지 못하는 약점, 즉 리더를 위험에 빠뜨릴 수 있는 분야로 흔히 행동 개선의 필요성을 알지 못할 때 발생한다. 예를 들면 팀의 행동과 실적 부분에서 리더의 기준을 달성할 수 없을 때 사기가 저하된다는 부정적인 면만 계속 부각하는 지도자다. 그는 부정적인 생각이 팀에 어떤 영향을 주는지 모르고, 직원들이 높은 실적을 달성하도록 만드는 것이 자신의 임무라고

어떤 경우에는 다른 사람에 대한 인식이 중요하지만, 때에 따라서는 전혀 중요하지 않을 뿐더러 아무런 도움도 되지 않는다.

모든 리더들은 인식에 관심이 필요하고 또 어떤 인식을 무시할지 결정해야 한다.

생각한다. 이 모형이 나타내는 요점은 남이 알고 있는 자신과 스스로 알고 있는 자신 사이에 별다른 차이가 없다는 것이다. 이러한 접근 방식은 자신이 자신을 보는 모습과 다른 사람이 자신을 보는 모습에 차이점이 있다는 '조하리의 창Johari Window' 모델에서 발견되는 견해와는 다르다. 나의 주장은 자신의 강점과 약점에 관한 리더의 인식 수준이다. 이것은 다른 사람들이 리더에 대해서 알고 있는 것과 직접 관계가 있을 수도 있고 아닐 수도 있다. 어떤 경우에는 다른 사람에 대한 인식이 중요하지만, 때에 따라서는 전혀 중요하지 않을 뿐더러 아무런 도움도 되지 않는다. 인식은 중요할 수 있다. 하지만 이것은 현실이 아니다. 모든 리더들은 인식에 관심이 필요하고 또 어떤 인식을 무시할지 결정해야 한다.

맹점 모형은 편의상 네 개의 동일 공간으로 묘사되어 있지만 현실에서는 네 가지의 크기가 각기 다르다. 어떤 리더는 네 분야 중 한두 가지가 다른 분야보다 더 클 수도 있다. 자기 비판적 리더는 약점을 잘 알고 있지만 자신의 강점 인식은 다소 낮을 수 있으며, 정반대의 경우 자신의 강점은 완전히 알고 있지만 약점에 대한 인식은 등한시할 수도 있다. 앞에서 말한 맹점 모형은 발전 가능한 분야를 설명하는 데 도움이 된다. 리더가 강점은 물론 자신의 맹점에 대해 더 많이 인지할 때 비로소 발전이 시작되고, 다음 단계에서 목표 분야에 관한 능력을 개발하고 자신의 약점을 강점으로 대체할 때 성공이 이루어진다. 목표는 약점과 강점에 대한 인식을 확대하고 자신의 강점을 충분히 활용하며 한편으로 약점을 줄이는 일이다.

맹점 모형: 리더 인식 확대

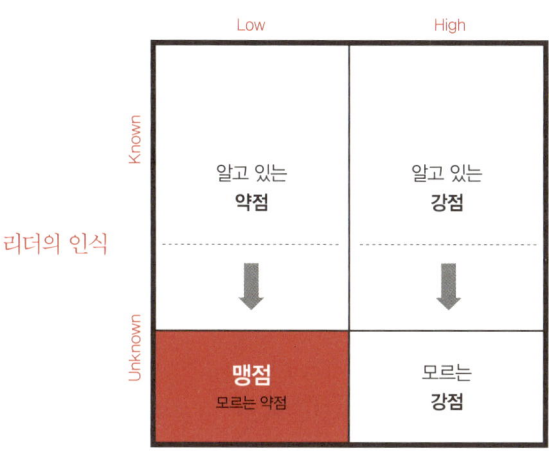

맹점 모형: 리더 능력 증대

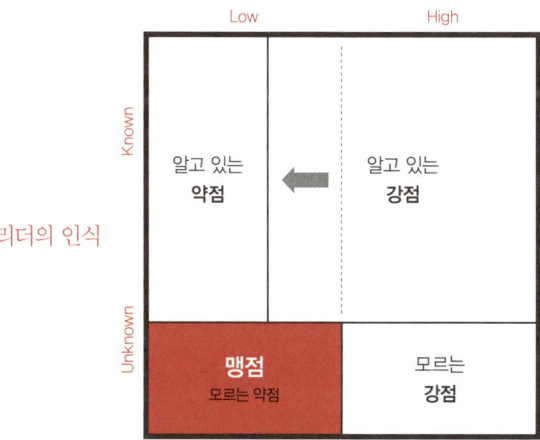

맹목의 정도

맹점 안에는 리더가 모르는 위협적 요소가 포함되어 있기 때문에 복잡하다. 모든 경우에 알거나 혹은 모르는 상황이 계속되면서, 이로 인해 속고 속이는 결과가 항상 일어나는 것으로 볼 수 있다. 다음 설명으로 여러 형태의 맹점을 진단해 볼 수 있다.(맹점 모형 참조)

맹점: 무엇을 모르는지 모른다

인식 부족

맹점의 가장 큰 형태는 약점이나 위협에 관한 인식이 거의 없는 경우다. 이는 리더가 있을 수 있는 위험의 조짐을 전혀 보지 못한다는 의미이기도 하고, 그로 인해 사건이 발생했을 때 리더가 놀란다는 말이다. 이에 대한 예는 두 개의 전력 회사가 합병하는 동안 리더십 혼란이 일어난 한 사건에서 확인할 수 있다. 듀크 에너지Duke Energy와 프로그레스 에너지Progress Energy는 고객 700만 명이 넘는, 나라에서 가장 큰 전력 회사를 만드는 데 합의했다. 두 회사의 이사진은 프로그레스 에너지의 CEO 빌 존슨Bill Johnson이 합병한 회사의 CEO가 되고 듀크 에너지의 CEO 짐 로저스Jim Rogers가 새 회사의 회장이 된다는 합의 아래 260억 달러의 거래를 승인했다. 협정이 체결된 날, 새 회사 이사진이 처음으로 만났고 CEO도 바뀌었다. 이처럼 신속하게 이루어진 사건은 다음과 같은 절차로 전개되었다. 그날 오후 4시 30분 듀크 이사진은 존슨을 CEO로 선출했고, 존슨이 CEO 취임식으로 향하는 동안 다시 투표를 진행해 그를 회사에서 내쫓아버렸다. 그는 단지 2시간 동안만 CEO가 되었다. 그에게 CEO 직책을 주고 단 2시간 만에 직책을 빼앗아 버린 것이다. 듀크 에너지의 이사진은 빌 존슨에게 미루어 온 보상금, 퇴직금, 기타 수당 4,500만 달러를 퇴직 협의금으로 주었다. 듀크 에너지 이사진은 이 역사적인 오후를 마무리 짓기 위해서 또다시 투표로 로저스를 최고의 자리에 올려놓았다.

　　이 합병의 조건은 듀크 에너지에 새로 설립된 이사진의 자리를 더 많이 허용하는 것이었다. 그들이 존슨을 CEO로 만들어서 합병 합의를 이행했지만, 동시에 그들은 CEO를 해고할 수 있는 권리도 가지고 있었다. 듀크 이사진은 이런 계획을 사전에 통보받아 미리 알고 있었고, 듀크 이사진 전체가 이런 수정을 승인했다. 이와 반대로 프로그레스 이사들은 듀크 이사진이 해고를 계획하고 있었다는 사실을 전혀 알지 못했고, 알고 있었다 할지라도 이미 중단할 수 있는 힘도 없었다. 이 변화된 발표에는 존슨의 경영 스타일이 새로운 회사가 필요로 하는 방법과 맞지 않아서 그를 CEO 자리에서 내보냈다는 설명문이 들어있었다. 새 이사진에 합류한 프로그레스 이사들은 이와 같은 변화에 큰 충격을 받고 듀크에 배신당했다는 느낌을 가졌다. 만약 그들이 합병 후에 어떤 일이 일어날지 알았더라면 절대 이 합병을 승인하지 않았을 것이라고 언급했다. 프로그레스 이사 중 한 사람은 이런 행동을 두고 신뢰 파괴 행위라 불렀고, 자신이 월 스트리트에서 활동하는 오랫동안 그리고 십여 개의 공식적으로 합병한 회사들의 이사로서 직접 목격한 기업 사기 중 가장 뻔뻔한 사례였다고 말했다. 물론 당사자인 빌 존슨은 프로그레스 이사진보다 더 놀랐을 것이다. 그는 이면에서 이런 음모가 진행되고 있으리라고는 전혀 생각하지 못했다. 그는 지난 수십 년 동안 기업체의 중요한 자리에서 역할을 수행했고 기업 정치학의 복잡성을 누구보다 잘 알고 있었지만, 속수무책으로 당할 수밖에 없었다. 그는 그저 입을 떡 벌리며 매우 놀라는 일 외엔 할 일이 없었다.

평가 오류

두 번째 단계의 맹점은 한 리더나 회사에 위협이 될 수 있는 완전하지 못한 현실을 받아들이지 않는다는 것이다. 이 경우 리더는 약점이나 위협을 알고 있을 수는 있지만, 그것을 위협의 원인으로 또는 앞으로 끼칠 충격 요인으로 생각할 정도까지는 분석하지 않는다. 여기서 리더가 "별 거 아니야." 혹은 "내 문제는 아니잖아." 정도로 약점을 바라 볼 때 상황이 취약해진다. 현실 부정에 대한 비극적인 예는 2003년 우주선 컬럼비아Columbia 대참사가 있다. 컬럼비아호는 우주에서의 2주간의 임무를 위해 7명의 우주인이 탑승한 채 발사대에 놓여있었다. 컬럼비아호가 이륙하자마자 흰색의 수증기가 이 우주선 외부 연료 탱크에서 뿜어져 나왔다. 그것이 우주선 왼쪽 날개를 치고 데브리스 필드Debris Field로 알려진 수많은 작은 조각들이 뿜어져 나왔다. 이 수증기의 충격은 그 프로그램이 처음 시작되었을 당시에도 우주선에 문제가 될 것이란 의견이 제기된 적이 있었지만, 결과적으로 당시에는 참사와 같은 큰 피해는 일어나지 않았다. 하지만 이 임무에서는 우주선을 강타한 수증기가 정상적인 경우보다(보통 서류가방 크기) 무려 수백 배나 더 많은 것이었다. 이 발사를 감독하는 책임 엔지니어들은 컬럼비아호 안전에 문제점이 없는지 결정하기 위해 더 많은 자료를 수집하기를 원했다. 우주왕복선이 궤도에 머무는 동안 우주 탐색 카메라 한 대를 가지고 우주선 밖 외부 유영으로 우주선 표면의 피해 상태를 살펴볼 수 있었다. 그러나 컬럼비아호에는 우주 탐색 카메라가 없었다. 우주인을 우주로 유영하게 내보낸다는 계획 따위는 애초부터 없었던 것이다. 하지만 컬럼비아호의 발사를 근심스레 지켜보던 엔지니어들은 미 국방부 고위층에 컬럼비아호가 우주 궤도에 진입했을 때의 모습을 지상에서라도 찍을 수 있도록 카메라를 요청했지만, 이 또한 묵살되었다.

　　컬럼비아호의 운영 팀 리더 린다 햄Linda Ham은 우주청에서 가장 빨리 승진한 사람으로 컬럼비아호의 임무 책임자였다. 그녀는 컬럼비아호의 수증기 잔해물이 문제를 발생시킬 가능성이 있다고 보았지만 안전 비행에는 전혀 문제가 되지 않을 것이라고 생각했다. 또한 기술자들이 집행부에 도움을 요구할 만한 확실한 증거도 없었기 때문에 외부에 도움을 요청할 생각은 없었다. 나중에 밝혀진 내부 메모에서 "그것은 실제 비행 동안 문제점이 될 만한 요소는 아니다. 왜냐하면 우리가 그것에 대해서 할 수 있는 일이 많이 없었기 때문이다. 그것은 이 우주선에 장착된 외부 열보호 시스템을 수리할 수 있는 장치가 결여되었기 때문이다."라고 적혀있었다. 린다 햄은 고위급 기술 보좌진 여러 사람에게서 받은 정보를 입력한 후에 '안전에 문제점은 없다.'고 이 수증기에 대한 결론을 내렸다. 그리고 나서 그녀는 한 중요한 회의에서 팀에 "좋다. 이것에 관한 다른 질문이 있는가?"라고 물었다. 누구도 별다른 질문을 제기하지 않았고 우려도 나타내지 않았다. 하지만 이 팀 안에는 우주왕복선 발사 사진에 근거해 위험부담이 존재하고 있다는 것을 알고 있던 엔지니어도 포함되어 있었다. 그들은 나사NASA가 언급한 "첫째는 안전이다."라는 가치관이 심하게 손상되고 있다고 믿었지만 우주청 고위층의 권위에 감히 도전할 생각은 없었다. 더 이상 우주왕복선의 기능 평가는 이루어지지 않았고 컬럼비아호는 예상했던 대로 추락하기 시작했다. 지구 재진입 시에 수증기 때문에 만들어진 뻥 뚫린 구멍은 최대로 데워진 가스를 그 우주왕복선 날개 끝으로 분출했으며, 그것은 미국 남서부 상공으로 내려온 우주왕복선을 완전히 폭파해 버렸다.

맹점이란 언제나 리더가 분명한 것을 무시하는 사례만은 아니다.

　　정확하게 말하자면 맹점이란 언제나 리더가 분명한 것을 무시하는 사례만은 아니다. 거의 언제나 사건이 전개될 때보다 그 사건이 발생한 이후에 맹점이 더 분명히 나타난다. 이는 컬럼비아 우주왕복선 참사의 경우에서도 명백히 입증된다. 린다 햄은 문자 그대로 해결되지 않으면 안 되는 수백 가지의 문제에 직면하고 있었고, 증기가 우주왕복선 날개를 강타한 것은 그녀가 우려했던 많은 문제 중 하나였을 뿐이다. 여기에 더하여 가장 존경받던 그녀의 상사 몇 사람은 그녀에게 안전에는 문제가 없으니 걱정할 필요가 없다고 말했다. 회고해 볼 때 그녀는 수증기가 밖으로 스며 나왔을 때 생긴 이 손상에 대해서 우려했던 사람들의 충고를 따르지 않았으며, 조직 내에서 토론으로 해결할 수 있었던 추가 데이터를 입수하지 않았기 때문에 실수를 했을 수도 있다. 그렇다고 이것이 그녀를 책임에서 벗어나게 해 줄 수는 없다. 그녀는 애매모호함 속에서 실시간으로 결정을 내려야 하는 과정에서 흔히 침투할 수 있는 혼란을 인식하지 못하고 있었던 것이다. 누구나 이유를 설명하는 데는 기발하고, 기존의 지식이 불충분하더라도 그 설명을 그대로 믿는 데도 기발하다. 나심 탈레브Nassim Taleb는 이것을 '대화의 착오Narrative Fallacy'라고 설명한다. 사람들은 과거의 사건을 보고 복잡한 상황을 설명하거나 그들이 사용하는 이야기 줄거리를 만들기 위해서 자료를 이용한다. 과거는 미래를 가장 잘 설명할 수 있는 하나의 예시이기 때문에 현재의 판단에 많은 도움을 준다. 하지만 이것이 꼭 진리는 아니며 현재의 판단에 또 다른 실수를 가져오게도 만든다. 나사 지도부가 수증기가 밖으로 뿜어져 나오는 우주청의 과거 경험을 가지고 컬럼비아 우주왕복선 비행에는 아무 문제점이 없다는 결론을 내렸을 때 바로 실수가 발생했다. 심리학자 대니얼 카너먼Daniel Kahneman은 '갭 메우기'가 많은 의견 결정에서 자주 일어나는 상황이라고 말한다.

마치 모든 정보가 다 있는 것 같은 착각을 들게 하는 당신의 제한적인 정보를 가지고서는 문제 해결에 별 도움이 되지 않는다. 당신은 당신이 이용할 수 있는 정보를 가지고 가장 가능성 있는 이야기를 만들어 낸다. 만약 그것이 좋은 이야기라면 당신은 그것을 믿어버린다. 역설적으로 말해서 퍼즐 수수께끼를 푸는 데 극히 적은 정보밖에 없을 때, 즉 당신이 알고 있는 것이 적을 때 일사불란한 이야기를 만들어내는 것은 오히려 더 쉬워진다. 이 세계를 이해하는 우리들의 안일한 확신은 무지에서 나온 안전한 바탕 위에 존재한다.

지혜롭고 확신을 가지고 있는 사람들은 자신의 약점 또는 직면하고 있는 위험을 부인하게 만들 정도로 자신의 사상과 행동을 정당화하는 재주가 있다. 그들의 지능은 자신이 실수하고 있는 순간에도 자신이 옳다는 것을 자신에게 그리고 다른 사람에게 설득하는 반대 작용을 가능하게 만든다.

경력 초기에 엔지니어로 훈련받았던 카리스마 있고 장래성 있는 기업체 지도자를 예로 들어 보자. 그는 자신의 분석 능력이 다른 사람의 능력보다 우수하다는 사실을 잘 알고 있으며, 그 능력으로 다른 견해와 충돌하고 부딪히는 스타일이다. 그는 엔지니어로 훈련받았기 때문에 폭넓은 종류의 세밀한 항목에 몰두하며 일했다. 이러한 특징은 그가 총지배인으로 승진했을 때 그에게 많은 도움을 주었고 높은 수준의 프로그램을 집행했을 때도 도움을 주었다. 그러나 이런 특징이 그가 CEO가 되었을 때는 치명적으로 다가왔다. 그는 주변으로부터 자신의 경영 스타일에 변화가 필요하다는 이야기를 들었고, 마음속에 영향을 줄 수 있는 능력을 가지고 팀원과 부딪치는 경영 스타일을 피해야 한다는 이야기도 들었다. 그의 머리로는 이런 충고를 이해했지만 자신의 행동을 바꾸지는 못했다. 재능과 경험을 가진 팀원들은 리더가 자신들을 지나치게 관리하며 늘 공격한다고 느꼈다. 반면에 리더는 자신의 방법을 바꾸기보다, 자신만이 회사에 변화를 가져올 수 있는 필요한 힘이라고 확신하며 문제는 자신이 아니라 팀이라고 생각했다. 그의 맹점은 그가 바뀌지 않을 때 자신의 행동이 결과에 끼치는 영향을 보지 못한다는 것이다. 이와 같은 과실은 필연적으로 그가 직장을 잃는 결과를 낳았다. 회사 이사진은 이 리더가 큰 조직을 운영하는 데 필요한 지도력이 결여되었다고 결론짓고 그를 내쫓았다.

실행 실패

세 번째 맹점은 리더가 이미 알고 있는 자신의 약점이나 위험부담을 지닌 채 행동하는 의지나 능력이다. 리더가 위험이 앞에 놓여 있는 것을 뻔히 알면서도 기술이 부족하거나 어떤 다른 요인 때문에 필요한 조치를 취하지 못하는 경우다. 나는 이것을 일종의 '맹목'이라고 부른다. 왜냐하면 리더가 직면하고 있는 위험과 조치를 취하지 않아서 생기는 결과를 제대로 인식하지 못하기 때문이다. 한 연구 결과에서 사람들은 위험을 내포하고 있는 결정을 내려야 할 때 일반적으로 현상 유지를 좋아하는 것으로 나타났다. 구체적으로 말하면 현재 상황을 다른 선택의 평가에 대한 참조 사항으로 보며, 현상 유지라는 참조 사항으로부터 벗어나는 행동은 곧 손실로 판단한다. 결과적으로 이런 상황에 처한 대부분의 사람들은 "의심스러울 때는 어떤 일도 하지 마라." "의심스러울 때는 상황이 어떻게 풀릴지 기다리면서 관찰하라."는 '무언의 법칙'을 따른다.

행동할 필요성에 관한 맹목은 더 구체적으로 말해서 행동하지 않아서 발생하는 결과가 리더에게서 분명히 나타나게 한다. 실행 능력은 부족하지만 자신의 전략적이고 동기적 능력에 자부심을 갖는 지도자의 경우를 생각해 보자. 그는 일이 진행되는 구체적인 면에는 전혀 관심이 없고, 그런 일은 다른 사람에게 맡기는 것을 더 좋아한다. 그의 전략이 어떻게 집행되고 있는지, 그리고 기회를 놓쳐버린 결과로 어떻게 고통받았으며, 중요한 정책에 필요한 지나치게 많은 비용을 마련하는 데 어떤 어려움을 겪었는지에 대해서 관심을 기울이지 않았던 지난날의 여러 가지 실책을 감안해 볼 때 이 모든 것이 이미 약점임을 스스로 잘 알고 있었다.

　　그러나 그는 자신의 전략적 통찰 덕분에 회사에서 승진했고 관리 프로젝트의 복잡한 상황 위에 머무는 편안한 위치까지 올라갈 수 있었다. 그의 지도력 접근 방식은 이 분야에서 자신의 약점을 보완해 주는, 능력 있는 직원들의 보고 덕분에 상당히 성공적이었다. 그렇지만 행정적인 단점이나 문제가 발생할 때 소극적인 직원들의 보고는 자신과 회사에 문제점을 야기하게 된다. 이 분야에 있어서 자신의 취약점을 알지만 리더십 방식을 수정하지도 못하고, 또한 자신의 방식이 집행되기 위한 경영 방식의 재고도 하지 않는다. 이 경우에 그의 맹목 탓에 이미 알고 있는 약점을 조치하지 않은 데 따른 결과를 겪게 될 것이다.

　　미국의 제록스Xerox는 크고 성공한 회사지만 위기에 제대로 대처하지 못했다. 제록스의 R&D 그룹인 PARC는 컴퓨터 산업 성장 초기에 기업 혁신의 선두에 선 회사였다. 기술 혁신에는 풀-다운 메뉴 개발, 마우스, 컴퓨터 그래픽, 텍스트 편집 프로그램, 레이저 프린트, 파일 공유를 위한 컴퓨터 네트워킹의 최초 개발이 포함되어 있다. 제록스의 문제점은 연구 그룹이 회사 본부나 영업 팀과 불화를 빚었다는 것이다. 서부지역의 리더와 동부지역의 리더는 서로 상대편 그룹을 비난하기 바빴고 시장에 새로운 상품을 내놓지 못하는 책임을 서로에게 돌렸다. PARC에 있는 연구소 리더들은 판매 마케팅 리더들이 실험실에서 개발하고 있는 혁신 상품에 관심이 없고, 핵심 상품의 단기적이고 금융적인 결과에만 관심이 있다고 생각했다. 한편 판매 마케팅 리더들은 연구 리더들의 사업적 감각이 형편없고 상품 개발에는 별로 관심을 기울이지 않는다고 생각했다. 주주와 불화 중인 두 그룹 모두를 감독하는 회사 집행부는 이 문제점을 잘 알고 있었다. 그러나 문제를 바로잡기 위한 행동을 하지 않았다. 회사의 무능한 기업 문화의 결과, 애플이나 HP와 같은 경쟁사들이 결국 제록스가 개발한 혁신 기술을 따라잡았고 제록스가 당연히 지배했어야 할 수십억 달러의 기업을 새롭게 설립했다. 제록스는 자신들의 핵심 사업에서도 경쟁에 부딪쳤다. 캐논Canon은 고품질 저가격 복사기를 생산해 제록스의 핵심 사업에서 시장 점유율을 빼앗았다. 핵심 사업이 서서히 후퇴하면서 제록스가 발명한 사업에는 제2의 성장을 주도할 수 있는 동력이 없었다. 제록스 역사에서 이 기간을 연도별로 정리한 한 저자는 자신의 책 제목을 『미래를 더듬다Fumbling the Future』라고 붙였다.

　　제록스의 수난과 지난 10여 년 동안 IBM에 있었던 일을 비교해 보자. IBM 전략실은 기업의 향후 10년간 전망을 개발했다. 그리고 회사의 고위 리더들은 이 전망에서 언급된 트렌드에 대해 열띤 토론을 벌였다. 그중 하나는 고객들이 구체적 필요에 대한 합당하고 종합적인 해결책을 원하기 때문에 기술 산업의 강조 분야가 상품에서 서비스로 전환할 것이라는 예측이었다. 활발한 분석과 토론을 통해서 IBM의 고위 리더들은 그와 같은 추세가 사실이며 그들의 사업에 중요한 영향을 끼칠 것이라는 점에 의견을 같이 했다. IBM리더들은 시장에서 발생하리라고 믿는 전망에 대비해 과감한 조치를 취했다. 회사의 PC사업을 레노버Renovo에 매각하고 IBM의 서비스 능력을 강화하기 위해 프라이스워터하우스쿠퍼스PricewaterhouseCoopers의 기업 상담 사업체를 매입한 것이다. 그때 CEO였던 샘 팔미사노Sam Palmisano는 특히 변화 관리를 해온 오래된 역사 덕분에 서비스 부문에 성공적인 변화를 도입했다고 말했다. 과거에 있었던 관리의 잘잘못은 조직에 교훈을 주었다. 팔미사노는 IBM이 수십 년 전에 이미 주류이던 컴퓨터에서 PC로 바뀌는 시장 변화를 놓쳤는데, 그 이유는 당시 IBM이 주도하고 있던 시장의 사업 모델과 이와 관련된 수익을 떨어뜨리고 싶지 않았기 때문이었다고 말했다. 팔미사노는 서비스 분야로 전환할 경우 과거와 똑같은 실수를 IBM은 되풀이 하지 않을 것이라고 서약했다.

다른 사람이 보지 못하는 것을 우리가 본다는 것은 기술에 있어서 특별한 것이라고 생각하지는 않는다. 우리는 단지 그에 대해 행동하기로 결정했다. 다른 사람은 같은 것을 보고 행동하지 않을 수도 있다. 많은 회사는 내가 제2의 행동Act 2이라 부르는 것을 보는 데 상당한 어려움을 겪는다. 왜냐하면 그들은 상품에만 매달리고, 그 상품이 성공하면 그 사업 모델에서 이어지는 금융적인 보상에만 마음이 가 있기 때문이다. 그래서 그들은 기회를 보지 못하는 것이고 또 그들이 본다 하더라도 행동할 때 그저 기존의 보수적인 생각만 한다.

맹목의 정도 테이블은 리더가 약점이나 위험부담을 제대로 인식하지 못하는 탓에 그 약점의 원인과 영향에 대해 잘못된 평가를 하며 개선 행동을 하지 못하는 상황을 자세히 요약하고 있다.

맹목의 정도

리더는 약점이나 위험을 인지하지 못한다.	리더는 약점이나 위험을 인지하지만 정확하게 분석하지 못한다.	리더는 약점이나 위험을 인지하지만 대처 행동을 하지 못한다.

인지부족 **불완전 인지** **행동하지 못한다**

리더의 행동 및 팀과 조직의 약점 그리고 서서히 발생하는 경쟁적 위험에 의한 피해를 알지 못한다.	피해 발생 가능성은 알지만, 이 피해가 초래하는 영향을 이해하지 못한다.	피해 가능성은 알지만, 그것을 해결하는 결단력 기술이 없다.

일반적 사례

일반인은 담배가 폐암을 유발한다는 사실을 모르고 건강에 대한 걱정 없이 흡연한다. 연구·교육 덕분에 오늘날은 그런 경우가 적지만 수년 전만 해도 사실이다.	일반인은 흡연이 폐암을 유발한다는 것을 알지만, 미래 어느 시점에는 흡연을 줄여서 담배를 끊을 능력이 있기 때문에 해를 막을 수 있다고 믿는다. 또한 흡연하고도 오랫동안 사는 여러 사람들을 알고 있다. 그래서 그는 이 위협이 사실과 다른 과장된 것이라고 믿는다.	흡연이 폐암을 일으킨다는 것을 알지만, 흡연을 끊는 데 필요한 동기나 결심이 부족하다. 자신을 완전히 파괴하는 행동을 정당화하는 사람은 이런 이야기를 한다. "우리 모두는 어느 시점에 다 죽는다."

리더의 사례

리더는 자기의 결정 스타일이 상하식이고 팀원이 참여할 기회를 주지 않는다는 사실을 모른다.	자기의 결정 스타일이 상하식이라는 사실을 알고 팀원과 권력을 공유한다고 믿는다. 그러나 현실은 팀원이 리더의 결정에 의견을 제시할 의도도 없고, 리더의 결정 스타일은 언제나 동일하다.	리더의 의사결정 방법은 상하 스타일임을 알고 있지만 회사는 중요한 시기에 이런 방법이 필요하다고 믿는다. 결과적으로 리더는 이 회사 운영에 더 큰 발언권을 원하는 최고의 능력자를 유치하고 계속 보유하는 데도 어려움이 있다.
한 US오퍼레이팅그룹 리더는 프랑스에 위치한 회사 내 직원이 자기를 카우보이처럼 보고, 국가 밖의 또 다른 고위 리더와 서로 협력할 수 있는 능력이 부족하다고 생각한다는 사실을 모르고 있다.	회사 직원들이 자기를 어떻게 보고 있는지 잘 알고 있다. 그러나 리더는 미국 시장에서 경쟁하기 위해 무엇이 필요한지 인식이 부족하다고 생각한다. 그는 자신의 성장 정책을 그대로 밀고 나간다.	회사 직원들이 자기를 어떻게 보는지 알고 있다. 그러나 그들과 정치 게임은 원치 않는다. 다른 직원들과의 관계는 점점 더 꼬이고 결국 회사를 떠난다.

맹점 대응책

모든 맹점이 다 파괴적인 것은 아니며 모두 리더의 행동을 요구하는 것은 아니다. 그렇다면 일단 표면에 떠오르거나 인지된 약점과 위협은 중요한 것인가? 빌 고어Bill Gore가 사용한 방법은 지도자에게 무엇이 관심을 끄는지 결정해줄 수 있다. 고어는 고어-텍스Gore-Tex라는 방수천 재료 개발로 잘 알려진 회사의 설립자다. 그는 '회사 협력자'라고 부르는 만여 명의 직원 모두에게 힘을 실어 줘야 된다고 믿었다. 그는 회사를 도울 수 있는 일을 결정하는 데 직원 스스로 책임지기를 부탁했다. 하지만 고어는 어떤 결정은 회사 손실을 더 많이 가져올 수 있다는 것도 분명히 알고 있었다. 또한 그는 일방적인 행동과 다른 의견 수렴에 대한 설명을 조직에 전달하기 위하여 해전Naval Battle이라는 은유어를 사용했다. 함정군사용 배의 수면 위 부분을 때리는 적의 포탄은 함정을 침몰시키지는 못한다. 그러나 함정의 수면 아래 부분을 치는 포탄은 물이 함정 내부로 빠르게 스며들게 만들고, 결국 물이 갑판을 채워 배를 침몰하게 만든다. 고어는 회사의 수면 아래 부분에 미치는 영향을 피하기 위해 어떤 결정을 내리기 전에 반드시 다른 팀과 의논하는 규정을 세웠다.

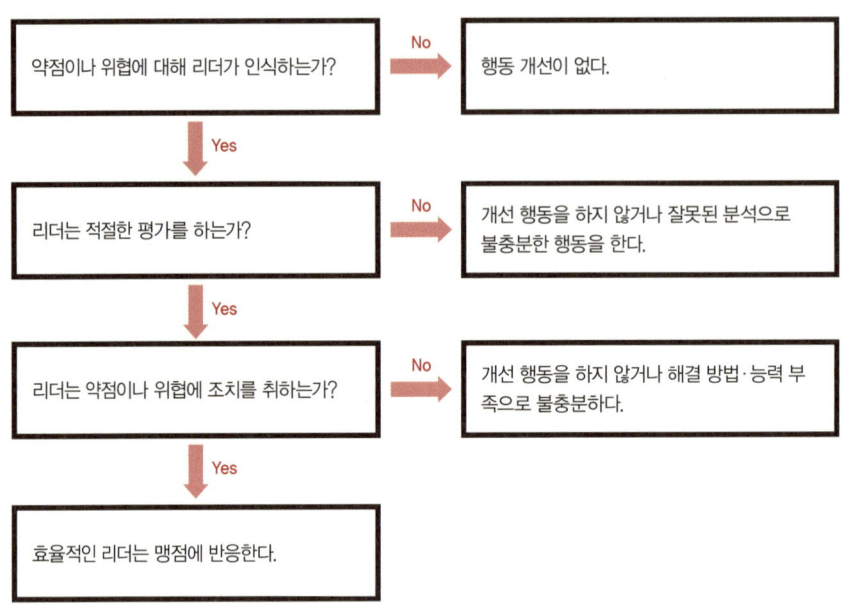

맹점에 대한 대응책

> 약점이나 위협에 대해 리더가 인식하는가? — **No** → 행동 개선이 없다.
>
> ↓ **Yes**
>
> 리더는 적절한 평가를 하는가? — **No** → 개선 행동을 하지 않거나 잘못된 분석으로 불충분한 행동을 한다.
>
> ↓ **Yes**
>
> 리더는 약점이나 위협에 조치를 취하는가? — **No** → 개선 행동을 하지 않거나 해결 방법·능력 부족으로 불충분하다.
>
> ↓ **Yes**
>
> 효율적인 리더는 맹점에 반응한다.

　　고어의 원칙을 맹점에 적용하면, 리더가 맹점을 인지하고 있을 때 이와 관련된 약점과 위협의 중요성에 대한 질문이 필요하다. 이는 분명해 보이지만, 나는 약점과 위협을 우선해서 찾아낼 수 있는 능력은 리더에 따라 크게 다르다고 생각한다. 예를 들어 어떤 경영진은 지도 능력과 발전 개발에 대해 360도 다방면 상황 평가 피드백을 받는다. 그러나 결과를 보고 받고도 피드백에서 여실히 나타난 주요 약점을 보지 않고 오히려 문제점이 적은 분야에 신경 쓰거나 개선점이 낮은 분야만 보는 경우도 있다. 리더가 약점이나 위협이 되는 부분과 관련해 해야 할 질문은 "이 요소가 개선되지 않으면 리더와 조직에 심각한 위험이 닥칠 것인가?"다. 즉, "약점이나 위험 요소가 미칠 수 있는 영향을 잘못 판단한 것에 따른 결과를 감수할 수 있는가?"다. 고어의 방법에서 배우는 또 다른 교훈은 맹점이 일단 표면에 떠오르고 상당히 중요한 것으로 확인되면, 그에 관한 다른 사람의 관심을 모으고 적절한 개선 방향에 대해 충고를 받아야 한다는 것이다. 고어의 말에 의하면, 추가적 견해나 충고를 받기 위해 약점이나 수면 아래 위험을 더 폭넓은 사람들에게 보여 줘야 한다. 맹점의 위험 부담을 충분히 이해할수록 적절한 조치의 가능성을 높여준다.

맹점 확인

자신의 맹점을 확인하는 여러 가지 방법에는 다음의 세 가지가 있다.

- 자주 발생하는 실수 검토
- 관심 있는 주변인의 의견 경청
- 지도력 맹점 설문 조사

실수를 검토하라

이 책을 쓰면서 나는 시에라 네바다Sierra Nevada 산맥에서 5일간 배낭여행을 했다. 하루에 8시간씩 걸으면서 자신의 맹점을 포함한 다양한 주제를 생각했다. 특히 사는 동안 내가 저지른 실수에 집중해 보았다. 나는 이런 실수들이 맹점을 아는 지름길이라고 생각했다. 또 시간이 지나도 다른 환경에서 이런 실수들이 되풀이될 때 그것이 틀림없는 맹점임을 확신했다. 실수는 가끔 우리가 약점이

시간이 지나도 다른 환경에서 이런 실수들이 되풀이될 때 그것이 틀림없는 맹점임을 확신했다.

나 위험을 이해하는 힘이 부족할 때 생기는 분야다. 여기에는 우리의 생각은 물론 어려움에 처하는 행동도 포함된다. 내가 걸으면서 내린 평가는 몇 가지 질문으로 요약된다.

- 살아오는 동안 저지른 가장 큰 실수는 무엇인가?
- 각 실수의 원인은 무엇인가?
- 실수 전반에 걸쳐서 공통적 유형이나 요소가 있는가?
- 그 유형이나 요소는 자신으로부터 발생하는 맹점인가?
- 실수 재발을 막기 위해 어떻게 행동해야 하는가?

이 질문에 답하기 위해 나는 몇 가지 괴로웠던 실수와 이와 관련된 맹점을 확인했다. 예를 들면 나는 대기업 고위 리더인 고객들과 가깝게 일하면서 조직적이고 효율적인 리더십에 관한 고문을 해 주었다. 몇 년 전 나는 한 제약회사의 새로운 직책으로 자리를 옮긴 한 고위 리더와 일했다. 그는 새로운 직책에서 1년을 보낸 다음 자신의 업무 능력 평가에 관한 설문 조사를 하기로 결정했다. 그는 세 그룹에서 조사를 실시했고, 나는 이 평가를 이행하기 위하여 각 그룹에 있는 사내 인사과 직원과 한 팀이 되었다. 인사과 직원은 각 그룹에 있는 팀원에게 그 고위 리더에 대한 긍정적 분야와 개선 분야를 질문했다. 나는 인사과 직원이 전해준 인터뷰 내용을 바탕으로 이를 요약하여 보고문을 작성했다.

이 의견을 분석했을 때 세 그룹 중 하나가 다른 두 그룹보다 고위 리더의 업무 능력을 혹평했다. 나는 설문에 응답한 개인이나 그룹에 어떠한 불이익이 없도록 주의하는 한편 그 고위 리더의 문제점이 무엇이며 또 그의 열정을 어디에 쏟아야 하는지 알고 싶었다. 나는 인사과와 타협하여 개인과 그룹은 익명으로 하되 다른 두

그룹보다 부정적인 문제점이 있는 그룹의 이름을 기입하여 그 고위 리더에게 보고
하기로 했다. 그 고위 리더는 설문 조사에 대한 결과를 보고 받은 후 각 그룹 책임
자를 한 사람씩 만나 결과를 재검토했다. 사적인 회의에서 그 고위 리더는 가장 부
정적인 그룹 책임자와 직접 대화하는 가운데 그룹 간 협력을 요하는 일에 있어서
좀 더 개방적이고 투명할 필요성이 있음을 지적해 주었다. 그러나 그 그룹 책임자는
자기가 팀장들에 의해서 선출되었고 부정적 의견을 전달하기 위해 인터뷰에 응하
고 있지만 조사자인 나로 말미암아 불쾌한 기분을 가지고 회의장을 나갔다고 말했
다. 게다가 그는 동료들에게 나를 믿을 수 없고 같이 일해서는 안 되는 사람으로 묘
사하는 데 최대한의 노력을 했다.

　이와 같은 경험을 되돌아 볼 때 나는 나의 고객이 실적 향상을 위해 무엇을 필
요로 하는가에 집중적으로 노력했지만, 여론 조사에서 부정적인 반응의 그룹에 대
해 내가 무슨 충고를 해야 할 것인가는 전혀 생각하지 않았다. 그 그룹 책임자는 설
문 조사 반응이 직장 생활에 내포하는 의미가 많기 때문에 그의 리더를 화나게 할
가능성을 염려했다. 고객에게 행동에 필요한 정보를 주고 싶다는 나의 생각은 또
다른 생각이었다. 회사가 어떻게 운영되는지에 관한 내부 현실을 포함하여 더 폭넓
게 보지 못한 점이 비능률적이라는 견해는 옳은 것이다. 이것은 극단적 경우이긴
하지만 나는 지난 몇 년 동안 조직의 기본 단위인 개인과 팀에서 꼭 필요한 부분을
충분히 고려하지 못했던 몇몇 다른 상담 경우를 생각하며 스스로 문제점을 집어냈
다. 내가 여러 가지 경우에서 뒤늦게 이런 사실을 인식한 순간 아차 하며 깨닫게 되
었다. 나는 거의 고객에 대해서만 지나칠 정도로 독점적 관심을 기울여 왔다. 하지
만 나에게는 차세대 경영진에게 관심을 기울이는 더 나은 역할이 필요했다.

지인의 조언을 구하라

두 번째 방법은 잘 아는 사람에게 자신의 맹점에 관해서 올바른 충고를 부탁하는 일이다. 이상적인 의미에서 리더는 다른 사람에게 이와 같은 충고를 얻고 싶어 한다. 그리고 이는 자기와 타인 양쪽에서 동시에 발생할 수 있다. HP의 CEO 멕 휘트먼Meg Whitman은 배인 캐피탈Bain Captal에서 일했던 경력 초기에 보스에게 다음과 같은 의견을 제시했다. 휘트먼은 보스에게 접근해 그의 리더십 역량에 대해서 평가받기를 원하는지 물었다. 그 보스는 동의했고 휘트먼은 "당신은 다른 사람에게 자기 의견을 강요하는 증기 롤러와 같다."라고 얘기해 주었다. 게다가 그의 리더십에는 성공을 이루기 위해 함께 갖추어야 할 오너십도 부족하다고 이야기했다. 그는 이와 같은 반응을 듣고 놀랐지만 긍정적으로 받아들이고 행동을 바꾸었다. 그는 몇 년 후에 휘트먼에게 진정한 용기를 가진 사람이라고 말했다. 보스에 대한 휘트먼의 견해는 부정적이고 바람직하지 못한 것이었지만, 바로 이 점이 내가 휘트먼을 진실로 좋아하게 만들었다. 이런 유용하고 정직한 견해는 더욱 객관적인 대화를 통해 리더의 능력을 개선할 수 있게 만든다.

리더는 객관적 견해를 알고 싶을 뿐만 아니라 자기 맹점을 모른 채 나오는 행동의 구체적인 예도 알고 싶어 한다. 아래와 같은 질문은 토론을 구성하는 데 도움을 줄 수 있다.

맹점 반응을 얻을 수 있는 질문

- 당신은 나의 행동에 어떤 맹점이 있다고 보는가?
- 당신은 내게 어떤 분야의 인식이 부족하다고 보는가?
  - 자신: 지도력과 영향

- 팀: 나의 팀과 다른 팀의 장점과 약점

- 회사: 회사의 장점과 약점

- 시장: 고객과 경쟁 면에서 시장 변화 특성과 직면하는 위험

• 조직은 나에 대해 잘못된 인식을 가지고 있는가? 만약에 그렇다면 그것은 무엇인가? 그들이 왜 그런 생각을 가지고 있다고 생각하는가?

당신에 관한 견해를 이야기하는 사람에게 자신의 행동이 정당하다는 것을 입증하지 마라. 그저 그들의 이야기를 듣고 핵심을 기록하라. 그리고 이와 같은 견해를 이야기해 준 사람에게 감사하고, 자신이 받은 평가를 며칠간 생각한 후 필요한 행동을 하겠다고 그들에게 말하라.

당신은 또 외부에 있는 상담자나 인사과 직원들과 같은 제삼자에게 자신에 대한 추가적 견해를 수집하도록 부탁하라. 당신의 지도력에 관하여 정직하게 이야기해 줄 수 있는, 당신을 가장 잘 알고 있는 사람을 찾아라. 제삼자는 비공식적인 인터뷰를 통해서 자료를 수집한 후 출처를 밝히지 않고 요약된 서류를 당신에게 전할 것이다. 이것은 360도 전반에 걸친 설문 조사를 포함한 규모가 큰 평가의 일환으로 또는 개별적인 절차로 이루어질 수 있다.

지도력 맹점 설문 조사

당신의 리더십을 정확히 파악하기 위한 세 번째 방법은 자료 BRecourses B, 책 끝 부분의 '지도력 맹점 설문 조사Leadership Blindspots Survey'를 작성하는 일이다. 이 설문 조사에는 네 가지 가능성 있는 맹점란에 자기 평가 질문이 들어 있다. 물론 그와 같은 설문 조사의 문제점은 우리들 자신을 정확하게 보기는 어렵다는 것이다. 특히 우리의 맹점 부분에 대해서 언급할 때는 더욱 그렇다. 이는 정확하게 말해서

거의 인식되지 않는다. 설문 조사는 당신이 맹점을 지적할 수 있는 행동을 보게 하고, 그렇게 하는 데 있어서 자신의 인식에 영향을 주는 편견을 피하도록 만든다. 이와 같은 설문 조사는 기업체 이사들과 그들에게 보고하는 팀 관리자를 위해서 제작된다. 만약 당신이 팀에 시키지 않고 스스로 전체적인 맹점 점수를 편집하고 싶다면, 팀이나 팀원들에게 주는 질문에 대해 3번을 선택하라. 추가적으로 당신은 시장 인식에 대한 마지막 두 가지 질문에서 당신이 중간급 혹은 하위 단계 역할을 한다면 해당되지 않을 수 있다. 하지만 그렇더라도 이 설문을 이용할 수 있다. 만약 당신이 이 질문에 답하지 않는다면 완전한 점수를 얻지는 못하지만 자신, 팀, 회사에 대한 결과는 얻을 수 있다. 당신은 설문 조사에 따른 점수표를 그리고 싶을 것이다. 그 다음에 약점 분야에 관한 설문 조사 결과의 유형을 찾아라. 다음 장에서 나는 효율적으로 맹점을 찾아내고 특정 분야에 개선 행동을 취해 맹점을 고칠 수 있는 방법을 제안하고자 한다.

CHAPTER

3

리더의 발목을 잡는
일반적인 맹점 사례

The Common Blindspots Holding Leaders Back

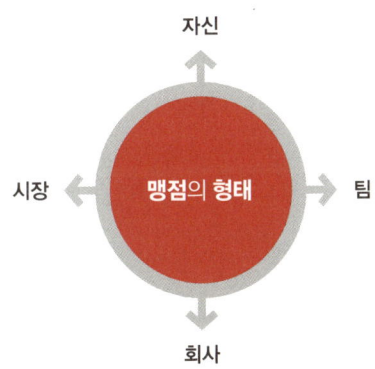

성공한 사람도 자신을 보호해 주는 사람이 없으면 넘어질 수 있다. 랜스 암스트롱
Lance Armstrong이 대표적인 사례다. 투르 드 프랑스Tour de France라는 국제 자전거 경
주에서 7번이나 우승한 암스트롱은 암을 앓고 있는 수백만 암 환자에게 감명을 준,
암을 극복한 생존자다. 그는 가난한 암 환자를 돕기 위한 재단도 설립했다. 그러나

암스트롱은 우승을 위해 뻔뻔하게도 능력 강화 약물Performance-Enhancing Drugs을 사용했고 지난 10년 동안 그런 사실을 숨겨왔다. 암스트롱은 이제 심한 불명예를 안았다. 투르 드 프랑스 타이틀을 압수당했고 그가 사랑했던 경기에 영구 출전 금지를 당했다. 또한 자신이 설립한 자선 재단에서도 쫓겨났으며 그의 스폰서도 지원을 취소했다. 암스트롱의 이야기는 위대함을 추구하는 동안 자신의 행동이 가져올 결과를 정확하게 보지 못하는 리더들이 겪는 위험부담에 대해 경고한다. 또한 그의 이야기는 언제나 리더들이 듣고 싶어 하는 이야기만 해주는 사람들에게 둘러싸일 때 그들이 겪는 위험을 경고한다.

　암스트롱은 자신이 암을 극복하고 성공을 이룩했다는 거짓말을 통해 암 환자들에게 감명을 주었다. 자신이 하는 선한 일에 비해서 거짓말은 하찮은 속임수라고 생각했다. 그는 자기가 만든 리브스트롱 재단Livestrong Foundation을 통해서 암 생존자들에게 제공되는 중요한 봉사를 자랑스럽게 생각했다. 그는 약물 복용 행위가 자신을 속이는 것이라 보지 않았다. 그저 수많은 경기 참여자의 대부분이 약물을 복용하는 것처럼 치열한 스포츠에서 흔한 일이라고 생각했다. 암스트롱은 자신의 인생에서 원하는 것을 추구하는 데에는 철저히 계산적이고 자만심 강하고 인정사정없는 사람이었다. 불법 마약 사용 감지를 피하기 위한 노력은 운명의 관리 능력을 증명하는 남자들에게 또 하나의 도전이었다. 그는 자신의 대단한 업적과 재정적인 이유 때문에 끝까지 속일 필요가 있다고 느꼈고, 자신을 꾸미는 화술의 일부가 되었다. 그는 자신의 이미지와 지금까지 구축해 온 자신의 브랜드를 보호하기 위해서 자신을 비방하는 사람을 파멸시키는 일 정도는 쉽게 생각하고, 자신이 필요하다고 느끼는 일은 무엇이든지 다 하려고 했다. 그는 자신의 업적을 의심하는 사람들을 기적을 믿지 않는 사람이라고까지 기술했다.

　암스트롱의 동료, 경기 출전자, 조수, 의사, 친구, 배우자 그리고 팀 매니저까지,

많은 사람들이 그의 약물 사건을 알고 있었다. 암스트롱은 그들이 입을 다물어 줄 것이라 믿었고 만약 언론이 약물 복용을 폭로하는 치명적인 기사를 내더라도 충분히 반박할 수 있다고 생각했다. 그의 수행원들 가운데는 위대함을 추구하는 그의 정신에 무조건적인 충성을 바치는 사람들이 있었다. 암스트롱이 자신의 주위에 항상 사람들을 몰고 다니는 것은 별로 놀라운 일이 아니다. 높은 업적을 추구하는 사람들은 대개 추종자들을 주위에 두고 싶어 하고, 그러면서 그들의 동기와 자신감을 계속 유지할 수 있는 것이다. 하지만 암스트롱은 추종자들을 너무 지나치게 끌고 갔다. 그의 팀원들은 암스트롱과의 대화가 상당히 기분 좋은 대화든 불법적인 행동의 대화든, 그의 화법을 더욱 멋지게 꾸미도록 지시받았다. 그의 개인적인 룰을 따르지 않거나 비난하는 사람들은 그 팀에서 추방당했으며 어떤 경우에는 그 스포츠에서조차 추방당했다. 그 결과 힘으로 그에게 도전하는 사람은 단 한 사람도 없었다. 매니저, 코치, 에이전트, 변호사는 물론 그에게 영향력을 충분히 줄 수 있었던 배우자조차 "당신 그런 일 하면 안 돼."라는 말을 감히 할 수 없었다.

암스트롱은 그의 거짓 전설이 낱낱이 밝혀진 후에, 자신이 경기라고 불렀던 이 스포츠에서 계속 승리를 유지하려는 욕망과 그에 따르는 전 세계적 명성 때문에 자신이 다 망가져 버렸다고 회고했다. 현재 암스트롱은 자신의 행동에 책임을 지면서 한편으로는 자신이 인간을 파괴할 수도 있는 '권력'과 '부'라는 유혹에 빠진 유일한 사람은 아니라고 말한다.

모든 희생을 각오하고 승리하려는 무자비한 욕망은 이 스포츠에 잘 맞았다. 그러나 그것은 잘못이었다. 욕망, 태도, 오만에 대한 모든 잘못과 비난이 다 내게로 왔다. 그러나 그런 그림이나 이야기 뒤에는 동기가 있다. 그것이 팬이 되었든 언론이 되었든 이 상황을 진행하게 한다. 그 가운데에서 나는 나 자신을 보지 못했다. 이런 분위기를 잘 조절할 수 없는 또 다른 사람도 있을 것으로 생각한다. 나는 명백하게 그것을 관리할 수 없었고 내 인생의 모든 것을 자신에게 유리하도록 통제하는 데 습관이 들어 있었다.

랜스 암스트롱은 십여 년에 걸친 기만 후에 결국 그에게 배신을 느끼는 대중의 반발을 겪고 있다. 경기에서 암스트롱을 최고의 자리로 밀어 준 상황은 그에게 현실을 왜곡하고 사기 행위를 합리화하고자 조장한 것과 같다. 즉, 선과 악은 함께 존재한다. 다른 말로 하면 암스트롱에게도 똑같은 환경에서 선과 악이 공존했다. 그러나 이것이 그의 실책에 면죄부를 줄 수는 없다. 다만 최고의 성공을 거둔 사람들이 자신의 비윤리적인 행동으로 스스로 굴복하는 모습을 보여줄 뿐이다. 그의 뛰어난 업적 달성은 위험으로 가득 차 있었고, 그 성공이 그와 같은 길을 걸어가는 사람들을 기다리고 있는 함정이었음을 인식하게 한다.

잘 알려진 연구에서 엘리트 운동선수들에게 다음과 같은 질문을 했다. "올림픽 경기에서 금메달이 보장되지만 5년 내로 생명을 잃을 수도 있는 약물을 복용할 것인가?" 이에 대해 세계적 수준의 운동선수 50퍼센트 이상이 "네."라고 대답했다. 한편, 선수가 아닌 일반인에게 같은 질문을 했을 때 1퍼센트 미만의 사람들만이 약물을 먹겠다고 했다. 스포츠나 그 이상의 상황에서 뛰어난 업적을 달성한 사람은 하나의 목표만 추구하면서 인지 부족 상황에 몰리기도 한다. 목표는 때때로 그들의 강점이 될 수 있지만 대부분 심각한 약점도 될 수도 있다. 암스트롱은 분명히 극단적인 경우다.

나는 최고의 업적을 달성한 사람들 대부분이 시대에 맞지 않는 아날로그 식 행동을 한다고 말하는 것은 아니다. 하지만 위대한 성취자들은 엄청난 자기 기만 행동의 가능성을 갖고 있다. 이는 그들이 약점이나 위협을 간과하거나 자기 기만 행동이 추구하는 목표에 비해 중요하지 않다고 합리화하는 데서 나타난다. 암스트롱의 이야기는 경기에만 빠져서 파멸적 사상과 행동을 깨닫지 못하고, 버릴 수 있는 위험을 보지 못하면 어떤 일이 발생하는지를 알려준다. 또한 잘못되었다는 이의를 제기하지 않는 집단으로 주위를 감싸는 데 따른 위험이 어떤 것인가를 잘 설명해 준다.

인생 궤도를 전복시킬 수 있는 맹점

이 장에서는 내가 여러 조직의 리더와 함께 일하면서 보아 온 공통적 맹점을 집중해서 다룰 것이다. 여기서 나는 자신의 믿음과 행동을 검토할 때 주목해야 할 20가지 맹점에 대해 설명하고자 한다. 리더의 발목을 잡는 공통적 맹점을 이해하기 전에 몇 가지 단서가 있다. 첫째, 나는 가장 보편적인 리더의 약점을 일일이 설명하기보다는 리더의 약점에 대한 인식 부족을 설명할 것이다. 이 경우에 리더가 믿는 것과 실제로 벌어지고 있는 현실이 다르다. 둘째, 각 형태의 맹점의 중요성은 리더가 경영하고 있는 회사에 따라서 다르다. 어떤 회사 문화에서는 다른 회사보다 더욱 맹점을 용납하지 않는다. 오만하게 행동하는 것은 일부 회사에서는 자신의 직업을 완전히 전복시킬 수도 있지만, 다른 회사에서는 지도자에게 필요한 태도로 보기도 한다. 셋째, 리더의 능력은 맹점으로 인한 충격적인 결과에 영향을 줄 수도 있다. 즉, 맹점은 리더의 장점이나 약점과도 관계가 있다. 일부 리더는 중요한 것을 바람직하게 얻음으로써 지도자의 결점으로 발생할 충격의 강도를 약화할 수도 있다. 다른 극단적 예로, 이미 비난에 부딪치고 있는 리더가 어떤 확실한 맹점에 대해 가장 비판적으로 보일 수도 있다. 왜냐하면 그 조직을 이끌 수 있는 리더의 능력을 의심하는 이유가 되기 때문이다. 넷째, 맹점 인식이 반드시 성공을 보장하지는 않는다. 많은 요인이 리더의 성공과 실패에 영향을 준다. 필요한 기술이 부족한 리더는 확신이 있는 사람이라 할지라도 절대 성공하지 못할 것이다. 최종적으로 당신은 다음의 맹점 가운데 1~2개에 해당하거나 혹은 전혀 해당 사항이 없을 수도 있다. 어쩌면 당신은 내가 여기에 언급하지 않았지만 더 검토할 필요성이 있는 맹점을 가지고 있을 수도 있다. 이 장에서 내가 의도하는 것은 당신의 생각을 불러일으키고자 하는 것이다. 즉, 당신은 다음 맹점들이 자신에게 적용되는지 아닌지를 판단해 볼 필요가 있다.

제2장에서 언급했던 대로 맹점은 다음에 제시하는 '맹점의 형태'에서 보이는 네 가지 분야에서 발생한다. 다양한 계층에서 나타나는 맹점 연구의 장점은 이것이 리더 자신의 생각과 다른 사람에게 미치는 영향 가운데 자신만을 생각하는 경향을 피하는 데에 도움을 준다는 것이다. 또한 이것은 팀, 회사, 시장이라는 각기 다른 분야에서도 리더의 성공이나 회사에 중요하다. 매우 퉁명스럽고 팀원들을 심하게 대하고 회사 운영을 가혹하게 처리하는 리더를 가진 팀원들을 생각해 보자. 이런 리더는 팀원들이 자신을 무서워해 마음을 터놓고 이야기하기를 꺼린다 해도 이에 따르는 결과를 보지 못한다. 이는 회사를 글로벌 시장으로 확대할 때 이 회사가 직면하는 더 큰 도전과 비교해도 손색없을 정도로 중요한 맹점이다. 어쩌면 회사 직원들이 외국 시장의 경험이 없기 때문에 회사의 투자가 잘못 관리될 수도 있다. 반대로 그들 스스로 새로운 분야에서 보다 나은 결정을 내리기 위해 필요한 지식을 가지고 있다고 잘못 믿을 수도 있다. 바로 그런 일들이 리더의 관심을 필요로 하는 맹점이다.

맹점의 형태

맹점 영역	설명	사례
자기: 자신의 믿음과 행동	타인에 대한 영향력을 인식하지 못한다.	실제 그녀는 독단적으로 결정을 내리지만, 리더는 그녀가 팀 차원의 토론으로 의사결정을 한다고 믿는다.
팀: 팀 능력과 동기	팀원을 정확하게 보지 못해 실적과 행동에 문제를 야기한다.	실제 팀은 회사가 커지고 복잡해질 때 회사를 이끌어갈 능력이 부족하지만, 리더는 팀원의 업무 수행 능력이 높은 수준이라고 믿는다.
회사: 조직의 능력과 문화	소속된 조직 문화의 관점과 전략 수행 능력에 잘못된 인식을 가지고 있다.	실제 팀원은 내부 정치나 자기 그룹 보호를 가장 큰 목표로 하지만, 리더는 조직의 우선 목표를 고객에 둔다고 믿는다.
시장: 소속된 산업체의 경향과 경쟁의 위협적 요소	시장에서 나타나는 거시적 경향을 보지 못하거나 고객의 점차적 필요성을 충분히 이해하지 못하고 있다.	실제 시장이 그의 회사 수입을 잠식하는 새로운 모델로 변하고 있지만, 리더는 회사의 핵심적 사업은 튼튼하고 건전하다고 믿는다.

20가지 일반적인 지도력의 맹점

자신의 맹점   *Self*

1 전략적 능력에 대한 과신
2 효율적인 방법보다 더 옳다고 믿는 가치
3 '무엇'과 '어떻게'의 불균형
4 남에게 미치는 영향 간과
5 룰에 적용받지 않는다는 믿음
6 현재가 곧 과거라는 사고

팀의 맹점   *Team*

7 작지만 중요한 부분 무시
8 팀 모델 당연시
9 팀 능력 과대평가
10 무리한 대화 자제
11 잘못된 인재 신뢰
12 진정한 후계자 발굴 실패

회사의 맹점   *Company*

13 사람들 마음과 정신 포착 실패
14 영업소와 접촉 단절
15 전달된 정보와 견해에 대한 무조건적 믿음
16 사업 정책에 대한 낙관적 전망
17 회사보다 개인 야심 우선

시장의 맹점   *Markets*

18 현상 유지 고착
19 경쟁자 과소평가
20 지나친 낙관

자신의 맹점

맹점 1: 전략적 능력에 대한 과신

리더의 믿음

나는 회사의 미래 성장을 주도할 만한 효율적인 전략 하나를 개발했다. 이것은 시장에서 발생하는 변화를 이해하고 성장 가능성이 가장 큰 분야에 투자하는 어려운 선택이다. 그 전략은 리더십 팀이 지원했고 조직에서 분명하게 서로 의사를 교환했다.

일반적 평가

대부분의 리더는 전략적 구상보다 작전을 더 잘 짠다. 그들이 작전과 실제 운영 사이의 차이를 못 보는 것이 더 큰 문제점이다. 그것은 고위직 승진과 같은 새로운 성장 기회를 확인하고 행동을 취하는 목표를 세울 때 더 분명히 나타난다. 그들은 영업 쟁점에 대부분의 시간을 보내고 단기적 문제점을 해결한다. 더 극단적인 경우에는 리더가 운영의 세부 사항에 방향을 잃고 영업에 대한 폭넓은 견해를 갖지 못한다.

사례

한 대형 제약 회사 판매 그룹의 책임 리더가 고도의 효율적인 판매 팀을 구성했다. 그는 몇 년에 걸쳐 그룹 규모를 늘리면서 팀을 훈련시켜 의사들과 더 효율적으로 교류하게 했다. 문제는 의사와의 직접 접촉이 이전보다 더 제약받기 때문에 그 산업계도 변하고 있다는 점이다. 회사는 가격 통제 때문에 약품 판매 마진에 압력을 받고 있었다. 그 결과 판매 결정을 내리는 사람들과 접촉하고 영향력을 행사하기 위해 혁신적인 기술이 포함된 새로운 판매 방법이 필요했다. 하지만 판매 그룹의 리더는 지난 수십 년 동안 고객을 상대해서 배운 전통적인 판매 방식만 알고 있었다. 그는 새로운 전략의 필요성을 말했지만, 주로 그룹의 단기적 재정 목표를 달성하기 위해 전략을 짤 뿐이다.

맹점 2: 효율적인 방법보다 더 옳다고 믿는 가치

리더의 믿음

나는 다양한 곳에서 온 정보나 건의사항을 접한다. 심지어 내가 믿는 것과 정반대 견해일 때에도 그 정보를 이용한다. 나는 여러 가지 견해를 개발하고 경청하며 리더십 멤버와 대단히 협력적인 방법으로 일한다. 나는 나의 지도력과 판단에 확신을 가지고 있지만 우리가 직면하고 있는 중요한 문제점 처리에 필요하다면 팀에서 결정하는 것도 장점이 있다고 믿는다.

일반적 평가

리더는 다른 사람보다 더 현명하다고 믿으며 크든 작든 모든 문제에 대한 직원들의 건의사항을 별것 아니라고 생각한다. 올바른 것과 효율적인 것 중 선택할 때 리더는 주로 올바른 것을 선택하는 고집을 세운다. 리더는 언제나 사람들 이야기에 끼어들고 그들이 제안하는 일에 트집을 잡는다. 리더는 작은 일에 관심을 기울이다 보니 앞으로 나가기 전에 어떤 선택을 할 것이며 어떤 위험부담이 있을지 충분히 탐지하지 못한다. 또한 리더는 다른 사람들이 자신의 지침 계획에 우려를 표현하거나 확신을 가지지 못할 때 수비적인 태도를 취한다. '이것이 결과에 미칠 큰 영향도 없고, 실수할 위험부담도 있으며, 보스를 화나게 할 수도 있는데 어째서 자신의 의견을 주장하는 목소리를 내는가?'라는 것이 직원들의 태도다.

사례

기술 회사의 CEO는 회사가 지난날 우수하지 못했던 분야에 새로운 기회를 만들고 싶었다. 이런 목적을 가지고 그는 새롭고 혁신적인 상품을 만들기 위해 작은 신생 창업 회사와 거래를 체결했다. 이 CEO의 팀원들은 그 기술이 현재 진화 중이고 그 상품을 다음 단계 개발로 이끌기에는 회사의 능력에 문제가 있다는 이유로 그 회사를 인수해서는 안 된다고 충고했다. 하지만 CEO는 팀원들에 대한 존경심을 가지고 있지 않았다. 그리고 팀원 대부분은 그가 CEO로 진급하기 전 부하 직원이었다. 자신의 마음속에선 팀원들이 능력은 있다고 생각했지만 지적이고 전략적인 면에서는 자신과 같은 수준은 아니라고 생각했다. 그는 인수 작전을 밀고 나갔다. 팀원들은 인수에 관한 부정적인 의견을 덮고, 상품 개발을 성공시키기 위해서 모두 협력해서 열심히 일했다. 하지만 그들의 우려는 사실로 입증됐다. 그 기술은 고객의 필요성을 충족할 정도로 개발되지 못했다. 자신이 옳다는 것을 보여주고 싶었던 CEO는 많이 발전된 상태를 보여주기 위해 자기의 상품 출시 계획을 전혀 수정하려 하지 않았다. 결국 그 상품은 출시되었지만 판매 목표는 달성하지 못했다. 그 상품은 3년이나 개발에 노력을 기울였지만 엄청난 재정적 손실을 입고 결국 폐기되었다. 이것은 CEO와 회사에 큰 충격이었고, 미국 월 스트리트와 이사진은 그 회사가 처음의 사업 규모 이상으로 성장하기는 상당히 어려울 것이라고 평가했다.

맹점 3: '무엇'과 '어떻게'의 불균형

리더의 믿음

나는 결과 이행을 많이 강조한다. 물론 우리가 올바른 방법으로 영업을 해야 한다고 주장한다. 나는 어떤 일을 달성할 것인지만큼 우리의 일을 어떻게 성취할 것인지가 중요하다고 믿고 있다. 우리의 핵심 가치관과 관행은 한 회사로서 정체성의 핵심이다. 그러므로 나는 이 생각 밖에서 활동하는 사람을 용납하지 못한다.

일반적 평가

이 분야의 맹점에는 두 가지 유형이 있다. 우선, 리더가 결과만 지나치게 강조하며 조직에서 모든 희생을 다 치르더라도 이겨야 하는 정신을 조성한다는 것을 자신은 모르고 있는 유형이다. 이런 견해는 너무 극단적이 될 수 있기 때문에 리더는 사람들이 결과를 가져오기 위해 이용하는 갖가지 방법이 무엇이든 신경 쓰지 않고 맹목적인 태도로 바라본다. 어떤 경우에 이것은 윤리적 비행이나 기업체에 해를 주는 방법으로 개인적 목표를 달성하며 서로 경쟁하는 파괴적 행동을 초래하게 된다. 반면, 리더가 서로 협력하는 방법에 많은 관심을 기울이지만 결과가 불충분할 때에는 차선에 머무르거나 정반대 형태의 실수가 발생한다. 여기서는 고객과 주주가 기대하는 최상의 결과를 이행하기 위한 충분한 역점이 거의 없다.

사례

① '어떻게'보다 '무엇'을 할 것인가.

지역 회사의 한 리더는 자신의 금융 목표를 달성한 것으로 알려졌다. 그 지역은 회사의 가장 큰 수입원이었기 때문에 상당히 중요했다. 그는 3년 동안 계속 목표를 달성했지만 차츰 목표 달성이 어려워지기 시작했다. 이 그룹의 근무 유형은 '불과 싸우는 유형'으로 매 분기 끝에는 목표 실적을 달성할 수 있는 방법을 어떻게든 찾는 모습이었다. 리더는 전적으로 판매 수치에 집중했고 분기별 목표를 달성하도록 직원들에게 계속 압력을 가했다. 그들의 목표가 미달될 때는 화를 내기도 하고, 팀 회의에서 또는 사적으로 실적 미달자에게 비난을 퍼부었다. 그의 생각은 "사람들이 내가 말하는 것을 듣지 않는다. 그래서 나는 그들이 그룹의 목표를 달성하도록 내모는 방법밖에 없다."는 것이다. 하지만 그는 리더십 결여에 따른 결과를 바로 세우기 위한 팀 구성 변화는 전혀 시도하지 않았다. 오히려 부족한 실적을 가져온 사람에게 구두로 야단을 치고 나중에 사과했다. 문제는 그 사업이 규모 면에서 복잡하게 커졌다는 것과 팀원의 개인 능력 간의 불균형이었다. 그룹의 금융 보고나 영업 분석과 같은 중요한 분야에서는 이 문제를 반드시 고쳐야 할 필요성이 있었다. 그 리더는 이와 같은 좀 더 조직적인 문제점을 보지 않았고 단순히 직원들이 노력을 더 해야 한다고 믿었다. 그는 영업 실적이 계속 줄어들자 점점 더 많은 처벌을 하게 되었다.

② '무엇'을 하기보다 '어떻게' 할 것인가.

한 광고 회사 리더가 능력 있는 인재를 끌어들이고 그들이 계속 일할 수 있게 만드는 자신의 능력으로 회사를 성공시킬 수 있었다. 그는 이것이 팀의 능력을 완전히 이용하는 협력적인 방법이라고 보았고, 그것을 그대로 시행한 자신의 결단력에 큰 자부심을 가지고 있었다. 그는 가능할 때마다 사람들이 생각하고 있는 여론을 찾았고 그룹의 결정을 얻어내기 위해서 필요한 시간을 내었다. 그 방법의 결점은 어떤 경우에는 결정을 내리는 데 시간이 너무 많이 걸렸고 또 팀원들이 일을 추진하기 위해 필요한 논쟁의 양이 너무 많아서 당황하게 만드는 것이었다. 그의 리더십 스타일은 논쟁의 여지가 있는 문제에 팀원들의 전체 합의를 얻어내기 위해서 타협적인 해결을 장려해 많은 효과를 얻었다. 그러나 이것이 반드시 최선의 해결책을 산출하는 것은 아니었다. 예를 들어 이 그룹은 리더십 팀에 있는 모두의 의견을 받아서 만든 고객을 위한 마케팅, 브랜드 광고 캠페인을 개발했다. 그러나 모두의 의견을 반영하여 만든 상품 결과는 효과적인 우수성이 결여되어 있었다.

맹점 4: 남에게 미치는 영향 간과

리더의 믿음

나의 행동이 다른 사람 눈에 어떻게 비치는지 이해한다. 따라서 사람들이 나에게 의견을 줄 때 그다지 놀라지 않는다. 많은 경우에 나는 그들의 견해를 받아들이고 좀 더 효율적이 되도록 행동을 수정해 왔다. 사람들이 좋아하지 않더라도 내 마음을 바꾸지 않을 때는 나의 방법이 사업을 하는 데 반드시 필요하다고 확신할 때다.

일반적 평가

이 리더는 자신의 행동이 다른 사람에게 주는 영향에 대한 이해가 불완전하고 결함이 있다. 이것을 간과하는 것은 다른 사람들도 자신과 전반적인 견해가 같을 것이라고 생각하는 경향 때문이다.

사례

한 리더가 새로이 규모가 큰 제조 회사 금융 부분의 고위 직책으로 승진했다. 그는 똑똑하게 일을 잘 처리할 수 있는 능력이 있다. 하지만 그의 동료 몇 사람은 그가 신뢰할 수 없는 사람이며 팀 회의에서 횡설수설하는 경향이 있다고 보았다. 동료들은 그 리더가 수입 회의나 이사들의 상황 설명과 같은 중요한 포럼에서 회사를 대표해야 하는 점을 우려했다. 어떤 사람들은 그가 효율적인 CFO가 되는 데 필요한 경력을 가지고 있는지조차 의심했다. 팀원들의 이러한 의구심을 알게 되었을 때 그는 당혹스러웠다. 그는 자기 스타일보다 실제 현실을 더 중요하게 여기는 데 자부심을 가졌다. 또 자기 역할에 대해서 바람직하게 요구하는 여론 결과보다 다른 사람의 가치관을 더 존중했다고 생각했다. 그는 "우리 회사에는 직원들이 '어떻게 자기 일을 수행하는가'보다 '그들이 어떻게 보이는가'에 더 관심을 갖는 사람들이 있다. 내가 그들 중 한 사람이 아닌 것이 자랑스럽다."고 언급했다. 나는 그 CFO가 존경하는 사람들에게 추가 의견을 구해야 한다고 제안했다. 그는 과거부터 알고 있던 다른 회사 CFO에게 비공식적 조언을 얻어야겠다고 결정했다. 그의 조언자는 "당신은 모르는 사람에게 영향력을 행사할 수 있어야 하고, 그렇게 되면 그들은 제시된 당신의 견해로 당신을 판단하게 될 것"이라고 말했다.

맹점 5: 룰에 적용 받지 않는다는 믿음

리더의 믿음

나는 나의 명성이나 회사의 명성을 해칠 수 있는 일은 절대 하지 않는다. 내가 회사를 키우는 중심 역할을 해왔기 때문에 회사에서 받는 상이나 혜택은 정당한 것이다. 사실 나는 다른 사람보다 더 높은 기준을 지키고 있다.

일반적 평가

어떤 리더는 위치에 더불어 따라오는 권한과 지위를 당연한 것이라고 생각한다. 그 결과 그들은 규정을 어기거나 왜곡한다. 더욱 극단적인 경우에는 과다한 개인 비용, 비용 보고서 위조 정책, 심지어 사내 정보를 이용한 주식거래 조항에 대한 회사 규칙을 어긴다.

사례

존 테인John Thain이 메릴린치Merrill Lynch의 CEO였을 때 그는 세계에서 가장 월급을 많이 받는 이사 중 하나였다. 회사가 뱅크오브아메리카Bank of America에 매입되기 전 그는 보상금으로 8,300만 달러를 받았다. 테인은 또한 회사 상여금을 지나치게 썼다는 좋지 못한 명성도 있었다. 눈에 띄는 대표적인 사례로 그는 사무실 개조를 위한 카펫 설치 비용으로 보고한 13만 1,000달러를 비롯하여 골동품 6만 8,000달러, 손님 접대 의자 두 개 8만 7,000달러, 도금한 옷장 3만 5,115달러, 쓰레기통 1,100달러에 회사 돈 120만 달러를 사용했다. 이 일은 메릴린치가 재정이 어렵고 수십억 달러의 영업 적자를 입었을 때 이루어졌다. 테인이 회사 정책을 어긴 것은 아니었지만, 회사에 총체적 재정 어려움이 닥치고 미국 전역에 위기가 닥쳤기 때문에 그의 행동은 소비가 너무 심한 것처럼 보였다. 그래서 그는 자신의 판단 실수를 사과하고 비용 전액을 회사에 반환했다. 또한 그는 뱅크오브아메리카와의 거래가 마무리되기 직전에 자신의 팀을 위해서 큰 액수의 보너스를 승인함으로써 문제를 더욱 악화했다. 그 시기에는 산업체 리더 일부의 지나친 욕심이 사람들 눈에 두드러져 보였고, 시민들은 정부가 도산하는 금융기관에 자금을 투입하는 문제에 큰 불만을 나타냈다.

맹점 6: 현재가 곧 과거 라는 사고

리더의 믿음

나는 지난날의 성공으로 능력에 자신있다. 나는 또 지난날의 실패와 다른 사람의 실패를 보고 교훈을 얻고 있다. 그러므로 자신의 새로운 환경을 평가할 수 있고, 무엇이 필요한지 결정할 수 있으며, 직면하고 있는 도전에 대한 회사 정책을 수정할 수 있다. 나는 사업 초기에 도움이 되었던 것이 새로운 도전에 직면할 때는 도움이 되지 않을지도 모른다고 생각한다.

일반적 평가

새로운 도전은 지난날의 도전과 유사한 것으로 보인다. 그래서 지난날과 같은 방식으로 처리하고, 그 방식이 반드시 필요에 맞지 않더라도 이미 입증된 방법과 행동을 적용한다. 특히 리더는 자신의 지난날 습관과 다른 새로운 방법이 필요한 상황이 무엇인지 입증할 수 없다. 더욱 심한 경우에는 서서히 모습을 드러내는 위험이 그들의 지도자들이 생각하거나 좋아하는 방법에 들어맞지 않기 때문에 새로운 위협을 발견하지 못한다. 리더는 "나한테만 들어맞는 방법을 선택해서 여기까지 올라왔다. 나의 경력은 실적을 성공시키는 업적이었고 회사는 내가 올바른 자질을 가지고 있다고 생각한다. 그렇지 않았더라면 나는 승진하지 못했을 것이다. 그런데 왜 내가 바꿔야만 하는가?"

사례

한 CEO는 입사 초기에 일했던 곳에서 금융 실적과 영업을 집중 관리하는 직책을 맡았다. 그는 금융 감독 직원, 금융 분석가, 산업 단체, 언론 등 사외 관계자들과의 인간관계에 이전보다 더 광범위한 리더십이 필요하다고 믿지 않았다. 자신을 한 CEO로 보기보다 마치 영업부 부장처럼 운영하면서 단지 지금은 이전보다 더 많은 권한을 가진 리더라고 생각했다. 자기한테 유리했던 과거의 방법을 바탕으로 한, 그의 명백한 적당주의 리더십 형태는 조직에 도움이 되는 시간 관리보다 자신이 정한 우선 정책과 영업 실적을 평가하는 데 더 많이 사용되었고, 추진되고 있는 해결책 분야에 영향을 끼쳤다.

팀에 대한 맹점

맹점 7: 작지만 중요한 부분 무시

리더의 믿음

나의 조직에는 미래의 성공이나 실패를 결정할 수 있는 크고 작은 여러 가지 문제들이 많다. 그중 크고 어려운 문제와 씨름하며 대부분의 시간을 소비한다. 그리고 가장 좋은 해결책을 도출하기 위해 개방적이고 건설적인 방법으로 어려운 문제를 다룬다.

일반적 평가

일반적으로 리더의 시간 대부분은 행정이나 영업 면에서 덜 중요한 문제에 소비된다. 이 팀이 직면하는 가장 중요한 쟁점은 팀의 어젠다의논 주제에도 올라 있지 않거나 표면적인 방법으로 해결된다. 리더의 팀은 정말 중요한 문제에 필요한 일을 하기에는 역부족이다. 이 팀 또한 갈등을 원하지 않고 위험한 결정도 피한다. 결과적으로 이 팀의 회의에서 가장 중요한 문제는 언제나 옆으로 밀려나기 때문에 겸손한 업무가 될 수밖에 없다.

사례

한 리더십 팀은 새로운 상품의 도입 절차부터 설문 조사에서 나타난 사내 직원들의 분위기 결과와 같은 별로 중요하지 않은 문제에 이르기까지 다양한 주제와 관련하여 한 달에 한 번씩 하루 종일 회의를 했다. 리더는 매달 회의의 주제를 찾기 위해 정보를 물었지만 여기에 답하는 직원은 거의 없었다. 여기에 답한 사람도 자기 소속 그룹 내 발생하는 창의적인 생각에 관한 부분을 검토해 줄 것을 제안하는 정도였다. 예를 들면 통신 그룹은 그들이 개발하고 있던 새로운 근로자 웹사이트를 검토하길 원했다. 이 회사의 주요한 필수 사항에 이 회사가 어느 정도 진전이 있는지 검토하는 것과 같은 중요한 아이템은 의제로 나오지 않았다. 또한 정보 상호 교류, 문제 해결, 의견 결정을 위한 목적이 분명한 의제 내용도 부족했다. 그로 인해 다양하게 많은 주제를 다루었지만 실제적으로 중요한 이슈에 대한 깊은 토론이 되지 못하는 회의가 되었다.

맹점 8: 팀 모델 당연시

리더의 믿음

내가 팀과 같이 사용한 방법은 조직의 요구에 딱 맞는다. 나는 각 개인과 팀의 노력을 전체적으로 활용하려고 노력한다. 전반적으로 우리들은 업무를 효율적인 방법으로 운영하고 실제적인 가치를 사업에 추가한다.

일반적 평가

리더는 개인 기호에 적합한 방법을 팀에 적용한다. 즉, 사업이 필요로 하거나 팀이 원하는 것과 별개로 개인적 취향에 맞는 방법을 팀에 사용하기를 선호한다. 이 때문에 팀에 대한 이해나 현재 사용 중인 팀 모델의 결점을 관리하지 못하는 결과가 나타난다. 예를 들면 한 리더는 모든 결정에 중심이 되기를 원하지만, 그런 방법은 팀원을 하나로 연결하지 못한다. 또한 리더는 결정을 내리는 권한을 갖기를 원하지만, 그러면 병목 현상의 함정을 이해하지 못한다. 목적 이행을 위한 공통적인 임무를 가지고 있지 않다는 점에서 그 팀은 이름뿐이다. 고위 리더의 결정을 위해서 정보를 제공하는 데 개인적으로 행동하는 사람들의 집단일 뿐이다.

사례

한 리더가 모든 것을 포함하기를 원하는 관리 방법을 사용했다. 그 결과 그녀는 자기 산하 그룹에 20명의 직원이 있었고, 여기에 그녀에게 직접 보고하는 리더들, 그들 자신이 책임을 가지고 활동하지만 그녀의 그룹에 지원을 제공해 준 기능별 리더들을 다 포함했다. 팀은 한 달에 한 번씩 모여 주요 쟁점과 기회를 검토했지만, 회의 테이블 주위에 앉아 있는 수많은 사람들과 어떤 결론을 내리는 일이 거의 불가능했다. 회의는 분명한 결과도 없이 계속되는 토론으로 변했다. 팀의 구성 문제를 수정해야 한다는 압박을 받았을 때, 리더는 자신이 친하다고 느껴지는 사람들과 중요한 결정에 참여했던 사람들을 모두 좋아했기 때문에 새로운 구성을 거부했다. 그녀의 생각은 "나는 나에게 보고하는 모든 사람들이 우리들의 의사 결정에 포함되기를 원한다. 이것이 비효율적일 수도 있지만, 여기에 따르는 혜택은 여기 들어간 비용보다 훨씬 더 크다는 사실을 알고 있다." 결과적으로 그의 팀 미팅은 전반적으로 비생산적인 일이 되었고, 더욱 생산적인 방법이 필요하다고 생각했던 능력 있는 팀원들 대부분을 당혹스럽게 만들었다.

맹점 9: 팀 능력 과대평가

리더의 믿음

나의 팀은 강하고 오늘날의 회사를 만든 업적이 있다. 나는 팀원 각각의 장점과 약점을 잘 알고 있으며 이들이 사업에 어떻게 기여할 수 있는지 잘 안다. 우리는 각 그룹이 협력하여 일하고 서로에게 충실하다. 총체적으로 말하면 나는 다음 단계 성공으로 도약하는 데 필요한 재능을 갖추고 있다.

일반적 평가

이 리더는 자기가 보호하는 팀원과 팀의 장점을 무척 과신한다. 그 팀은 현재와 미래에 있을 수 있는 회사의 어려움을 감안할 때 잠재적 경쟁력이 부족하다. 그 외의 부족한 능력을 적극적으로 개발하려는 노력도 보이지 않는다.

사례

한 기업의 팀 리더는 여러 해 동안 금융 목표를 달성하지 못했다. 이 리더는 자신의 팀에 실망했지만 그들을 잘 지도해서 높은 수준의 실적을 가져올 수 있으리라 믿었다. 실제로 팀원 각각은 뛰어난 기술을 가지고 있었지만, 목표 달성과 사업 발전에 필요한 리더십 능력이 부족했다. 리더는 이를 인지하지 못하고 오히려 어려움을 초래한 현실을 개선하기 위해 직원들에게 지도를 시도했다. 실적이 부진한 매니저를 리더가 개선할 수 있다고 믿었다. 그의 지도는 차이가 없었고 팀의 문제점은 계속되었으며 실적은 전혀 향상되지 않았다.

맹점 10: 무리한 대화 자제

리더의 믿음

나는 각 팀원은 물론 각 그룹의 영업 실적을 모니터한다. 그리고 실적이 부진한 팀원에게는 목표와 실적이 차이 나는 문제를 해결하기 위해 필요한 지원과 더불어 솔직한 평가를 해준다. 나는 모두에게 공정하지만 실적이 부진하면 그에게는 가혹하다.

일반적 평가

이 리더는 사람들을 대하거나 조직의 문제점을 처리하는 것을 좋아하지 않는다. 어려운 대화는 피해야 하고, 메시지는 그 영향을 최소화하는 방향으로 전달되어야 한다. 실적이 부진한 사람들이 효율적으로 능력을 발휘할 수 있는 위치로 이동하지 못한 채 실적이 좋은 팀원들 사이에 잔류하면서 비효율성을 유발하고 팀 능률을 저하하고 있다.

사례

생명 공학 상담 그룹의 한 부서장은 대단히 실망했다. 자신은 필요조건 이상으로 실적을 올렸지만 회사 전체적으로는 실적이 미달되었기 때문이다. 다른 부서장이, 그것도 훨씬 더 큰 부서가 꾸준히 실적 목표액을 채우지 못했다는 것이다. 그녀는 이 두 부서의 리더가 회사의 창립 멤버이기 때문에 CEO가 실적 미달 부서장을 편애한다고 믿었다. 높은 실적을 올리던 이 부서장은 모든 사람에게 똑같이 책임을 부여하지 않았던 회사 문화에 불만을 품고 경쟁사의 스카우트 제안을 받아들이기로 결정했다. 그녀는 이사와 만나서 떠나는 이유를 이야기했다. 그녀는 이 회사의 만성적 실적 부진 문제를 해결하려는 의지가 없음에 실망했다고 말했다. 또한 그녀는 다른 사람의 실적 부진을 채우기 위해 자신의 그룹 규모까지 축소하라는 요구를 받았을 때 회사를 옮길 결정적인 순간이 왔다고 생각했다.

맹점 11: 잘못된 인재 신뢰

리더의 믿음

나는 사람들의 성향을 잘 판단하고 다른 사람의 능력과 행동의 동기를 정확하게 평가할 수 있다. 또한 나의 판단이 잘못되었는지 여러 의견을 묻고 필요하다면 내 생각을 고칠 것이다.

일반적 평가

이 리더는 믿을 수 있는 내부 그룹을 조성한다. 그런데 그들 중 소수의 사람들은 그들의 동료에 대해서 개방적이고 믿을 수 있는 태도로 행동하지 않을 수도 있다. 말하자면 다른 사람을 배척하는 것이다. 그들은 자기의 선임 리더들과 접근할 수 있는 기회를 보호하고 동료에게 영향력을 행사해서 그들 자신의 권리를 계속 유지한다. 그 리더는 내부 그룹에 속하는 사람들에 대한 외부의 부정적인 평가를 무시한다. 심지어 그 평가가 자기 신뢰도를 해칠 때도 그들을 지원한다.

사례

보험 회사에 새로 부임한 부사장이 리더십 팀 내부를 크게 개혁했다. 특히 그녀의 그룹에 HR 인사과 부장을 새로 임명했다. 그 부장은 정보를 이용하여 분열을 조장하면서도 자신을 임명한 부사장에게는 인정받는 이중적인 사람이었다. 부장은 회사 내 자신의 입지를 끌어올리기 위해 리더십 팀의 중요한 팀원들을 부사장과 격리해 버렸다. 또한 리더십 팀 내 인사 행정에 관하여 최고 경영진 바로 옆 자리에 위치하게 되면서 팀원들 모두에게 불신의 정신이 스며들게 되었다. 하지만 부사장은 인사 부장을 사내에서 꼭 필요한 인재로 보았고, 그를 자신의 가장 가까운 심복으로 생각했다. 부사장이 실책을 깨달았을 때는 이미 늦어 버렸다. 드디어 회사 CEO가 개입했다. 부사장이 이끌고 있던 그룹 문화에 부장이 끼친 피해의 책임을 물어 부사장을 회사에서 내보냈다.

맹점 12: 진정한 후계자 발굴 실패

리더의 믿음

나의 지위와 회사의 가장 중요한 역할을 맡을 능력 있는 후계자는 많이 있다.

나는 팀과 차기 경영진에서 가장 능력 있는 사람들을 발굴하려고 열심히 노력하고 있다. 회사가 오늘날과 미래의 경쟁에 필요한 능력을 갖추게 하기 위해 나의 시간 대부분을 소비하고 있다.

일반적 평가

이 리더는 단지 최고 직책을 맡을 능력을 갖추고 있는 후계자를 확인하고 개발하는 일에 표면적인 약속만 하고 있을 뿐이다. 주요한 영업과 기능 부분에 능력이 부족하고 후계자 직책을 맡을 수 있는 인재 그룹이 전반적으로 약하다. 뛰어난 능력을 갖추고 있는 사람을 확인하려는 노력도 부족하고 위험도 부담하지 않는다. 미래 직책을 위해 인재를 키우려는 노력도 부족하다. 현재 주요 직책은 능력은 있으나 회사를 차원 높은 지점까지 끌어올리는 데 필요한 순수한 능력이 부족한 사람들로 차있다.

사례

한 정보 기술 회사에서 이사 세 사람이 후계자 경쟁을 벌였다. 현재 CEO가 은퇴할 때 자기가 그 직책에 올라야 한다고 믿고 있는 세 사람은 각기 다른 한 가지 결점이 있었다. 후보 중 한 사람은 새로 이 회사에 부임해서 시장 상황에 대한 이해가 부족했다. 두 번째 사람은 판단이 단호하지 못해 결정을 내리는 데 어려움이 많았다. 세 번째 후보는 전략적 사고 능력이 부족했다. 세 사람의 결점은 회사 전체적인 면에서 비중이 큰 것이었다. 그러나 CEO와 이사진은 충분한 능력을 갖춘 사람이 많이 있을 것으로 생각하며 그들을 필요할 때 쓸 수 있는 능력 있는 후계자로 키우려는 노력을 하지 않았다. 또한 사외 후보를 찾는 노력도 없었고 사외 후보자와 사내 후보들을 비교하는 노력도 없었다.

회사에 관한 맹점

맹점13: 사람들 마음과 정신 포착 실패

리더의 믿음

나는 회사에 대한 뚜렷한 방향과 한두 가지 최우선 정책을 이야기했다. 팀원들은 기대감에 흥분하며 리더십 팀에 지지를 보냈다. 나는 계속해서 구체적이고 효율적인 우리의 목표와 행동 지침을 설명했다.

일반적 평가

이 회사 사람들은 리더까지 포함하여 회사 방향에 대해서 분명히 알지 못하고 있다. 그 증거로 그들은 회사의 세 가지 최우선 정책을 말할 수 없다. 리더는 자기 계획을 이해시키는 필수 사항이 무엇인지 모르고 이사진과 같은 주요 임원들에게 내용 전달도 불분명했다.

사례

비즈니스 기술 회사의 한 리더가 아시아 지역에 관한 대담한 새로운 전략을 6개월에 걸쳐 소수 측근들과 개발한 일이 있었다. 그는 신제품 출범 회의에서 모든 전략을 밝혔기 때문에 이 지역 담당 팀들이 앞으로 책임지게 될 영업 전략에 중심적 역할을 할 것으로 기대했다. 그러나 6개월 후에 전략과 실행 방향에 전반적인 혼란이 왔다. 이런 소식을 접한 리더는 팀에 실망했고 왜 자신이 세워 놓은 방향을 이해하지 못하는가를 납득할 수 없었다. 다음 문제는 본부에 있는 리더의 측근들도 최초 전략을 업데이트할 기회가 없었기 때문에 개발 지역에 관한 리더의 새로운 전략들을 전혀 이해하지 못하고 있었다는 것이다. 이 지역 영업 방침을 지원해 주었던 리더의 한 동료는 이렇게 언급했다. "나는 이런 말을 하기가 난감하지만 리더의 전략 계획의 구체적 내용을 이해하지 못한다. 나는 이 계획이 리더십 팀과 고위 이사진만의 토론이었다고 본다. 조직의 역할에서 리더는 새로운 전략 전달에 책임이 있고, 실무 담당 팀은 사업 개발에 필요한 부분에 충분한 지원을 책임져야 한다.

맹점 14: 영업소와 접촉 단절

리더의 믿음

나는 고객들과 정기적으로 접촉하기 때문에 회사에 대한 고객들의 인식을 잘 안다. 나는 또한 사내에서 필요한 영업의 구체적 내용도 잘 알고 있으며 사업 진행의 과부족도 잘 파악하고 있다.

일반적 평가

많은 리더들이 회사 고객은 물론 일선에서 뛰는 직원들과도 교류하지 않는다. 그들은 본부에서 고위직 임원과 만나면서 대부분의 시간을 다 보내면서, 고객 요구와 영업 현실에 대한 인식은 추측에 의존하거나 시대적으로 맞지 않는 정보를 바탕으로 한다. 사업에 초연한 리더들의 이런 경향은 사소한 일에 개입하는 미시 경영을 피한다는 명분으로 점점 만연하고 있다.

사례

한 CEO는 자기 산업체에 영향을 주는 모든 사회적 쟁점을 알고 있다는 데 자부심이 있고, 공공 정책 문제에 관해 정부 리더들과 같이 일하기를 좋아했다. 하지만 그는 사업체 내부 영업 지침에 대해서는 관심이 없으며 담당자에게 맡길 뿐이었다. 문제는 그가 선정한 사람에게 다음 단계의 영업을 구상하는 경영 능력이 부족하다는 것이다. 이 CEO는 언제나 완충 역할을 해주는 운영 책임자들에 둘러싸여 있어서 조직 내에 발생하고 있는 일과 필요한 발전에 대한 인식이 부족했다. 그로 인해 많은 피해를 보았다고 이사진은 불만을 가졌다.

맹점 15: 전달된 정보와 견해에 대한 무조건적 믿음

리더의 믿음

우리의 조직 문화는 개방적이고 사내 정보는 정확하며 때맞춰 내게 보고된다. 우리는 서로 신뢰하고 정보를 자유롭게 공유하며 직면하는 문제를 솔직하게 의논한다.

일반적 평가

정보는 자주 왜곡되고, 한 조직 내 서열을 따라 위로 올라올 때는 정보가 더 심하게 걸러진다. 사람들은 자신과 회사 또는 단체의 명예를 보호하려는 의도를 가지고 리더에게 보고하면서 쟁점을 숨기거나 축소한다. 리더는 권력 구조가 정보의 정확성이나 타이밍에 가할 수 있는 왜곡을 과소평가한다. 또한 리더는 사람들이 실제로 믿고 있는 것 대신에 그들이 듣고 싶어 하는 것을 전달받는 경우가 흔하다. 왜냐하면 리더 권위에 대한 도전을 피하거나 혹은 사실이 잘못되었다고 판정될 때 곤란한 입지를 피하기 위함이다.

사례

어떤 지역 에너지 회사는 새로운 전력 발전소를 신설하고 있었다. 그런데 품질 기준 승인을 받은 주요한 프로젝트에 문제가 발생했고 이로 인해 공장 완성에 차질이 생겼다. 이 프로젝트 책임자는 건설 시공사와 관계가 완전히 파괴될 시점까지 전혀 문제를 밝히지 않았다. 회사의 리더는 화를 냈고, 이 프로젝트 책임자가 왜 문제점이 발생한 즉시 자신에게 보고하지 않았는지 이상하게 생각했다. 그는 "나는 이번 주까지 모든 일이 일정을 맞추고 있다는 이야기를 들었다."라고 말했다. 그 리더가 보지 못한 점은 팀원 일부가 리더에게 겁을 먹고 문제 발표를 두려워했다는 사실이다. 팀원들은 문제가 최악 상태에 도달하기 전에 자기들 힘으로 문제를 호전시키려고 노력했다. 이 회사는 모든 직원들이 함께 문제를 해결하고 자부심을 느끼는 공정 문화를 가지고 있었다. 이 때문에 문제가 발생하면 무능하게 보이는 것이 두려워서 문제점이 있어도 외부로 드러내길 원치 않았다. 그 결과 이 프로젝트의 문제점은 마지막 순간까지 표면에 나타나지 않았고, 이 사업과 관련된 사람들의 경력에도 치명적인 위험을 초래하게 되었다.

맹점 16: 사업 정책에 대한 낙관적 전망

리더의 믿음

나는 직원들에 대해서 긍정적인 견해를 가지고 있고 이사진이나 언론과 같은 외부 단체 사람들과도 좋은 관계를 유지한다. 우리는 쟁점이 발생했을 때 생산적인 방법으로 문제를 해결한다.

일반적 평가

이 리더는 회사의 주요 이사진, 조직 내 외부 파트너, 회사 이해 관계자, 그룹 내부 팀들과 친밀한 실무 관계를 형성하지 못하고 있다. 더욱이 리더는 이들 관계에 존재하고 있는 문제점이 무엇인지 보지 못하고 실제 상황보다 더 낙관적으로 생각한다. 리더가 문제의 심각성을 인식했을 때는 너무 늦어버리는 경향도 많다. 쟁점이 리더의 관심으로 나타날 때는 "나는 사업적 정치가 싫다."고 말한다. 솔직히 말해서 리더의 사업 성공에 주요한 힘을 가지고 있는 사람들에게 정치가 영향을 준다는 점을 이해하지 못하고 있다.

사례

한 기술 회사 CEO는 머리가 좋고 천성적으로 회사 미래 전망에 낙관적이었다. 그는 회사 생산 라인에 이미 들어간 신상품의 성공 가능성을 언론과 분석가들에게 자주 설명했다. 그는 긍정적인 면에 숨겨진 결점을 보지 못하고, 미래 상품에 대한 대담한 전망으로 언론에서 관심 받는 것을 좋아했다. 하지만 회사가 CEO의 공식적인 성명대로 목표를 달성하지 못하면 심각한 반발이 예상되기 때문에 회사의 회장은 그에게 상품 강조 수위를 낮추도록 충고했다. CEO는 회장의 충고를 가볍게 생각하며 언론이나 월 스트리트와 상대할 때 자신의 행동을 바꾸지 않았다. 이 CEO의 두 번째 문제는 복잡한 기술 문제점을 해결하거나 주주들의 기대를 충족할 정도로 강력한 상품을 성공시키는 데 필요한 능력을 그의 팀원들이 갖고 있지 못했다는 점이다. 관심의 중심인물이 되고 싶었던 그 CEO는 자신보다 능력이 낮은 사람을 고용했다. 그의 팀은 기대 수준을 완성할 수 있을 것이라고 말했지만 실제로는 그렇지 못했다. 시간이 가면서 CEO가 추진했던 상품이 너무 늦게 시중에 출시되었고, 생각했던 것보다 판매 실적이 낮았다. CEO의 리더십 스타일에 회의를 품었던 회장의 확신에 이사진의 찬성으로 결국 그는 직책에서 밀려나야 했다.

맹점 17: 회사보다 개인 야심 우선

리더의 믿음

나는 회사의 이해관계에 따라 최대 이익을 확신할 때 행동하고, 개선할 필요가 있는 일들을 적극적으로 추진한다. 나는 동기와 견해에 관해서 다른 사람과 솔직하고 개방적으로 토론한다. 어떤 누구도 나의 성실성을 의심할 수 없을 것이다.

일반적 평가

어떤 지도자들은 개인적인 야심이나 능력의 인정을 회사의 요구보다 더 우선한다. 그들은 자신의 성공에 이익이 되는 회사 일에 관심을 기울인다. 심지어 몇몇 사람은 이보다 더 심각하다. 그들은 자기의 목표를 달성하기 위해 윤리적인 원칙과 회사 정책마저 위반한다.

사례

대형 IT회사의 한 이사는 CEO와 가까운 실무 관계를 개척했고 자신의 필요성을 충족하기 위해 끊임없이 일했다. 그의 영업 방침을 지원하는 동료들과 연합 관계를 펴고 자신을 반대하는 사람은 무시하고 저지했으며 직원들의 성과를 자기의 명성으로 차지했다. 동료에게서 얻은 정보가 유리하면 자기 것으로 만들고 드러나지 않게 정곡을 찌르며 경쟁자의 약점에 철저히 위해를 가했다. 그는 전문적인 이미지의 좋은 인상을 가지고 이런 식의 일을 모두 했다. 그는 자기가 회사에 최선의 이익을 주기 위해서 행동한다고 믿었다.

시장에 관한 맹점

맹점 18: 현상 유지 고착

리더의 믿음

나는 사내에서 이루어지는 사소한 흐름을 모두 파악하고 있고 회사가 처해있는 기회와 위험 양쪽을 이해한다. 우리들의 팀은 계속 성장을 유지하는 속도로 변화와 혁신에 적응하고 있다. 우리의 장점이 무엇인지 인지하며 현상 유지에 매달리지는 않는다.

일반적 평가

이 리더와 그의 팀은 시장의 진화와 빠른 개혁에 관심이 없다. 리더십 팀원 대부분은 현재 사업 모델을 계속 유지하는 것이 합리적이라고 생각하기 때문에 사업 모델의 변화 제안은 모두 거절되었다. 현재 수입의 흐름을 보호하는 것이 최우선이고 단기간 실적을 위협할 수도 있는 어떤 변화도 만들지 않는다.

사례

한 기술 회사는 지난 10년 동안 두 자릿수 성장을 기록하고 경쟁 산업 분야에서 선두 자리를 차지하며 기업들의 모델로 간주되었다. 하지만 이 회사가 장악하고 있는 사업 분야는 전반적으로 수요가 부진해지는 상황을 겪고 있었다. 전문가들은 이 산업체의 새로운 성장은 IT 상담 지원 분야로 이미 움직이고 있고, 하드 분야는 앞으로 5년 동안 성장이 없을 것이라고 주장했다. 이 회사 CEO는 고위 사측 멤버들과 연 4회 회의를 개최하고 다른 사람들의 전망은 잘못 되었다고 주장했다. 자기는 산업체가 어디로 지향하고 있는지 다른 전문가들보다 더 잘 안다고 말했고 자기 팀은 그 산업체 비평가들의 이야기가 잘못되었다는 것을 입증해 줄 것이라고 기대했다. 결과적으로 그 CEO는 회사의 기본 사업 분야에 비용을 줄이는 과감한 조치도 취하지 않았고, 인수합병이나 내부적인 투자를 통해서 좀 더 새로운 고성장 분야로 이동하지도 않았다. 이 회사의 기본 재정 수치가 한 분기마다 차츰 줄었을 때도 그 CEO는 "회사가 나아가는 그대로 유지하라."는 똑같은 말만 했다.

맹점 19: 경쟁자 과소 평가

리더의 믿음

나는 경쟁자의 장점과 약점을 인지하고 있을 뿐만 아니라 우리 자신의 현재와 앞으로 5년 안에 나타날 수 있는 장단점까지 잘 안다. 그리고 우리는 경쟁자를 추적하여 강점을 알기 위해 노력하고 그들의 성공에서 교훈을 얻으며 회사 능력의 차이를 줄이고 있다.

일반적 평가

이 리더와 팀은 주로 외부적인 경쟁자보다 내부적인 영업 절차와 관행에 더 집중한다. 성공은 주어지며 남을 두려워할 필요가 없다는 견해도 있다. 경쟁자의 상품과 서비스는 품질이 떨어지기 때문에 전혀 위협이 되지 않는 것이라고 과소평가한다. 경쟁자의 미래 기획이 리더의 전략 성공에 영향을 끼칠 때도 무시당한다. 경쟁자는 많은 경우에 비슷한 상품을 내놓을 수도 있고 더 값싼 같은 상품을 내놓을 수도 있다. 그러나 이러한 있을 수 있는 요소들은 사후 재고Afterthoughts로 무시되기도 하는데, 그 이유는 리더의 노력 대부분이 외부보다 내부에 집중되고 있기 때문이다. 더욱이 실적을 나타내는 수치에서 그들이 사용하고 있는 방법은 현재 존재하거나 앞으로 나타날 수 있는 경쟁자가 제시하는 위협과 관계있는 시장에서 그 회사의 영업 실적을 왜곡하게 만들 수도 있다. 예를 들면 한 회사는 연간 수입 성장률을 측정하기는 하지만 이를 타사 성장률과 비교하지 않는다.

사례

마이크로소프트Microsoft의 CEO 스티브 발머Steve Ballmer는 경쟁적인 추진력으로 잘 알려져 있다. 그는 규칙적으로 회사 산업체 미팅의 중심에 자리 잡고 회사의 장점, 상품의 장점을 미친 듯이 칭찬한다. 그가 직면하는 문제는 회사의 많은 상품이 시중에 나왔을 때 애플, 구글, 삼성과 같은 세계적 회사들의 상품과 비교해서 비경쟁적이라는 것이다. 하지만 발머는 마이크로소프트의 경쟁사와 경쟁 상품을 별 것 아닌 것으로 생각한다. 예를 들어 애플이 스마트폰을 새로 내놓았을 때 "애플의 아이폰은 시장에서 물건이 많이 팔리기는 틀렸다."라고 이야기했고 다시 "당신은 윈도 전화를 사용하는 컴퓨터 기술자가 되어서는 안 되며 안드로이드 전화를 사용해야 한다. 나는 안드로이드에 대해 흥분할 수 없다." 후자의 언급은 마이크로소프트가 스마트폰 시장 점유율 3퍼센트인 것에 비해 안드로이드가 시장 점유율 68퍼센트를 차지했을 때 말했다. 발머는 또한 개발도상국 시장에서의 경쟁에 관해서 이런 이야기를 했다. "나는 어떤 사람도 소비자가 원하는 상품을 만들었다고 생각하지 않는다." 그의 이러한 이야기는 애플이 아이패드 출시 이후 3,200만 대 이상을 팔고 마이크로소프트가 겨우 1퍼센트 점유율을 차지한 새로운 시장을 만든 후에 한 말이다. 발머가 경쟁자에 대해서 흠집을 잡는 동안 온라인 광고(구글), 스마트폰(애플·구글·삼성), 태블릿(애플), 소셜 네트워킹(페이스북), 모바일 뮤직(애플), e-리더(아마존)와 같은 분야의 경쟁사들은 마이크로소프트가 놓친 컴퓨터 검색 기구의 시장을 개발하는 방법을 찾았다. 마이크로소프트의 이전 매니저 중 한 사람은 마이크로소프트가 IBM을 손가락질하거나 비웃곤 했다고 언급했다. 지금은 그들이 멸시당하는 회사가 되었다.

맹점 20: 지나친 낙관

리더의 믿음

우리는 새로운 상품을 대범하게 기획하고 효율적인 성장 전략을 세우고 있다. 우리는 개혁 능력이 대단히 우수한 산업체이고, 게다가 수입을 확대해 줄 회사를 인수 중에 있다. 우리는 분명한 행동 지침을 가지고 있기 때문에 이 계획을 수준 높은 단계로 이행할 수 있다고 확신한다. 단지 우리의 약점이라면 미래 성공을 당연하다고 생각하지 않는 것뿐이다.

일반적 평가

리더는 흔히 자기 능력과 회사 능력을 과대평가한다. 개인적 차원에서 과거 실수에 대한 책임보다 성공 업적에 대한 자부심을 더 많이 부각하고, 조직 차원에서는 전략적 집행의 여러 문제점을 평가절하하고 있는지도 모른다. 그 결과 그들은 비현실적인 목표를 세우고 특정 프로젝트를 이행하는 데 필요한 시간과 자원을 적절히 배분하지도 못한다.

사례

새로운 사업 기회를 찾는 어느 우주선 관련 공급 회사는 다양한 종류의 관련 상품을 만드는 회사를 인수하기 위해 대대적인 작전을 시작했다. 새로운 회사를 인수하게 되면 모회사의 핵심 사업을 보호하게 되고 더 많은 성장 기회를 얻으며 새로운 시장을 추가하게 될 것이다. 그런데 흔히 인수된 회사는 모회사와 합병하는 과정과 절차에서 몇 가지 문제가 새롭게 발생하기 때문에 다른 사업 계획을 성공적으로 달성하지 못한다는 우려가 있다. 즉, 고객과의 관계나 기존 경영에서 모든 절차를 파괴하는 경우도 있다. 더욱 주목되는 문제는 인수 계획이 미래 수입에 지나치게 기대감을 갖게 한다는 것이다. 정확하게 말해서 그 거래를 추진하고 있는 사업 팀은 합병 성사를 위해 지나칠 정도로 낙관적인 시나리오를 이용했고, 우려를 나타내면 부정적이고 소극적인 사람으로 보였다. 인수가 마무리될 즈음 새로운 사업체는 거의 성공할 수 없는 비현실적인 계획을 물려받는다.

추가적 맹점 반응

지난 장에서 나는 당신이 맹점을 평가하는 몇 가지 방법을 제안했다. 이번 장에는 20가지의 일반적인 맹점을 살펴봄으로써 추가적인 깊은 이해를 얻을 수 있을 것이다. 이는 일반적인 리더십 맹점과 반응 평가표를 통해 진행할 수 있다. 믿을 수 있는 부하 직원들에게 평가표를 주고 그들에게 당신의 세 가지 선호가 무엇인지 질문한다. 그리고 당신은 이 개인들과 비공식적인 토론을 하고 당신의 맹점과 그들을 고칠 수 있는 건의안에 대한 구체적인 예를 포함해서 더 상세한 부분을 얻는다.

CHAPTER

4

맹점은 왜 상존하는 도전인가

Why Blindspots are An Ever-Present Challenge

맹점은 흔히 리더의 장점과 가장 가까운 곳에서 발견된다. 이 때문에 리더의 장점이 잘 발휘될 때 맹점이 나타난다. 이 유형은 마이클 블룸버그Michael Bloomberg의 인생에서도 볼 수 있다. 그는 250억 달러에 달하는 자산을 소유한 세계적인 부호다. 그는 사업체, 공공분야, 자선 활동 등에서 결정이 단호하며 성공한 사람으로 알려져 있다. 그러한 그도 직장 생활 초기에는 소속 투자회사가 매각된 후 회사에서 해고된 적이 있었다. 그는 자신의 퇴직금으로 큰돈을 벌 수 있는 회사를 설립했다. 몇년 후 그는 "내가 살로먼 브라더스Salomon Brothers에서 해고를 당했을 때 어느 누구도 내게 일자리를 제안하지 않았다. 스스로 직장을 찾아다니며 수없이 머리를 숙여야만 했기 때문에 기업체를 만드는 것이 오히려 쉬운 일이었다. 신이 내 앞에 나타나 '회사를 시작하라.'는 이야기를 해주었다고 로맨틱하게 이야기하고 싶다. 그러나 닥친 현실은 달랐다. 나는 자기 분석Self-Analysis을 좋아하는 사람 측에 들지 않는다. 나는 회사를 만들기로 결정했고 그 후 어떤 후회도 한 기억이 없다."

그의 회사가 성공한 후 또다시 도전거리를 찾아 나선 블룸버그는 공직 생활을 시작했고, 이후 뉴욕 시장에 당선되어 세 차례나 연임했다. 뉴욕 시장 임기 말년에 뉴욕은 태풍 '샌디'의 강타로 큰 피해를 입었다. 거의 100년에 한 번 오는 거대한 허리케인이 뉴욕 남부 도시 해안에 도달했고 이 지역 전체는 전례가 없을 정도의 엄청난 피해를 입었다. 뉴욕 남부 지역은 모두 홍수가 나고 수천 가구의 전력이 끊어졌으며 공항, 도로, 지하철도 폐쇄되었다. 이런 상황 속에서도 블룸버그는 태풍에 대한 정확한 도시 대응책을 조직했으며 인명 손실을 최대한 막는 지도력을 펼쳐 많은 이에게 칭송받았다.

태풍에 대한 정확한 도시 대응책을 조직했으며 인명 손실을 최대한 막는 지도력을 펼쳐 많은 이에게 칭송받았다.

태풍 샌디가 지나간 후 블룸버그는 뉴욕 마라톤 대회를 계속 진행할 것인지 중단할 것인지에 대한 결정을 내려야만 했다. 뉴욕 마라톤 대회는 세계에서 가장 큰 경기 중 하나이기 때문에 사소하게 결정할 문제가 아니었다. 4만 5,000명에 달하는 인원이 참가하고 수천 명의 자원 봉사자, 기업 스폰서 단체가 참석하기 때문에 블룸버그는 마라톤 대회가 뉴욕의 상징적인 승리가 될 것으로 생각했고, 뉴욕 경제에 활력을 불어넣을 수 있을 것이라 판단했다. 마라톤 대회와 관련된 전체 경제 소비도 3억 5,000만 달러가 넘을 것으로 추산했다. 전임 시장 루디 줄리아니Rudy Giuliani는 2001년 9.11 테러 사건이 발생한 지 채 2개월도 되지 않아 마라톤 대회를 열었다. 그의 결정은 올바른 결정이었다. 뉴욕 마라톤 대회는 많은 사람을 하나로 묶고 커다란 비극 앞에서도 전진하는 뉴욕의 용감한 결심을 보여주는 역할을 했다. 블룸버그는 태풍 샌디가 지나간 후에도 그때와 똑같은 상황이 될 것이라 굳게 믿었다.

하지만 블룸버그는 "마라톤 대회를 '할 수 있다'는 입장이라면 시장은 뉴욕을 잘못 알고 있다."며 이 대회의 추진을 비난하는 1면 헤드라인 기사를 읽게 되었다. 뉴욕 역사상 가장 처참한 태풍이 지나간 지 일주일 만에 모든 자원을 운동 경기에 다 소비해 버린다는 거센 비난을 받았다. 이에 대해 블룸버그는 태풍 피해자에게 갈 모든 지원을 마라톤 대회 진행에 사용하지 않을 것이라고 주장했지만, 뉴욕 마라톤 대회에 대한 저항은 점점 커져갔다. 태풍 생존자 한 사람은 그를 향해 이렇게 이야기 했다. "블룸버그는 사람들이 모든 것을 다 잃어버렸는데도 우리들이 생명 하나만 가지고 살아가야 한다고 믿는 사람처럼 느껴진다." 또 다른 사람들은 이 태 풍으로 죽은 사람들의 시체가 마라톤 경기 장소인 스태튼 섬Staten Island에서 아직도 발견되고 있다고 말했다. 소셜 미디어 또한 부정적인 메시지를 내놓았고 이런 메시 지는 경기가 진행되기 일주일 전에 1만 개에서 5만 개로 늘어났다. 어떤 사람은 "지 금까지 최악의 태풍에 전기도 없고 가스도 없고 지하철도 없는데, 헤이! 이런 상황 에서 우리 마라톤 대회를 개최합시다!!!!!"라며 비꼬았다. 사태가 이렇게 진행되자 경기에 출전하기로 한 선수들도 주위의 큰 고통을 안고 뛴다는 것은 잘못된 일이라 고 느끼고 경기 참가를 하나둘씩 포기하게 되었다. 일부 자원 봉사자들, 보건 당국 근로자들도 마라톤 대회를 위해서 일하는 대신 태풍 피해자를 돕겠다는 희망을 표 명했다.

블룸버그는 다른 사람들의 반대 입장을 안일하게 생각했다.

하지만 블룸버그는 다른 사람들의 반대 입장을 안일하게 생각 했다. 그는 사업 면에서 자신의 강인함 때문에 성공했다고 믿었고 시 장으로서 직면한 모든 문제도 똑같이 처리하려고 했다. 그가 뉴욕의 새로운 학교 시스템을 위한 교육감을 지명할 때도 두드러진 사례가 있었다. 블룸버그는 자신의 정치적 자산 대부분을 뉴욕 교육 제도 활성화에 투자했고, 그 일에는 대담한 지도력이 필요했다. 그가 지지하는 후보자 캐슬린 블랙Cathleen Black은 교육 기관을 이끈 경험이 전혀 없었고 민간 분야인 성공적인 잡지사의 이사 출신이었다. 블룸버그는 자신과 마찬가지로 그녀도 공공 분야에 효율적으로 변신해 그 역할에 필요한 능력을 발휘할 것이라고 믿었다. 그는 뉴욕 학교에 있는 교육 전문가와 학부모들의 반대에도 불구하고 교육감 지명을 계속 밀고 나갔다. 블룸버그가 지명한 교육감 캐슬린 블랙은 부임 초 몇 주 안 되어 공공 성명서를 내놓았지만 이는 뉴욕시 지도부 자리에 있는 사람들에게 정치적 논쟁에 대한 인식이 부족함을 여실히 보여줘 커다란 논란을 불러일으켰다. 불과 3개월 만에 블룸버그는 캐슬린 대신 광범위한 교육적 경험을 가지고 있는 새로운 리더를 임명해야 했다. 블룸버그는 잘못된 임명에 책임을 지고 이제는 앞으로 나아갈 시간이라고 말했다. 하지만 그건 그가 잘못을 저질렀을 때 늘 하던 말이었다.

블룸버그는 뉴욕 마라톤 대회가 뉴욕에 최선의 이익이 될 것이라고 믿었고 주변의 비난에도 불구하고 도전적으로 이를 추진했다. 하지만 놀랍게도 그는 대회 하루 전에 마라톤 대회를 취소했다. 한 성명서에서 블룸버그가 뉴욕 마라톤 대회로 여론을 분리하고 태풍에서 회복하자는 사람들의 노력과 관심을 다른 곳으로 왜곡했다고 비판했다. 최초에 마라톤 대회 개최에 따르는 결점을 보지 못했던 그의 맹점은 그의 리더십 추진 스타일로 볼 때 이해가 된다. 그는 현재에만 사로잡혀 있는 사람들에게 전혀 인내심을 보이지 않는다. 이런 신념은 그의 인생 전반에서 시간에 집중해 또다시 일을 밀고 나가는 것과 밀접하게 관련되어 있다. 블룸버그의 '할 수 있다' 정신은 자신에게는 많은 도움을 주었지만, 한편 시장으로서 얼마든지 사전에 막을 수도 있었던 실수를 범하는 결과를 낳았다. 이 이야기는 자주 발생하는 리더십의 맹점이 엄청난 권한과 연결되어 있는 지도자를 연구한 사례다. 그는 과거에 상당히 도움이 되었던 일을 여러 상황에서 복제하듯 실행해 똑같은 실수를 되풀이했다.

블룸버그의 이야기는 리더의 맹점과 특정 리더십 역할의 필요성 사이에 상호 작용의 중요성을 설명해준다. 즉, 리더는 자신에게 처한 특정 요구 조건과 관련하여 발생하는 맹점의 독특한 원인과 경험을 가진다. 블룸버그가 자주 저지른 맹점은 앞으로 나아가는 최선의 길을 알고 있고 자신의 판단을 믿지만, 다른 사람을 잘 설득하지 못하는 것이었다. 그는 자기가 필요하다고 믿는 일을 달성하기 위해 다른 사람에게 자신의 의사를 강요했다. 일반적으로 말해서 이것은 자신의 사업에서는 큰 문제가 아니었다. 아니, 사실 그것은 오히려 장점이었다. 하지만 규정에 의해서 운영되는 한 도시의 시장인 경우에는 문제가 되었다.

집요한 맹점

마이클 블룸버그는 이 책의 많은 사례와 마찬가지로, 매우 훌륭한 리더도 고집스러운 맹점을 가지고 있다는 것을 보여준다. 이 장은 맹점이 발생하는 요소 혹은 맹점으로 인해 일어나는 문제점의 요소를 설명한다.

- 경험의 차이
- 정보 과적
- 감정적 편견
- 인지능력 부조화
- 순서가 잘못된 인센티브
- 조직의 계층적 왜곡
- 과신

경험의 차이

리더가 쌓아온 경력은 특정 분야나 환경에서 있을 수 있는 경험을 가리기 쉽다. 이 경우에 리더는 그들이 경험하지 못한 것이 무엇인지 보지도 못하고 충분히 이해하지도 못한다. 더욱 구체적으로 말하자면 과거에 경험한 것이 새로운 상황에 필요한 것이라고 지도자들이 착각하는 결과를 가져오게 만든다. 특히 자기 회사가 특별한 방법을 사용해서 성공을 이룩했을 때는 더욱 그렇다. 그들은 실제 요구 조건이 전혀 달라졌는데도 과거와 똑같은 상황에 직면하고 있다고 착각한다. 미국에서만 일해 온 한 리더를 생각해 보자. 그 리더는 세계의 다른 지역에서 회사를 운영하는 방법을 깊이 이해하는 데 어려움을 겪을 것이다. 예를 들어 미국의 여러 회사들이 어려움을 겪고 있는 중국과 같은 시장에서는 이 이야기가 사실이다. 리더가 경험에 차이가 있다는 것을 인식하면, 미국에서 했던 유사한 방법을 다른 시장에 적용하려는 계획은 쉽게 하지 않는다. 서로 다른 운영 배경은 리더가 특정 그룹에서 성장하여 한 자리에만 있는 경우와 다양한 종류의 사람들을 이끌어 가면서 승진할 때에 비슷한 효과를 낼 수 있다.

나는 엔지니어로 훈련을 받고 본부장으로 승진한 리더 한 사람과 같이 일했다. 처음에 그는 자신에게 보고하는 새로운 영업 팀들의 비효율성을 보고 실망했다. 몇 개월이 지난 뒤에 그가 자신의 엔지니어적인 마음가짐과 방법 때문에 다른 부서와 영업 모델을 이해하지 못하고 있으며, 문제는 바로 자기 자신이라는 것을 깨닫게 되었다. 그는 엔지니어 정신을 마케팅 전략 발전에 이용하는 것이 크게 도움이 되지 않는다는 사실을 알게 되었다. 다른 부서의 운영 방식을 아는 데 시간이 걸렸고, 최종적으로 그는 자신의 임무에는 엔지니어보다 영업 리더가 더 적절하다는 것을 알게 되었다. 경험적 차이점에 관한 또 다른 사례는 기술 대기업에서 수십 년간 일해 온 이사와 함께 일했을 때 분명히 나타났다. 그는 규모가 작고 빠르게 성장한 기술 회사로 이직했다. 그는 두 회사가 동종 사업이기 때문에 사업 모델도 유사하리라고 짐작했다. 그러나 두 회사의 운영 방법은 매우 달랐다. 이 리더가 큰 회사의 기술 방법을 새로운 회사에 적용했을 때 팀원들의 큰 반발에 부딪히게 되었다. 그 리더는 새로운 회사가 혼란스럽고 비전문적인 방법으로 영업을 한다고 생각했고, 회사 발전을 위해 풍부한 자원과 넉넉한 인원이 필요하다고 확신했다. 하지만 그는 새로운 환경에 자신의 과거 경험은 한계가 있다는 것을 알았고, 이미 성공한 대형 기술 회사와 빠르게 성장하는 새로운 회사의 모델 사이에는 커다란 차이점이 있다는 것을 알고 난 후에야 모든 상황을 제대로 파악할 수 있었다.

그는 새로운 환경에 자신의 과거 경험은 한계가 있다는 것을 알았고, 이미 성공한 대형 기술 회사와 빠르게 성장하는 새로운 회사의 모델 사이에는 커다란 차이점이 있다는 것을 알고 난 후에야 모든 상황을 제대로 파악할 수 있었다.

정보 과적

맹점이 지속되는 두 번째 원인은 사람들이 지나칠 정도로 복잡한 이 세계를 쉽게 생각하고 완전히 관심을 끄는 일에만 집중하기 때문이다. 우리들이 가진 인지 에너지의 전체 양은 극히 제한적이다. 어떤 쟁점에는 관심을 기울이지만 다른 쟁점은 무시할 때도 있다. 그런 과정에서 사람들은 자신이 내리는 결정의 대부분을 자동화하거나 습관화한다. 왜냐하면 모든 일에 관심을 기울이는 데 필요한 에너지는 한계가 있기 때문이다.

한 연구 팀은 사람이 중요한 임무를 수행하면서 오직 임무의 성공에만 집중할 때 주변의 전반적인 상황을 어떻게 인식하는지 밝히는 연구를 진행했다. 연구원들은 실험 대상자들에게 농구공을 패스하는 두 팀을 촬영한 비디오를 잘 관찰하도록 하고, 한 팀이 상대 팀에 패스한 숫자를 정확하게 기록하게 했다. 그런데 이 비디오 안에는 고릴라로 변장한 사람이 농구공을 주고받는 가운데로 뚜

벅뚜벅 걸어갔다가 돌아 나오는 예기치 못한 장면이 들어 있었다. 연구자들은 관찰된 점수를 보고 받은 다음 실험 대상자들에게 이 비디오에서 특이한 점이 있었는지 물었다. 그룹 중 50퍼센트가 고릴라 옷을 입은 사람을 보고하지 않았다. 고릴라를 인지하지 못한 이유는 사람이 아주 어려운 일을 하고 있는 동안에는 관심 밖의 요소에 전혀 신경을 쓰지 못하기 때문이다. 때때로 이것은 관심 밖의 맹점이라고 불리는 허점이다. 이 결과를 리더십에 적용하면, 리더가 시급하고 중요한 임무나 목표에 집중할 때는 있을 수도 있는 위협과 약점을 왜 인식하지 못하는지 알 수 있다. 특히 리더가 주어진 과제를 끝내거나 어려운 목표를 달성하기 위해 시간적 압력을 받을 때 이런 현상이 나타난다.

　정보 과적을 관리하기 위해 사람들이 사용하는 방법은 그들이 가진 기존의 믿음을 확인해 주는 정보를 찾는 것이다. 그중 어떤 정보는 버리고 어떤 정보는 일부만 듣는데, 심리학자들은 이것을 '확인 편견Confirmation Bias'이라고 부른다. 확인 편견은 당신이 이미 사실이라고 믿는 것을 뒷받침해 주는 정보를 찾거나 관심을 기울일 때 발생한다. 말하자면 당신의 견해를 확인해 주는 일을 단순히 받아들이는 대신 그런 정보를 적극적으로 찾는 것이다. 예를 들어 사람들은 그 생각이 긍정적이든 부정적이든 특정 정치 지도자의 견해를 확인하기 위해 주로 책을 산다는 사실이 한 연구에서 밝혀졌다. 여러 사업에서도 대부분의 경우에 똑같은 일이 발생한다. 특히 애매모호하거나 반론적인 데이터를 만났을 때 확인을 위해 정보를 찾는 것은 더욱 확실하다.

감정적 편견

　세 번째 요인은 특정 결과에 대한 감정적 투자가 선호하는 결과를 지지하는 쪽으로 기울어지면서 개인의 견해에 영향을 미칠 수 있다는 점이다. 시드니 핀켄스타인Sydney Finkelstein은 왕 연구소Wang Laboratories 설명으로 이 함정에 대한 예를 제시한다. 왕은 1951년에 회사를 설립했고 그 회사는 1980년대까지 세계 최고 컴퓨터 회사 중 하나였다. 설립자의 기술적 탁월함을 이용한 이 회사는 가장 성공적인 문서 작성기를 보유한 수많은 기술 분야에서 판매 실적 1위였다. 타이프와 달리 왕의 발명품은 사용자들에게 문자 메시지를 저장하고 편집하게 했고, 이는 곧 미국 전역의 타이프라이터를 대체했다.

하지만 안타깝게도 왕은 그때 자신의 회사를 파괴할 몇 가지 잘못된 결정을 내렸다. 그의 회사가 하고자 했다면 얼마든지 개발할 수도 있었던 개인용 컴퓨터 개발을 하지 않은 것이다. 게다가 그는 IBM이 PC 산업의 기준으로 구축한 운영 시스템도 지원하지 않고, 대신 자체적인 폐쇄 시스템을 개발했다. 왕이 IBM의 시스템을 거절한 이유는 과거에 그가 기술 라이선스 협정 문제로 IBM에 속았다는 단편적인 생각 때문이었다. 그의 아들은 아버지가 IBM을 경멸하고 비윤리적이라고 생각했으며 그런 회사와 상호 협력하기를 거부했다고 말했다. IBM에 대한 왕의 감정과 자신만의 고유한 기술적 창안에 대한 애착 두 가지가 시장이 어떻게 진화하는지 현실을 보지 못하게 그의 눈을 가려버렸다.

감정적 편견의 또 다른 예는 버니 매도프Bernie Madoff와 그가 벌어들인 이익을 바라보는 투자자들의 견해 차이에서도 증명된다. 맥스 베이저만Max Bazerman과 앤 텐브룬셀Ann Tenbrunsel은 도덕의 맹점에 관한 저서에서 투자자들에게 수십억 달러의 손실을 입힌 매도프가 어떻게 사업을 운영하면서 대대적인 사기 행각을 저질렀는지 말하고 있다. 많은 돈을 매도프에 투자하고 그 자금을 관리한 한 투자 매니저는 매도프의 금융 이익이 사기 혐의를 받고 있다는 경고를 받았다. 자금 관리인 중 많은 이들이 경고를 받았음에도 그들 앞에 놓인 증거를 보려고 하지 않았다. 그들은 돈을 벌었고 고객들은 그들이 벌고 있다고 생각한 수익금에 대단히 즐거워했다. 그들은 매도프에 투자하는 자체에 특권 의식을 느꼈다. 매도프에 대한 경고를 받았던 투자 관리인은 그 충고를 믿지 않았고 자신의 돈은 물론 친구 돈까지 투자했다. 그는 매도프가 구속되고 2주 만에 자신의 뉴욕 사무실에서 자살했다.

인지 능력 부조화

사회 심리학자들은 한 사람이 두 개의 서로 다른 견해를 가지고 있을 때 발생하는 일 중 특히 자기 이미지와 관계되는 현상을 연구했다. 그들이 이런 상황을 설명하기 위해서 사용한 어휘는 '인지 능력 부조화'다.

자신은 정직하다고 생각하지만, 비윤리적이고 정직하지 못한 행동을 하는 사람을 생각해 보자. 이 경우 한 개인 속에 서로 다른 견해가 만들어진다. 상반되는 두 견해는 자기 확신과 행동을 자신의 긍정적 이미지를 유지하는 방법으로 합리화함으로써 해결한다. 그는 긍정적인 이미지를 계속 유지하기 위해 스스로 그 상황을 보는 관점을 왜곡하게 된다. 실적 강화 약물을 먹고도 다른 사람들도 그와 같은 일을 하기 때문에 거짓말한 것이 아니라고 믿은 랜스 암스트롱의 경우가 이에 해당한다. 암스트롱은 암이 경기를 하는 경쟁에서 자신을 불리하게 만들었다고 믿음으로써 자신의 행동을 합리화했다. 그래서 그는 경기 실적 강화 약물을 먹음으로써 비로소 다른 선수들과 공정한 경기를 하고 있다고 믿었다. 그는 그렇게 자기가 정직한 사람이라고 생각하는 견해와 정반대로 나타나는 행동 사이의 갈등을 해결했다.

제네릭 의약품Generic Drug: 복제 약 제약 회사의 CEO인 밀란Mylan은 가수로 명성을 얻고 있는 아들의 콘서트에 참석하기 위해 회사 비행기를 이용했다. 그의 회사는 CEO의 개인적 여행을 위해서 비행기 사용을 승인했다. 결과적으로 이 사건은 회사의 기기를 남용한 CEO의 사례로 기사화됐다. 「월스트리트저널」은 이 일을 1면에 실었고 밀란이 자신과 아들을 위해 여러 차례 회사 비행기를 사용했던 모든 여행을 일자별로 상세히 기록했다. 우리는 밀란이 무슨 생각을 했는지는 알 수 없다. 이 이야기는 긍정적인 자기 합리화를 위해 상황에 따라 자신의 견해를 수정하는 것을 설명하는 인지 능력 부조화의 사례다. 이 CEO는 회사가 자신의 리더십 아래 잘 경영되어 왔고 회사와 주주를 위해 일을 성공시킨 자신의 가치를 감안해서 아들의 콘서트 참석을 위해 회사 비행기를 사용할 자격이 있다고 쉽게 생각했을지도 모른다.

이 이야기에서 추론할 수 있는 또 다른 핵심은 사람들이 일을 진행하면서 행동을 정당화할 필요가 있다고 느낄 때 맹점은 자신의 이미지를 강화하게 만든다는 것이다. 요점은 그들이 의심받을 수 있는 행동을 더 저지르며 과거에 한 일을 정당화할 필요가 있기 때문에 잘못된 행동도 서슴지 않는다는 것이다. 이는 특히 '다른 사람에게 어떻게 보이는가.'라는 리더의 이미지에 큰 영향을 주게 될 때 더 많이 발생한다. 예를 들어 잘못된 회사를 인수한 지도자의 실수가 분명해졌을 때 가장 좋은 대처 방법은 인수를 그만두는 것이다. 그럼에도 이 지도자는 인수 건을 성공시키기 위해 계속 돈과 시간을 퍼부어 넣는다. 이런 인지 능력 부조화에 대한 연구는 거래 규모와 리더의 개인적인 투자가 커질수록 점점 더 현실이 어려워진다는 것을 보여준다.

> **요점은 그들이 의심받을 수 있는 행동을 더 저지르며 과거에 한 일을 정당화할 필요가 있기 때문에 잘못된 행동도 서슴지 않는다는 것이다.**

순서가 잘못된 인센티브

보상 제도는 사람보다 특정 분야에 관심을 더 기울이는 결과에 반하여 조직 내부의 관심과 노력을 강화하기 위해서 기획된다. 예를 들면 한 회사는 연간 판매 목표와 예산을 집중적으로 관리하기 위해 상을 줄 수도 있다. 그러나 그 회사에 대한 고객의 생각을 알 수 있는 방법이나 이 회사가 공급하는 상품 및 서비스를 평가할 수 있는 객관적 기준이 없을 가능성도 있다. 그 결과는 특정 분야에 맹점이 될 수 있다.

　수상 시스템이 사람의 능력을 어떻게 왜곡하는지를 보여주는 생생한 예는 유명한 포드 핀토Ford Pinto 사건에서 나타난다. 1970년에 제작된 핀토는 한때 미국에서 베스트셀러에 오른 소형 자동차다. 이것은 점점 규모가 커져가는 소형 자동차 시장에서 폭스바겐 비틀Vlokswagen Beetle, 시보레 베가Chevrolet vega와 경쟁하기 위해 제작되었다. 포드 회사는 핀토가 충돌 시 가스탱크가 폭발할 위험이 있다는 사실, 심지어 비교적 낮은 속도에서 충돌했을 때도 가스탱크가 폭발할 수 있다는 사실을 알고 있었다. 포드 자동차가 이 사실을 숨기며 강조한 것은 비용을 낮추는 것이었지만, 미래에 벌어질 법정 소송 비용과 수리비를 따지면 결국엔 더 많은 경비가 필요한 결과로 이어졌을 것이다. 디자인 면에서도 또 다른 문제가 있었다. 트렁크 공간을 줄여야 했는데, 그 공간은 자동차 판매에 상당히 중요한 것이었다. 그 당시 포드 자동차의 리더가 "안전이란 파는 것이 아니다."라고 말했을 정도로 안전을 중요한 요소로 취급하지 않았다. 사내에서 '그린 북Green Book'으로 불려지는 핀토의 제작 디자인 설명 책자는 비용, 외관, 승차감과 같은 요소를 강조했지만 안전에 대한 강조는 별로 없었다. 당시 포드 자동차에서 벌어진 일을 설명했던 기자는 이렇게 썼다.

　핀토 엔지니어들에게 반–안전Anti-Safety 압력을 강조하는 것은 '2,000 한정판'으로 알려진 라코카Lacocca 자동차에 주어진 중요한 목표였다. 핀토는 무게가 2,000파운드에서 1온스도 더 나가지 않고, 가격이 2,000달러에서 1센트도 더 나가지 않았다. 한 엔지니어는 "라코카는 철권으로 이와 같은 제한을 적용했다."고 회고한다. 그래서 충돌 테스트에서 플라스틱으로 된 무게 1파운드, 1달러의 조각이 가스탱크 파열을 막기는 했지만 이 차는 결국 더 많은 비용과 더 많은 충격이 발생했다.

포드는 그 후 150만 대에 달하는 핀토 차를 리콜Recall하는 데 합의했고 핀토를 시장에 내놓은 지 10년 후에는 생산을 완전히 중단했다. 100여 건이 넘는 법정 소송이 이 회사를 상대로 제출되었다. 많은 요소가 핀토에 재난을 가져왔다. 자동차 회사 중 포드만이 안전 문제를 가지고 있었던 것은 아니었지만, 포드에 재난을 가져온 중심적 요소는 다른 어떤 요소보다 판매만 강조했다는 점이다. 우리는 그 당시 주로 판매에 영향을 미치는 비용이나 승차감 등의 요소를 향상시킨 리더들에게 사내 보상이 돌아갔다고 짐작할 수 있다. 더 큰 회사 문화를 반영해서 안전보다 주로 다른 요소에 더 포상이 집중된 것이다. 맹점과 관련해서 일부 사람들은 포드 자동차의 지도부가 자동차 연료탱크의 디자인을 바꾸는 데 있어, 비용 대비 혜택에 따라서 합리적 결정을 내렸다고 주장했다. 리더들은 문제점이 존재한다는 것을 알고는 있었지만, 문제점에 대한 조치는 취하지 않은 것으로 알려졌다. 맹점은 흔히 어떤 결정이 이루어지는 데는 보다 넓은 의미가 있다는 것을 보지 못하는 경우에 나타난다. 특히 어떤 결정에 따르는 장기적인 결과를 보지 못하는 경우에 맹점이 나타난다. 이 결정에 따른 생명 손실의 비용과 포드 자동차 명성의 피해는 포드 자동차 이사들이 기대했던 어떤 것보다 심각했다.

조직의 계층적 왜곡

회사에서 승진할 때 개인이 받는 정보는 때때로 불안전하며 왜곡되고 심지어 거짓인 경우도 있다. 수많은 요소가 작용하기 때문이다. 첫째, 리더는 기업 차원의 미팅과 회사의 이해관계자들(산업단체, 투자가, 언론 등)의 요구에 시간을 소비하기 때문에 하위 조직에 있는 사람들과 항상 격리된다. 그 결과 고위직 리더들은 다양한 사람과 시스템(다음 장에서 상세 설명)을 통해서 얻은 간접적인 정보에 점점 더 의존한다. 런던 고래의 실패에서 본 제이미 다이먼의 경우처럼, 이는 힘 있는 직책에 자리한 사람들에게 위험 요소가 된다.

둘째, 일부 사람들은 권위 있는 직위의 책임자에게 결정을 맡기며, 그 리더의 신념과 계획에 어긋나는 정보는 주지 않거나 극히 적은 정보만 준다. 그래서 맹점을 가진 리더는 자신의 생각과 반대되는 반응은 받지 못할 수도 있다. 그들이 리더와 상반되는 견해를 내놓을 때 발생하는 결과를 두려워하기 때문이다. 어쩌면 이러한 두려움은 당연한 일이다. 나는 특정 직원이 비난받지 않도록 항상 보호해 주었던 한 고위 이사와 일을 한 적이 있다. 만약 그 직원이 기대했던 결과를 전달하지 못했더라도 리더는 그의 결점을 합리화했을 것이다. 다른 팀원들이 리더에게 우려를 제기했을 때 팀원들은 이사가 좋아하는 그 직원을 비난하지 말고 오히려 지원하라는 말을 들었다고 한다. 직원의 업무 능력 부족에 관해 리더와 의논이 불가능할 정도였다.

셋째, 더 강력한 힘을 가진 사람은 대개 자신보다 힘이 약한 사람에게 관심을 덜 기울인다. 몇몇 심리학 연구 결과에 따르면 고위 직책에 있는 사람들은 자신보다 낮은 직위와 신분을 가지고 있는 사람들과 접촉할 때 발생하는 일의 감독에 경계를 덜하고, 또 하위 직책의 사람들과의 교류도 적다. 한 조사 결과에 의하면 좀 더 높은 신분의 사람들은 다른 사람과 대화할 때 좀 더 고자세를 취하고, 다른 사람을 똑바로 쳐다보는 경우가 적으며, 동의할 때 자신의 머리를 끄덕이는 것과 같은 비언어적인 행동으로 다른 사람에게 확인해 줄 가능성이 훨씬 더 적다. 간단히 말해서 권력을 더 많이 가질수록 그리고 신분이 더 높을수록 아래에 있는 사람에게 관심을 기울이거나 상대편 의견에 동조하는 경우가 더 적어질 것이다. 연구진은 사람이 권력을 가지면 다른 사람에 대한 의존도를 줄이고 그들에게 집중하는 마음이 줄어든다고 설명한다. 이와 관련된 맹점의 함축적 의미는 일부 리더들은 자기 아래에

맹점을 가진 리더는 자신의 생각과 반대되는 반응은 받지 못할 수도 있다. 그들이 리더와 상반되는 견해를 내놓을 때 발생하는 결과를 두려워하기 때문이다.

리더들은 자기 아래에 있는 사람이 리더인 자신에게 어떤 반응을 보이는지 다른 사람보다 더 잘 모른다는 것이다.

있는 사람이 리더인 자신에게 어떤 반응을 보이는지 다른 사람보다 더 잘 모른다는 것이다. 일반적으로 말해서 그들은 팀과 조직 내에서 어떤 일이 일어나고 있는지 다른 사람에 비해 잘 모른다.

과신

맹점의 집념에 관해서 고려해야 할 중요한 요소는 사람들이 자신의 능력을 과대평가하는 경향이 있다는 것이다. 심리학자 데이비드 더닝David Dunning은 광범위한 연구의 수많은 결과에 의하면 대부분의 사람이 일반적으로 자기 자신을 과신한다고 말한다. "평균적으로 사람들은 자신에 대해선 지나칠 정도로 호의적으로 보는 경향이 있다. 그들은 자신의 기술, 지식, 도덕적 성향, 사회적 계급의 위치를 과대평가한다. 그들은 심지어 자신의 진정성과 공정성을 판단하는 자신의 능력까지도 과대평가한다." 한 설문 조사의 응답자 중 70퍼센트가 자신의 리더십 능력이 중간 이상은 된다고 답했고, 단 2퍼센트만이 자신을 중간 아래에 있다고 평가했다. 또 다른 연구에 따르면 360도 평가 조사를 마친 이사를 포함한 고위직 인사들은 하위 직원보다 자신에 대해서 과장된 생각을 가지는 경향이 있다고 밝혔다. 특히 한 조직 내에서 좀 더 높은 직책에 있는 사람들은 부하 직원보다 자신에 대한 인식을 좀 더 높게 평가했다. 이 연구 결과는 대부분의 사람이 자신에게는 호의적으로 과장된 평가를 했으며, 이는 한 조직의 서열에서 윗자리로 올라갈 때 더욱 보편화되고 있다고 말한다.

자기 확신을 갖는 리더들은 그들의 기술이 긍정적인 결과를 가져오는 제1요소라고 믿는다. 많은 부정적 결과나 행운이 따른 경우는 쉽게 묻혀버린다. 또한 리더들은 그들의 기술을 광범위한 분야의 도전에도 사용할 수 있다고 믿고, 심지어 과거의 경험도 훨씬 넓은 분야의 도전에 이용할 수 있다고 믿는다. 위험부담은 그들이 자신의 판단과 창의력을 불안할 정도로 신뢰하고 있다는 것이다. 특히 과거에 실패를 경험하지 못하고 빠르게 높은 지위까지 올라갔을 때 더 그렇다. 그들은 본능에 따르거나 비판자가 잘못되었다는 것을 입증함으로써 자신감을 얻는다. 그와 같은 리더들은 자기 자신의 믿음을 다른 사람이 가지고 있는 견해보다 더 높게 평가하는 경향이 있다. 카운셀러 마이클 맥코비Michael Maccoby가 자신이 알고 있는 CEO에게 다른 사람의 평가에 귀를 기울일 필요가 있다는 조사 결과를 주었을 때 그는 남의 이야기를 잘 들어서 CEO가 된 것이 아니라면서 남의 이야기를 잘 듣지 않는 자신의 습관을 고쳐야 할 필요성을 전혀 못 느낀다고 말했다고 한다.

　　오만이 가져다주는 위험부담의 하나는 리더가 다른 사람이 빠진 함정에 자신은 빠지지 않는다고 믿는 것이다. 빌 게이츠는 "성공은 참 좋지 못한 스승이다. 성공은 현명한 사람을 절대 실패해서는 안 된다는 생각 속으로 유혹한다."고 말했다. 이런 생각은 결국 사람을 잘못 판단하게 만들고, 또 그 이상으로 잘못된 결정과 행동을 하게 한다는 의미다. 개인 또는 경력 차원에서 깊이 생각해 볼 때 어떤 사람은 어리석게 보이는 위험한 행동을 한다. 이와 같은 형태의 행동은 미국 중앙 정보국US Central Intelligence Agency 국장을 사임한 데이비드 퍼트레이어스David Petraeus에게서 찾아볼 수 있다. 퍼트레이어스는 군에 있을 때 미 육군에서 가장 우수하고 장래성이 높은 장군이라고 생각되었다. 그의 반-테러 작전 기술에서 주목할 만한 업적은 상대편 사령관이 한 어떤 일보다 우수했다. 그리고 이라크 전쟁에서 미국이 그의 기술을 사용했을 때 전반적으로 성공적이었다. 그는 언론을 어떻게 다루며 워싱턴 D. C.의 정치적 복잡성을 어떻게 관리하는지 잘 알고 있었다. 그는 이라크와 아프가니스탄에서 사령관을 역임한 후 미국 CIA 국장으로 승진했다.

　　하지만 퍼트레이어스는 CIA 국장 자리를 1년도 채우지 못하고 자기 자서전을 집필해 준 여성과 추문에 휩싸였다. 맹점의 견지에서 볼 때 과신의 증거는 두 가지다. 첫째, 퍼트레이어스는 언론과 정치적 감시단이 정부 리더들을 상대로 철저하게 공식적인 검사를 하고 있는데도 자신의 염문은 절대 밝혀지지 않을 것이라 믿었다. 그는 비슷한 상황에서 붙잡힌 다른 리더들에 대해 알아야만 했다. 둘째, 그는 종종 일반적인 이메일 서비스를 이용해서 자신의 정부인 폴라 브로드웰Paula Broadwell과 대화를 나누었다. 사실 퍼트레이어스는 이메일 메시지를 쓴 후 조심한다는 생각에서 그 메시지를 보내지 않았다. 그 대신 자신의 이메일 폴더에 그것을 저장해 두었고 이 폴더에 브로드웰이 접속하여 답장했다. 이와 같이 대중을 속이기 위한 순진한 행동이 미국 정부의 최고 고위직 정보 공무원인 퍼트레이어스에 의해서 기획되고 있었던 것이다. 퍼트레이어스는 전자시대에는 파일이 한 번 작성되기만 하면 언제라도 다시 복구할 수 있는 위험부담이 존재한다는 사실을 알았어야만 했다. 한 시사 해설가는 그를 '지메일Gmail을 믿었던 스파이'라고 기술했다. 현명하고 모든 목적을 다 성공시킨 이 사람이 어떻게 이처럼 어리석을 수 있는가에 대한 질문의 답은 그의 사랑과 정열이 합리적인 사고 능력을 지배해 버렸다고 할 수 있다. 이는 부분적으로 있을 수 있는 일이지만, 그의 자신감에 대한 신념이나 지위에 대한 생각과 같은 기타 요소들이 작용한 것처럼 보인다.

오만한 지도자가 겪는 위험은 객관적 데이터에 대한 자신의 추측을 의심하지 않고 또 반대 견해를 갖는 사람들의 생각에 귀를 기울이지 않는 것이다.

오만한 지도자가 겪는 위험은 객관적 데이터에 대한 자신의 추측을 의심하지 않고 또 반대 견해를 갖는 사람들의 생각에 귀를 기울이지 않는 것이다. 작가 말콤 글래드웰Malcolm Gladwell은 현실이 사람들의 기대에 결코 부응하지 않는다는 것을 믿지 못하는 경우라고 이를 설명한다. 리더가 성공하면 할수록 그들의 지위는 더 높이 올라가고, 현실을 자신의 생각과 욕망에 맞게 바꿀 수 있다는 위험한 믿음도 더욱 커진다. 특히 그들은 실제로 잘못되었을 때도 자신이 올바르다고 설득하는 재주가 다른 사람보다 더 우수하다. 그러나 아이러니하게도 그들이 갖고 있는 지능은 현재 존재하는 현실을 보지 못하게 만들 수도 있다.

맹점은 때때로 무척이나 미묘해서 어떤 리더들에 대한 부정적인 생각을 더욱 확대하는 데 중요한 영향을 미친다. 이러한 맹점은 지도자를 궤도에서 탈선시키지도 않고 어쩌면 사소할 수도 있다. 그러나 이런 것들은 리더의 일반적인 약점의 상징이 되기도 한다. 이는 구글 초기, 마리사 메이어Marissa Mayer의 예에서 잘 나타난다. 사기업에 들어오기 전 스탠포드대학에서 강의했던 그녀는 자신을 만나려는 사람들을 위해 시간을 내는 효율적인 방법으로 회사 근무시간을 이용했다. 메이어는 우선 동료들의 사전 예약을 받고, 그 후 제일 먼저 오는 사람을 먼저 만난다는 기준을 가지고 사람들을 만났다. 그녀의 신속한 행보로 보아 90분 간격으로 50명 정도의 사람을 만났다. 전하는 바에 의하면 그녀는 자신이 속한 그룹에 있는 사람뿐만 아니라 친구들과의 만남에도 이런 절차를 이용했다. 추측할 수 있겠지만 메이어만큼 경험도 있고 회사 지위도 있는 그녀 동료들 중 몇 사람은 그녀를 보기 위해 십여 명의 다른 사람과 같이 그녀의 방 밖에서 기다리는 것에 불만을 나타내지 않았다. 그녀는 자신의 회사 근무 시간을 대단히 유용하고 심지어 혁신적으로 보았고, 하나의 기술로 생각했다. 그녀는 자기 동료들에게 이렇게 하는 것을 문제점이라고 생각하지 않았다. 그러나 회사 내의 어떤 사람은 그녀의 이 방법을 좀 더 크고 중요한 문제의 상징이라고 보았다. 예를 들면 어떤 사람들은 이를 그녀가 다른 사람 위에 자신을 올려놓은 것으로 보았고 그룹 전체에 협동적인 방법으로 일을 하지 않는 행위로 생각했다.

의도적 무분별

전에 언급한 바와 같이 맹점은 약점이나 위협으로부터 숨으려는 고의적인 의도는 아니다. 나사의 린다 햄은 컬럼비아 우주왕복선 위의 수증기 타격을 더 자세히 들여다보지 않아서 발생한 결과를 회피하지 않았다. 린다 햄은 필요한 정보를 입수하지 못했다. 그러나 그녀의 행동에 이기적인 면은 전혀 없었다.

그런데 리더가 자기에게 피해를 줄 수 있는 정보를 고의로 회피하는 경우가 있다. 리더가 자신에게 무슨 일이 일어나게 될지 모르고, 알고 싶지도 않다는 태도로 행동할 때 이런 일이 발생한다. 의도적 무분별은 이 책의 핵심 부분은 아니지만 다른 형태의 맹점을 구별하기 위해 주목할 필요가 있다. 2013년 럿거스대학에서 있었던 사건은 의도적 무분별이라고 할 수 있는 사례다. 우리는 사건의 이면에 무슨 일이 있었는지 모르기 때문에 확실한 결론을 지을 수 없다. 다만 다음 내용이 우리가 알고 있는 일이다. 럿거스대학 농구 코치가 팀 훈련 기간에 자기 기대에 미치지 못할 때 선수들을 밀치고 공을 던지는 등 가혹하게 선수를 다루는 모습이 비디오에 찍혔다. 그는 동기 유발 목적으로 선수들에게 여러 가지 좋지 못한 행동을 사용하는 일이 많았다. 연습 장면을 찍은 비디오는 코치가 선수를 학대하는 모습을 그대로 보여 주었다. 법률 담당 변호사를 포함한 여러 출처에서 입수한 정보로 보아, 대학에서는 코치를 그대로 유임하려는 결정을 내렸으나 몇 개월 뒤 이 훈련 테이프가 공개 되었고 대중에게 엄청난 분노를 불러일으켰다. 이 대학 총장도 그 테이프를 다시 조사했다. 불과 5분 후에 코치를 해임해야 한다는 결론을 내렸고 며칠 뒤 감독은 사임했다.

대학 총장은 왜 이 사건을 처음 통보받았을 때(총장이 테이프를 보기 수개월 전) 테이프를 조사하지 않았는지 질문을 받았다. 총장은 그 코치가 새로 부임해 왔고 열심히 배우는 과정에 있었다고 주장했다. 그 코치는 캠퍼스 내에서 자신이 어떻게 해야 하는지 거의 알지 못했다고 총장은 말했다. 돌이켜 보면 테이프를 자세히 조사하지 않은 것은 실수였지만, 총장은 다른 임무 때문에 몹시 바빴다고 이야기하는 것 외에는 실수가 무엇이었는지 설명할 수 없었다. 몇몇 조소적인 관측자들은 럿거스대학이 대학 후원금으로 수백만 달러를 받는 새로운 운동부 빅 10에 들어가기 위한 협상을 하고 있었다고 언급했다. 총장과 감독은 대학 운동부 빅 10에 들어가는 협상 과정 동안 어떠한 논란도 원치 않았고, 그래서 코치 해임이나 테이프 공개를 원치 않았다는 것이다. 비판가들은 총장이 만약 그 테이프를 본 후 코치를 해임하지 않는다면 자신이 책임을 져야 했고, 그는 그것을 원치 않았기 때문에 일부러 테이프를 보지 않았다는 의견을 내놓았다.

이처럼 우리는 대부분의 경우에 당사자가 자신의 의도를 공개적으로 밝힌 것 외에 무엇을 생각하고 있었는지 모른다. 오늘날까지 그 총장이 자신을 심각한 기만과 윤리적인 잘못에 연루한 사건의 내용을 사적으로 밝혔다는 이야기를 들은 적이 없다. 하지만 우리는 최소한 왜 총장이 심각한 결과를 가져올 수 있는 문제를 좀 더 깊이 들여다보지 않았는지 질문을 던질 필요가 있다.

맹점 극복

이번 장은 맹점이 될 수 있는 요인을 극복하는 지식에 대한 실제적인 충고를 설명한다. 훌륭한 리더는 그들의 성격에 맞고 그들이 일하는 회사 문화에 맞는 다양한 보조 조직을 개발한다. 많은 사례에서 리더는 자신이 생각하는 방향을 완전히 바꾸지 않지만, 그 대신 표면에 나타나는 중요한 약점과 위협에 대한 경고 시스템을 개발한다. 이것은 다음 섹션에서 자세히 설명되는 5개 메커니즘에 대한 개요다.

1. 스스로 찾아라

큰 조직 리더에게 흔히 나타나는 실수 중 하나는 그들이 회사에서 더 높은 고위직으로 승진할 때 고객이나 고용인들과 소통하지 않는 것이다. 결과적으로 리더는 매일의 경험과 회사에서 실제로 일어나는 일들 사이의 거리감 때문에 부정확한 추측을 하기 쉽다. CEO를 위장해 회사의 낮은 직책에 앉히고 회사 내에서 실제로 발생하는 여러 가지 일을 잘 이해하게 도와주는 '보스 찾기Undercover Boss' 라는 인기 TV 쇼가 있다. 여기에 나오는 CEO들은 그 화면을 보고 회사의 부정적인 면 때문에 상당히 놀란다. 특히 CEO들은 근로자들이 일을 잘할 수 있는 방법을 회사 고위직 정책이 방해하고 있다는 사실을 발견한다. 그 쇼는 어느 정도 큰 효과를 가져왔다. 고위 리더가 회사에서 밖으로 나가서 고객들과 또는 근로자들과 직접 일을 해본다는 콘셉트는 큰 장점이다. 리더는 고객과 일선에서 일하는 직원들 심지어는 경쟁자들과 직접 접촉하기 위해 노력해야 한다.

2. 미확인 데이터를 찾아 내라

리더는 때때로 그들의 신념을 확인해 주는 데이터를 찾고 자신의 생각과 다른 반대 데이터는 평가절하하거나 무시하는 경우가 자주 있다. 리더는 이미 확립된 기준을 잘 활용하고, 잘못된 신념을 반박하거나 지나칠 정도로 낙관주의적 함정을 피할 수 있도록 도와주는 모든 정보를 충분히 연구함으로써 도움을 받을 수 있다. 예를 들면 나는 많은 회사가 예산 집행 능력을 추적하지만, 시장 점유율 실적 또는 경쟁과 관련하여 성공을 평가하는 다른 중요한 기준을 추적할 수 있는 가능성은 훨씬 더 적다고 생각한다. 그들의 예산을 집행하는 리더는 실제로 어떤 핵심 지역 또는 시간이 가면 갈수록 점점 더 중요해질 이웃 지역 둘 중 하나에서 시장 점유율을 많이 가지고 있는 경쟁자보다 뒤지고 있을 때조차 성공적이라고 잘못 이해할 수 있다.

3. 주변 시야를 개발하라

나는 맹점 경고 사인이 무엇인지 찾아내고 그것을 우선 정책으로 만들 수 있는 능력을 설명하기 위해 '주변 시야Peripheral Vision'라는 용어를 사용한다. 대부분의 경우에 관심을 기울일 필요가 없다고 생각되는 데이터나 견해다. 현명한 리더는 세밀하거나 혹은 정반대의 데이터를 알아볼 수 있는 능력을 가진다. 또한 어떤 아이템이 관심을 가질 만한 가치가 있는지 혹은 다음 상품이 될 수 있는지 인식할 수 있는 능력을 가진다. 이 세밀한 기술은 특히 어려운 일을 많이 겪는 리더나 맹점이 될 수 있는 요소를 찾아내는 가장 중요한 일 중 하나로써 습득하기 가장 어려운 요소들이다. 첫째, 사람들이 말하는 내용의 행간을 읽어야 하고, 리더에게 보고하는 사람들이 가져오는 데이터에 내재한 여러 차이점과 의제를 보고 이해하는 일이 필요하다. 이 기술의 일부는 어떤 질문을 해야 하는지 또 그 질문을 언제 해야 하는지 배우는 것이다. 중요한 사례는 우주왕복선 컬럼비아호에서 있었던 상황이다. 책임자 린다 햄은 이 맹점을 찾아내지 못했다. 그녀는 우려할 점이 있는지 판단하기 위해 특히 수증기 타격 평가를 가장 잘 알고 있는 전문가들의 의견을 따르지 않았다. 대신, 그녀는 우려 사항이 있으면 미팅에서 당시 담당자들이 의제로 내놓을 것이라고 짐작했다. 이러한 추측의 문제 점은 나사의 미팅이 공식적 또는 반대 의견을 묵살하는 계층식 방법으로 진행되었다는 것이다. 하위직 엔지니어가 우려 사항을 솔직히 털어놓을 것이라는 린다 햄의 생각은 논리적이기는 하지만, 정보가 하부에서 상부로 올라갈 때 나사의 조직 문화가 얼마나 그것을 방해하고 있는지를 잘 몰랐던 것이다. 햄도 물론 나사 문화의 일부였지만, 나사 계급에서 린다보다 하위직에서 올라오는 정보를 나사의 문화가 얼마나 강력하게 입을 다물게 했는지 이해하지 못했다.

4. 믿을 수 있는 고문을 찾아라

'맹점은 일반적이다.'라는 인식은 다른 사람들이 리더에게 현재 사건에 대한 반응을 전부 보고할 필요가 있다는 것을 의미한다. 맹점을 수정할 수 있는 기술의 일부는 구체적인 반응을 리더에게 가져다줄 수 있는 믿을 만한 핵심 직원들을 개발하는 일이다. 대부분의 고위 지도자는 내·외부에서 그들이 추진하고 있는 전략의 자세한 정보를 가져다주는 소수 정예 직원이 필요하다. 마찬가지로 리더는 특정 정책 방안에 대한 진행부터 CEO 사무실에서 진행되고 있는 새로운 전략 의견까지 다양한 의제에 관하여 회사 조직에서 어떤 일이 발생하고 있는지 알고 있는 소수 인력이 필요하다. 가장 훌륭한 CEO는 여러 가지 도전의 해결책으로, 또 아이디어가 떠오르도록 리더의 생각을 도와주는 자원으로 이사진을 이용한다. 예를 들면 스티브 잡스는 유통 정책을 추진하기 전에 그가 계획했던 영업소의 초안을 만들기 위해 애플의 이사이자 갭의 전 이사였던 미키 드렉슬러Mickey Drexler의 충고를 받아들였다. 효율적이지 못한 리더는 이사진과 다소 거리감을 유지하고 싶어 한다. 즉, 그들은 CEO가 하고자 하는 일을 형식적으로 승인하기 위해서 만들어진 하나의 그룹으로 취급된다. 업무에 관여하는 이사진을 유지하는 것은 쉬운 일이 아니다. 하지만 이사진이나 경영 팀은 회사가 잘못되지 않는 방향으로 일을 진행하는 방법을 제시한다. 최고의 리더는 이사들과 이런 방법을 개발하고, 기본적으로 그들의 의견을 구한다. 좋은 리더는 정보에 따라 행동하지 않을 수도 있지만, 자신이 리더로서 타인에게 끼치는 영향 혹은 직면하고 있는 피해에 관해 다른 사람들이 생각하고 있는 견해를 이해하고 싶어 한다.

5. 생산적인 투쟁을 강화하라

철학자 데이비드 흄David Hume은 "진실은 친구들 간의 논쟁에서 나온다."라고 말했다. 리더는 그들의 아이디어를 테스트할 필요가 있고 그들의 경험과 능력을 서로 존중하는 한편, 진실로 중요한 의제에 관하여 가장 좋은 결과를 이끌어 내도록 서로 밀어주는 팀과 함께 앞으로 닥칠 수 있는 위협을 의논해야 한다. 이 몇 가지 쟁점은 기업 성공에 중요한 영향을 줄, 없어서는 안 될 사항이다. 많은 상황에서 사람들은 다루기 더 쉽기 때문에 덜 중요한 의제에 주로 매달린다. 나는 선의의 싸움을 배우지 못한 팀, 즉 최고의 결과에만 집중해서 개인적 문제나 자기 이기주의를 밝히는 데 머무는 팀을 많이 본다. 리더는 다양한 의견을 가지고 있는 팀을 만들도록 노력해야 할 것이다. 만약 모든 사람이 똑같이 생각한다면 의견의 불일치도 없고 논쟁할 부분도 없다. 능력 있는 리더는 팀을 자기보다 더 우수한 능력자로 구성하고, 차이점이 생산을 야기할 수 있는 팀 문화를 창조해 낸다.

Section 2

맹점을 찾고 극복하는 방법

CHAPTER

5

자신을 위해 배워야 할 것: 고객, 동료, 외부 인사

See It for Yourself: Customers, Colleagues, and Outsiders

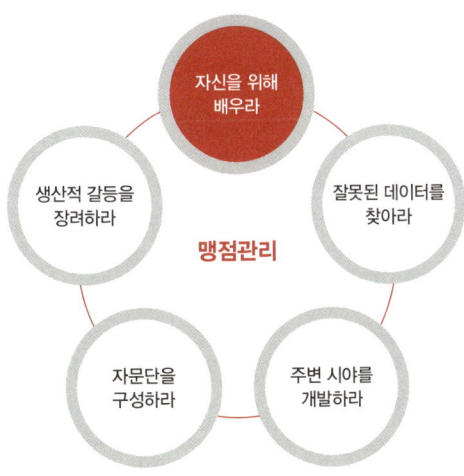

내 고객 중 한 사람은 승진했음에도 불구하고 불평을 늘어놓았다. "승진하니 매일 매일 회의의 연속이에요. 그 회의라고 하는 것들은 리더가 마땅히 해야 한다고 믿 는 일들을 발전시키기 위해 그들이 나와 함께 진행하고 싶어 하는 것들이죠. 나는

새로운 자리에 관한 일을 생각하는데 그들은 늘 내 시간을 통제하는 일만 생각합니다." 승진했을 때 많은 리더가 생각했던 것보다 자신의 스케줄 관리에 있어서 더 힘이 없다고 느끼는 경우가 대부분이다. 회사 내에서 장기적인 전략을 개발하고 영업 문제를 해결하는 다양하고 중요한 의제를 처리하는 데 시간이 소모된다. 외부적으로는 특히 주요 직책에 있는 사람들을 위해 산업체 그룹, 기관투자자, 금융 분석가, 언론사 담당자 등을 책임져야 할 의무가 있다. 그 때문에 경영진 이사는 수개월 동안 본사에서 꼼짝 못하고 일만 할 수도 있다. 고객과 일선 직원들은 오히려 쉽게 한발 뒤로 물러나 있다. 사내에서 승진하는 리더는 조직에서 그들을 고립시키는 여러 가지 힘에 부딪히게 된다.

　　리더가 고립되거나 힘이 분산되고 약화되는 두 번째 이유는 대부분 다른 사람이 가져다주는 정보나 충고에 의존하기 때문이다. 조직의 계급 제도는 개인이나 단체가 각 단계마다 상승을 위한 검토와 의사결정에 필요한 데이터 수집을 격려하는 방식으로 일을 한다. 각 지위 단계의 리더십은 하위직 사람에 의해 이루어지는 일을 대응함으로써 힘의 가치를 높인다. 하지만 이 부분의 부정적인 면은 리더가 대단히 불완전하며 지나치게 편파적 정보를 가지고 의사결정을 내린다는 것이다. 하나의 조직에서 상부로 올라가는 정보는 어쩔 수 없이 취사선택되고 어떤 경우에는 왜곡도 된다. 여기에는 의도적이지는 않지만 위험이 늘 상존한다. 그런 이유로 어떤 리더는 모든 일에 직접 검토가 필수라고 믿는다. 캐터필러Caterpillar: CAT, 건설 장비 업체의 CEO는 자신의 사무실 벽에 "책상은 세계를 바라보는 데 방해가 되는 위험한 곳이다."라는 사인을 걸어놓았다.

책상은 세계를 바라보는 데 방해가 되는 위험한 곳이다.

　　리더 역시 올라온 정보들이 조직의 큰 규모와 복잡성 때문에 결과를 단순하게 처리한 것이라는 사실을 잘 알고 있다. 제이미 다이먼Jamie Dimon은 60개국 이상에서 24만 명의 직원을 데리고 영업하는

회사를 이끌고 있다. 자산 2조 달러 이상인 JP 모건 체이스JP Morgan Chase는 투자은
행, 금융서비스, 상업융자, 자산관리를 포함한 다양한 활동을 하고 있다. 힘들게 업
무를 익혀온 제이미 다이먼도 이런 규모의 회사에서 위험 가능성을 파악하는 것
은 어려운 과제다. 조직에서 승진한다는 것은 더 이상 직접적으로 사업 경험을 하
지 못한다는 의미이고, 그 대신 타인이 가져온 대부분의 정보를 리더가 포장한다는
의미다. 리더는 회사의 여러 부분에 직접 관여하거나 직원들을 구체적으로 이해하
지 못하기 때문에 자신이 받는 모든 정보를 일단 믿지 않을 수 없다. 런던 고래 거래
의 손실 후 다이먼은 자기의 최고투자책임자CIF를 믿을 만한 이유가 있었다고 주장
했다. 그는 놀라운 영업 실적을 가지고 있었던 그녀와 수년간 일을 해왔다. 다이먼
은 그녀가 자신 앞에서 직접 이야기하는 것을 액면 그대로 믿었다. 그는 모든 것을
자신이 통제할 수 있으며 문제 발생에 대해서도 전혀 걱정할 필요가 없다고 생각했
다. 하지만 이사진은 다이먼이 조사도 하지 않고 회사에 직면하는 위험의 성격을 자
기 혼자 결정한 것이 잘못되었다는 결론을 내렸다. 이 사건에서 깨닫게 되는 현실
은 다이먼이 필요한 항목에 몰입하며 직접 챙기는 리더로 알려져 있는 것이다.

　　리더가 직면하는 딜레마를 볼 수 있는 방법은 영화를 보는 일과
그 영화 안에 묘사된 사건을 개인적으로 경험하는 일 사이의 차이를
생각하는 것이다. 리더는 고위직에 오를수록 다른 사람들이 만든 영
화를 보지 않을 수 없다. 하지만 영화가 아무리 잘 만들어졌을지라도
그것은 어디까지나 영화에 불과하다. 많은 조직이 필요한 분석을 통
해 더욱 확고한 정보가 상부에 들어가도록 애쓰지만, 대개의 경우 리
더는 하부에 있는 사람들의 이야기를 믿으며 결정을 내린다. 때때로
일부 리더는 그 영화를 실제로 믿거나 제시되는 구상이 잘 아는 분야
라고 믿는 실수를 한다. 하지만 실제로는 부분적이고, 때때로 정확하

리더가 직면하는 딜레마를 볼 수 있는 방법은 영화를 보는 일과 그 영화 안에 묘사된 사건을 개인적으로 경험하는 일 사이의 차이를 생각하는 것이다.

지 못하며, 대개 유용하지 않을 가능성이 있는 견해다. 또 회사에 위협이 될 때에
도 리더는 주위에 발생하고 있는 일들을 충분히 인식하고 있는 것처럼 생각할 수
있다.

앤드류 굴드Andrew Gould는 그 당시 CEO인 슐룸베르거Schlumberger와 나눴던 한
인터뷰에서 지도자가 된다는 것은 혼자가 되는 일이라고 주장했다. 팀워크 토의가
있기는 하지만 가장 어려운 결정의 대부분은 결국 한 개인에 의해 이루어지기 때문
에 좋은 결정을 내리기 위해 필요한 정보를 얻는 노력을 해야만 한다고 굴드는 믿
는다. 정보가 올라오는 동안 조직 내 여러 요소가 정보를 제한할 수도 있고 왜곡할
수도 있기 때문이다. 그는 이런 오류를 줄이고 시장 상황이나 개별적 기업 영업 방
안에 대한 구체적 내용을 알기 위해 지역 매니저를 불렀을 가능성도 짐작할 수 있
다. 골드는 지역 매니저의 형식적인 상관이 아닌 업무 담당자에게 직접 걸러지지 않
은 정보를 듣기 원했다.

나는 팀의 중간계층 경영진이 반박만 하지 않는다면 조직의 모든 부서에 접촉할
수 있는 룰을 세워놓고 있다. 팀은 이를 싫어한다. 하지만 조직 말단에 있는 사람
을 직접 만나는 것은 대단히 중요한 일이다. 그러면 리더가 직원들에게 더 인간미
를 준다는 것을 모든 사람이 알고 있다. 모든 종류의 사람이 전부 자신에게 정보
를 주려고 하지는 않기 때문에 리더는 조직 내 보이지 않는 장벽 속에서 비인간적
이 되기 쉽다.

그들에게 일어나고 있는 일들을 알기 위해 리더는 다음 네 가지 분야에서 그들
의 인식을 높여주는 연습을 해야 한다.

- 고객과 시장
- 현장 직원들
- 높은 잠재적 자질
- 외부 인사들

고객과 시장에 대한 인식

IBM의 전 CEO 샘 팔미사노Sam Palmisano는 문제점 분석의 가장 좋은 방법은 '고객과 시장의 입장에서 바라보는 것'이라고 전임자에게 배웠다며 자신을 인터뷰하는 기자에게 말했다. 리더는 조직 내부에만 관심을 집중하기 때문에 시장 변화를 자주 못 보고 넘긴다고 믿었다. 그렇다고 아이디어나 주요 상품을 개혁하는 일에 반드시 소비자의 생각만 옳다고 말하는 것이 아니다. 어떤 경우에는 회사 내에서 그들이 알고 있는 것이 제한적이거나 필요한 것 이상을 생각하는 데 어려움이 있다. 애플의 태블릿이 판매되기 직전 스티브 잡스는 그의 '마법의 장치'를 한 기자단에 밝혔다. 그중 한 기자가 혁명적이라고 설명하는 이 장치를 개발하는 데 애플이 소비자 조사나 시장조사를 했느냐고 물었다. 잡스는 "아무것도 하지 않았다. 애플이 하려는 일을 아는 것은 소비자의 일이 아니다."라고 대답했다. 이는 극단적인 사고이기는 하지만 리더가 소비자로부터 배우고자 할 때 마음속에 간직해야 할 말이다.

　샘 팔미사노의 '외부 영입' 생각의 모델은 루 거스너Lou Gerstner라는 리더다. IBM은 1992년에 50억 달러의 기록적인 손실을 봤다. 거스너는 회사를 다시 호전시켜야 한다는 임무를 가지고 IBM의 CEO가 되었다. 하지만 거스너는 기술 배경이 없었기 때문에 그를 CEO로 임명한 것이 잘못되었다고 생각하는 사람도 많았다. 거스너는 자신이 다른 회사 CEO로 재직할 때 IBM과 또 다른 기술회사의 고객이었다고 말했다. 그는 CEO에 부임하자마자 직원들에게 고객의 입장에서 시장을 보게 했고, IBM의 편협하고 오만한 문화에서 직원들을 탈피하게 만들었다. 그는 사전에 준비된 해결책을 가지고 CEO가 된 것이 아니다. 오히려 '단기간에 이 회사를 발전시키는 데 필요한 정보를 어떻게 찾아낼 것인가?'라는 새로운 변화를 시도했으며 이 변화가 '어떻게 회사를 장기간 성공 궤도 위에 올려놓을 수 있을까?' 하는 방법을 개발했다.

거스너는 CEO가 된 후 초기 행동 중 하나로 소비자와 직접 소통해 IBM의 좋은 점과 변화를 위한 견해를 물었다. 거스너는 고위직 50명의 이사들에게도 자기와 같은 일을 해줄 것을 요구하고, 각 이사들이 3개월 동안 고객 5명을 방문하게 했다. 이사들은 고객 방문에서 알게 된 결과를 요약한 보고서를 거스너에게 제출했다. 또한 이사들은 고객들에게 한 약속을 지키는 데 도움이 되는 회사 내 리더나 그룹과도 접촉했다. 이런 과정을 통해 거스너는 고객들이 종합적인 해결책을 원한다는 사실을 알아냈다. 이는 일부 분석가나 상담자들이 IBM을 별개로, 그리고 고도로 집중된 사업체로 분할하고 주주들의 가치를 공개해야 한다는 생각과는 대조적이었다. 거스너는 IBM을 분할하지 않기로 결정했다.

이와 같은 사고방식의 최근의 사례는 아마존의 제프 베조스다. 그는 회사에서 주요 결정을 내릴 때 고객의 견해를 바탕으로 추진하도록 노력한다. "고객을 앞세우고 우리는 뒤에서 일하면서 혁신한다." "이것이 우리 기업 발명의 시금석이다."라고 그는 말한다. 베조스는 실제로 직원들이 아마존의 경쟁자를 물리치는 데 신경을 쓰기보다 고객을 기쁘게 하는 일에 더 많이 신경 쓰기를 원한다. 잘 알려진 그의 '외부 정보 입력' 정신은 주문할 때 입력하는 고

직원들이 아마존의 경쟁자를 물리치는 데 신경을 쓰기보다 고객을 기쁘게 하는 일에 더 많이 신경 쓰기를 원한다.

객의 정보를 과감할 정도로 최대한 줄여서 단 한 번의 클릭으로 주문할 수 있도록 하는 아마존 시스템에 잘 나타난다. 베조스는 가능하면 쉽게 온라인 주문시스템을 만들어 다양한 상품을 찾는 고객들을 다시 아마존으로 오게 하려고 했다. 아마존은 팔고 있는 상품에 대한 소비자 견해 중 부정적인 반응조차 고객에게 모두 제공한다. 일부 제조업자는 고객들의 부정적 평가가 판매에 영향을 주기 때문에 이를 공개해선 안 된다고 주장한다. "당신은 현재 하고 있는 영업을 이해하지 못하고 있다. 당신은 물건을 팔 때 돈을 번다. 왜 부정적인 고객의 평을 그대로 밝히는가?"라는 말을 들은 적이 있다고 베조스가 말했다. 그는 이에 대해 "우리는 물건을 팔아서 돈을 버는 것이 아니라 고객의 구입 결정을 도와주고 돈을 버는 것"이라고 답했다. 베조스 역시 한 사람의 고객이라는 생각을 했고, 판매 상품에 대한 솔직한 반응을 고객에게 밝히는 것은 아마존의 관행이 되었다.

이와 같은 혁신적 방법은 상징적, 실제적인 면에서 고객들에 대한 베조스의 집착과 망상의 결과였다. 그는 가끔 회의실 책상에 빈 의자를 하나 가져다 놓고 회의한다. 이유를 묻는 사람에게 베조스는 그 의자가 회의실에서 가장 중요한 아마존 고객이 앉을 의자라고 설명해 줄 것이다. 베조스는 이런 상징적인 행동에 대해, 그가 통솔하는 팀이 신념을 가지고 실행하는 세심한 고객 조사 등의 절차로 뒷받침하고 있다. 다음은 아마존이 영업 실적을 평가하기 위해 사용하는 네 가지 평가 방법이다.

- 완벽한 주문 비율(POP): 완벽하게 받아들이고 진행되며 이행되는 주문
- 주문 하자율(ODR): 보증 클레임, 부정적 반응, 신용카드 지불 거절을 받은 주문 비율. 주문 하자율은 단일 측정으로 그 회사의 신용을 측정하게 한다.
- 느린 선적율: 상품의 즉시 발송은 아마존을 통해 상품을 주문하는 고객에게 하는 아마존의 약속이다. 선적 확인 일자 보다 2~3일 정도 늦으면 선적이 늦은 것으로 간주한다.

• **대금 반환 비율**: 반환금 비율이 높으면 그 상품의 재고가 없다는 의미다.

베조스 리더십의 흥미로운 점은 상징적 행동(빈 의자 놓아두기)을 포함한 어려운 능력 평가 방법(POP), 그리고 경영 조건(예를 들면 모든 팀원은 주기적으로 아마존 고객센터에서 전화 접수를 받는다.)을 사용해서 고객에게 집중하게 하는 것이다. 그의 방법은 대부분의 대기업에서 고객의 관심만 가르치는 불충분한 방법보다 훨씬 조직적이고 엄밀한 방법이다.

대개 본사에서는 독선적인 경향이 발생한다. P&G의 CEO 에이지 래플리A.G. Lafley는 승진하기 전에 한 지방 P&G 사무실에서 일했다. 그는 신시내티 본사로 들어와 직원들이 컴퓨터에 붙어서 다른 직원들과 하루 종일 회의만 하는 것을 보았다. 직원들은 소비자와 접촉도 없었고 들끓는 솥과 같은 시장 안에 있지도 않았다. 그들은 소비자가 원하지 않고 추가 비용을 지불하지도 않을 구상을 가지고 일하고 있었다.

래플리는 회사 운영 방법에 많은 변화를 가져왔고, 그가 볼 때 점점 분리·고립되는 사내 문화를 개선하려고 노력했다. 그는 본사에 있는 직원들이 그들끼리만 의논하고, 고객들이 P&G가 팔고 있는 물건을 어떻게 생각하고 있으며 그 상품을 어떻게 사용하고 있는지 충분히 이해하지 못하고 있음을 걱정했다. 아마존의 제프 베조스와 마찬가지로 그는 직원들이 고객의 견해를 좀 더 이해할 수 있는 여러 가지 프로그램을 만들었다. 그 프로그램은 직원 스스로 현장을 방문하고, P&G 상품을 사용하는 소비자의 집에서 시간을 보내며, 상점에서 상품을 구입하는 사람들과 교류하는 일이다. 그는 기업 프로그램도 지원했고, 이사들과 직원들에게 가정에서 회사의 상품을 사용하는 고객들을 오랫동안 찾아보게 하며, 깊은 차원에서 고객들을 이해하는 데 필요한 사람들의 관행을 연구한 인류학자처럼 행동하라고 부탁했다. P&G의 이사들 역시 슈퍼마켓에 가서 쇼핑객들과 어울리고 계산대 뒤에서 교대 근무까지 하면서 소비자 습관을 연구했다.

나의 고객 중 한 사람은 연 4회 개최되는 고객 영업 전략 회의에 고객들을 데리고 와서 그들이 받은 서비스와 상품에 대한 반응을 듣는다. 90분간의 이 회의는 회사와 고객 간의 관계를 강화하고 고객의 필요성에 좀 더 귀 기울이는 기회를 갖도록 한다. 이 회의에 참석하는 소비자는 각자 회사에서 이사급 또는 중간관리 직원일 수도 있다. 이 회의에서는 비공식적이기는 하지만 고객에 의한 몇 가지의 질문도 짜여 있다.

- 사업을 키우기 위한 자신의 전략은 무엇인가?
- 회사는 자신의 성공을 위해 어떻게 기여하는가?
- 회사가 개선해야 하는, 소비자 욕구가 충족되지 않는 상품이나 서비스가 있는가?
- 회사와 고객 간의 파트너십에서 어떤 것이 잘 이루어지고 있는가?
- 회사의 가치관을 높이기 위해 무슨 변화(시작, 중단 또는 수정)가 필요한가?

이 회사는 1년 단위로 100여 명의 사내 최고 리더가 모이는 큰 경영 회의에 고객을 초대한다. 고객 초대의 유익한 점은 리더십 팀이 고객에게 관심을 가지고 있고 고객 반응에 많은 가치를 부여한다는 사실을 참석자들이 직접 눈으로 보는 것이다. 이는 리더십 팀이 고객과 고객의 필요조건에 관심을 기울일 때 각 조직 내에서 원하는 성공을 달성하는 데 유익한 영향력을 미친다.

이와 같은 방법은 의류 회사 제이크루J. Crew의 CEO 미키 드렉슬러Mickey Drexler에 의해 도입되었다. 드렉슬러는 종종 고객 이메일에 직접 답하고, 고객이 특정 관심사를 가지고 회사에 접속할 때 고객에게 직접 전화하는 것으로 잘 알려져 있다.

한 고객은 카탈로그에 웹사이트와 매장에 표시된 상품 가격이 각기 다른 이 회사 상품 가격의 차이에 대해 이메일을 보낸 지 불과 20분 만에 드렉슬러 사장에게 전화를 받고 충격을 받았다. 이뿐만 아니라 고객이 이 회사 상품에 마음이 뺏긴 또 다른 예는 CEO 리더십 팀이 뉴욕 본부에서 가진 한 회의에서 일어났다. 드렉슬러는 제이크루를 포함해 구매할 가치가 없는 레깅스 바지에 불만을 나타내는 고객에게서 온 이메일을 팀원들에게 읽어 주었다. 그리고 드렉슬러는 자신의 옆에 서 있는 한 부인에게 자신을 소개하도록 신호를 보냈다. 그녀가 바로 그 이메일을 보낸 사람이었고, 몇 분 동안 자신의 관심사와 원하는 것이 무엇인지 설명했다. 그녀는 제이크루 상품이 그녀의 필요를 충족하지 못했다는 사실을 말했다. 드렉슬러 팀은 그 고객을 앞에 놓고 사람들에게 만족을 주지 못하는 문제를 어떻게 해결할 수 있을지 의논했다. 한 CEO 총회에서 드렉슬러는 이와 같은 형태의 논쟁을 앞으로도 계속하고 싶다고 말했다. "사소한 부분에 신경 써라. 나는 미시경영을 한다. 나는 과거에 미시경영이 좋지 않다고 생각했다. 미시경영을 해서는 안 된다고 사람들은 말한다. 왜냐하면 교과서에서 또 경영대학원에서 그렇게 이야기하고 있기 때문이다. 여러분들이 미시경영을 어떻게 느끼는지 고객들에게 직접 물어보라." 드렉슬러는 어떤 회사에서는 별로 성공적이지 못한 특이한 리더십 기술(제이크루 본부 건물 내부에서 인터콤 시스템으로 방송되는 정규적 사내 정보 알리기 등)을 사용한다. 그래서 직원들이 고객 필요에 아주 빠르고 효과적으로 대응하기로 정평이 나 있다.

어떤 회사는 주요 고객 계정을 고위 리더십 팀 각각에게 배정해주는 방법을 사용한다. 이 경우 리더는 각 고객 계정을 책임지고, 그 고객과 직접 일하는 판매회사 내부 사람들과 서로 연대한다. 일반적으로 회사의 CFO에게 직접, 간접으로 지원을 필요로 하는 고객 계정이 배정된다. 그리고 이사는 1년에 한 번씩 자기 담당 고객 계정이 발전하는 상황을 리더십 팀에 보고한다. 또한 시장 판매 기회와 위험부담에 관하여 계정에서 입수한 더욱 일반적인 정보를 제출한다. 이는 대부분의 회사들처럼 영업 리더만 고객과 직접 접촉하는 일과 비교해서 고객에게 소유권 개념을 심어주고 리더십 팀 전체에 경험을 만들어 주는 데 의도가 있다. 제록스에서 앤 멀케이Anne Mulcahy가 CEO였을 때 이 방법을 사용한 것으로 알려졌다.

이런 일을 직접 확인하게 해주는 또 다른 기술은 현장에서 고객에게 전화를 하는 직원들과 시간을 같이 보내는 것이다. 일부 회사는 이런 방법을 소위 '라이드 얼롱Ride-Alongs'이라고 부른다. 고객을 가장한 리더가 세일즈 대표와 현장에서 하루를 보낸다. 그 이사는 고객이나 직원과도 하루를 같이 보내지만 세일즈 대표에게 자신을 밝히지 않는다. 이런 라이드 얼롱 방법은 특히 최근에 입사한 리더에게 상당히 중요하다. 왜냐하면 이것은 그들에게 시장의 입장에서 사업 현장 모습을 보고 느끼게 해주기 때문이다. 이는 일반적으로 고객을 직접 상대하는 사업 계획과 그에 대한 결과를 선임 리더에게 설명할 때 형식이나 포장 없이 운영되는 실체를 직접 눈으로 확인해서 정확한 정보를 전달할 수 있게 만든다.

리더는 경쟁자가 고객의 필요조건을 어떻게 만족시키는지 잘 이해해야 한다. 제3장에서와 같이 고객을 실제보다 평가절하거나 혹은 무시하고 그들의 약점만을 보는 경우가 있다. 스티브 발머가 애플 최초의 태블릿을 키보드도 없고 마이크로소프트 오피스Microsoft Office와 같은 소프트 프로그램도 없다고 해서 별것 아니라고 생각한 것은 치명적인 실수로, 서서히 모습을 드러내는 실체를 보지 못하고 고객이 이 제품을 얼마나 반길지 예측조차 하지 못한 대표적인 사례다. 블랙베리 BlackBerry 역시 컴퓨터를 전화기 속에 넣는 일은 불가능하다고 했는데, 새로 출시된 아이폰iPhone에 대한 첫 반응으로 같은 실수를 했다. 경쟁자를 경시하는 일반적인 특성을 극복할 수 있는 방법은 직접 현장에 나가 경쟁 상품과 서비스를 이용하는

현장에서 고객에게 전화를 하는 직원들과 시간을 같이 보내는 것이다.

고객을 지켜보는 것이다. 샘 월튼Sam Walton은 그 당시 규모가 훨씬 더 큰 K마트 매장으로 들어가서 클립보드를 손에 들고 K마트가 제대로 운영되는지 탐색한 것으로 잘 알려져 있다. 월튼은 경쟁자를 연구하고, 자신들과 다른 점을 확인하며, 자신의 매장에서 비슷한 방법을 시험하곤 했다. 그는 팀원에게 경쟁 관계를 연구해 상대의 약점이 아니라 장점으로부터 무엇을 배워야 할지에 집중해야 한다고 말했다.

일부 리더는 고객을 이해하기 위해 신기술을 이용한다. 스타벅스Starbucks의 CEO 하워드 슐츠Howard Schultz는 전 세계 곳곳에 있는 커피숍에서 많은 시간을 보내고, 어떤 경우에는 커피숍에서 바리스타로 일하기도 한다. 그는 고객이 스타벅스를 어떻게 보는지에 관해 좀 더 조직적인 고객 반응을 얻기 위해 그럴 필요가 있다고 보았다. 그는 온라인 소셜 네트워크나 블로그 느낌이 나는 '마이스타벅스아이디어MyStarbucksIdea'라는 기업 블로그를 개설했다. 이 블로그는 새로운 상품 서비스에 대한 아이디어를 주고받기 원하는 고객을 위해 세 가지 선택을 내놓고, 다른 사람들이 제출한 아이디어의 장점에 투표하거나 구체적으로 의논하기도 한다. 스타벅스 회사 또한 행동으로 옮긴 아이디어에 관해 블로그에 정보를 올린다. 마이스타벅스아이디어 블로그는 투표 숫자에 따라 가장 인기 있는 아이디어나 제안에 대한 의견을 보여준다. 스타벅스가 실제로 도입한 아이디어는 '매장의 무료 무선 인터넷 제공'과 '단골 고객을 위한 음료수 상품 제공'이었다. 스타벅스 웹사이트의 사용자 수는 18만 명이다. 사용자들은 8만 건이 넘는 아이디어를 제공했고 스타벅스는 그중에서 50건을 채택했다.

최근 더욱 힘을 받는 방법은 빅 데이터를 발굴해 고객 관심사나 아직도 충족되지 못한 고객의 욕구를 밝히는 일이다. 이는 위에서 언급된 고객과 직접 접촉하는 일은 아니지만, 리더가 고객을 보다 잘 이해하고 회사가 상품과 서비스를 이용하는 고객들로부터 차차 멀어질 수도 있는 함정을 예방하기 위한 또 하나의 좋은 방법이다. 나스카NASCAR: 자동차 경기는 최근 나스카 팬NASCAR Fan과 언론 친화 센터 Media Engagement Center를 만들고 디지털과 SNS((페이스북, 트위터, 블로그 등), 비디오, TV, 라디오로부터 데이터를 수집·분석한다. 분석되는 데이터의 분량이 상당하다. 나스카 센터는 데이토나 500 자동차 경기Daytona 500 race 동안 분당 6,000명 이상의 트위터 팬을 끌어 모았다. 그 콘텐츠는 팬들이 여러 가지 요소에 어떤 답을 보냈는지 다양한 방법으로 분석한다. 레이스 팀은 자신들의 차를 새로운 색상으로 페인트칠하고 팬들이 그 색에 어떤 반응을 보이는지도 관찰한다. 다음 경기 때 팬들의 반응에 따라 색을 바꿀지도 모른다. 나스카 센터는 경기 도중 트랙 규정에 대해 팬들이 혼돈을 겪을지도 모른다는 사실을 알고, 이 경기에 관여하는 네트워크 방송에 전화해서 트랙 규정을 방송으로 설명해 줘야 한다고 직원에게 알리기도 했다.

현장 직원들에 대한 인식

또 다른 종류의 편협성은 리더가 최일선 직원들과 격리될 때 흔히 발생한다. 리더는 전략이 어떻게 효과적으로 전 조직에 집행되고 시장에선 어떻게 실행되는지 개인적으로 알아야만 한다. 기업 상담자로서 나는 대부분의 리더가 실제보다 더욱 효과적으로 자신들의 방식이 집행되리라고 지나치게 낙관하는 것을 경험했다. 몇 년 전 나는 기업의 전 분야에서 실수를 줄이기 위한 품질 개선 노력을 시행한 대기업 리더와 같이 일했다. 그는 이 방법에 충분한 시간과 자금을 적극적으로 투자했다. 이런 노력의 일환으로 그는 주기적으로 25명의 최고 리더들과 만나 품질 기준 개선의 필요성을 이야기하는 한편, 그런 결과를 가져오는 데 리더 역할의 중요성을 강조했다. 그 후 그는 이런 절차를 시행한 지 2년이 지났지만 개선율이 기대보다 훨씬 낮다는 데이터를 받았다. 그는 무엇이 발전을 지연하는지 묻기 위해 팀원 몇 사람과 일대일로 만났다. 그는 지금 시행하고 있는 방법이 실제로 필요한지 질문했다. 또 장차 결과를 가져올 수 있을지 물었다. 면담 후 그 리더는 효율적으로 집행하고 있다고 생각했던 그 프로그램에 팀원들이 모두 회의적인 것을 알고 깜짝 놀랐다.

일선에 있는 사람들과 접촉하지 않은 두 번째 사례는 신흥 시장의 새롭고 값비싼 공장 건립을 바탕으로 대규모 성장 계획을 수립한 한 제조 회사의 이야기다. 그 리더는 전략과 마케팅 교육을 받았지만 큰 건설 프로젝트 관리에는 경험이 많지 않았다. 하지만 그는 건설 그룹을 이끄는 경험 있는 선임 리더를 데리고 있었기 때문에 모든 권한을 그에게 맡기고 프로젝트를 관리하게 했다. 그 후 그 리더는 여러 건설 프로젝트를 일일이 방문하거나 각 프로젝트 진행 과정을 살피는 데 시간을 쓰지 않았다. 그는 건설 프로젝트 선임 리더에게 힘을 실어줌으로써 자신이 올바른 일을 한다고 생각했다. 리더는 자신이 건설 분야에 대한 지식 부족을 드러내 보이기도 원치 않았다. 그는 주요 건설 프로젝트의 진행 점검과 관련된 팀 미팅에도 거의 시간을 쓰지 않았다. 그런데 주요 프로젝트 몇 가지가 일정대로 진행되지 않고 과다한 추가 비용이 늘기 시작했다. 건설 선임 리더는 실제로 관리하지 않은 것까지 모두 통제하고 있다고 리더에게 보고했다. 회사 CEO는 결국 이 문제에 개입해 리더를 교체했지만 이미 회사와 리더의 명성에 커다란 손실을 끼친 뒤였다.

리더는 어째서 시간 제약을 받는 이상으로 일선 직원들과 직접 교류하는 데 시간을 보내지 않는가? 첫째, 일부 리더는 현장 직원과 같이 있기보다 본부에서 시간을 더 보내고 싶어 한다. 또 이사들은 리더십 팀에서 자기가 직접 선발해 이미 알고 있거나 믿는 사람들로 구성된 능력 있는 소수와 일하는 것을 가장 편하게 생각한다. 그렇게 말하는 것이 다 옳은 일은 아니지만 그들은 고객이나 최일선의 직원과 일일이 만나는 것을 피하고 싶어 한다. 일선에서 활동하는 사람과 같이 호흡 맞추기를 좋아하는 월마트의 샘 월튼이나 사우스웨스트 항공사Southwest Airlines의 CEO 허브 켈러허Herb Kelleher와 같은 사람은 유명한 사례다. 이런 형태의 리더십을 가지고 있는 리더는 다른 일을 하기보다 일선에서 활동하는 직원들과 직접 호흡 맞추기를 선호한다. 그렇지만 리더십 역할을 맡고 있는 일부 사람들은 조직의 하부 계층과 대화하는 것을 상당히 불편하게 생각한다. 나는 책상 옆에 컴퓨터를 두고 회사 주식 가격을 보여주는 모니터를 보고 있던 한 CEO를 기억한다. 사무실로 자신을 만나러 온 직원과 대화할 때 그는 주기적으로 대화를 중단하고 회사 주식 가격과 거래량의 움직임을 보기 위해 모니터를 쳐다보았다. 그는 회사 일선에서 활동하는 직원들에게 거의 알려져 있지 않았고, 아는 직원들마저도 대부분 그를 사람을 만날 때보다 숫자를 만날 때 더 마음이 편해지는 사람으로 생각했다.

일부 리더가 회사 운영에 시간을 많이 쓰지 않는 또 다른 이유는 하위 단계에 미시경영을 하는 사람으로 보이고 싶지 않기 때문이다. 이는 일부 사람들이 상세한 일을 살피는 미시경영 대신 모든 일을 다른 사람에게 맡기는 것을 더 좋게 보기 때문이다. 나 역시 선임 리더들이 조직을 깊숙이 파고드는 것을 피하고 싶어 하고, 하위직 직원들이 직속 상관의 지적에 알 수 없는 이유로 반박하는 일은 가능하면 피하려고 하는 것을 알게 되었다. 이와 관련한 한 쟁점은 고위 리더가 방문하면 하위 직원들은 오히려 마음이 혼란스러워지고 일부는 리더의 방문을 준비하는 일이 업무보다 더 중요한 문제가 되기도 한다는 점이다. 이런 문제 가능성을 피하기 위해 일부 선임 리더는 영업에 직접 뛰어들기를 피하게 되고, 그로 인해 그는 회사 내에서 더욱 고립된다.

전 미국 육군 참모총장 마이크 뮬런Mike Mullen은 최일선의 사람들과 관계를 계속 유지해 온 리더다. 미국 고위 군사 지도자로 승진한 후 그는 "축하합니다. 그러나 지금부터 한 가지를 기억해 주세요. 당신은 지금부터 언제나 잘 먹지만 진실은 듣지 못하게 될 것입니다."라는 내용의 편지를 받았다. 뮬런 참모총장은 이 충고를 마음 깊이 간직하고, 시간의 30퍼센트 정도를 세계 곳곳 더운 지역에서 일하는 최전선 군인들을 방문하는 데 썼다. 군인들을 만나 다음과 같은 말을 해주기 위해서였다. "여러분은 내가 할 수 없는 방법으로 봅니다. 그래서 나는 실제 발생하고 있는 일을 보는 데 여러분의 도움이 필요합니다. 나의 인생은 내게 제공되는 정보로 가득 차 있습니다. 마치 내가 문제가 어렵다는 것을 잊어버린 것처럼 인생은 위대합니다." 뮬런은 군대가 전선에서 일어나고 있는 모든 사건을 정직하게 설명해 줄 것을 요구하는 일을 자신의 주요 업무로 정했다. 그리고 그는 직원들이 자신에게 제공하는 모든 정보가 긍정적인 태도를 취할 것이라고 생각했다.

뮬런은 군대가 전선에서 일어나고 있는 모든 사건을 정직하게 설명해 줄 것을 요구하는 일을 자신의 주요 업무로 정했다.

　　동료에게 언제나 손을 뻗는 리더의 또 다른 예는 칩 버그Chip Bergh인데, 그는 28년간 미국 P&G에서 일한 후 리바이 스트라우스 컴퍼니Levi Strauss & Co.의 CEO로 임명됐다. 리바이 스트라우스에 도착하자마자 그는 직원들의 이야기를 듣는 여행을 시작했고, 이 회사의 고위직 사람들 65명과 만났다. 그는 한동안 빠른 성장을 한 후 어려움을 겪은 이 회사를 다음 단계로 이끌기 위해 알 필요가 있었던 여러 가지를 배우고 싶었다. 버그는 자기가 만난 한 사람 한 사람에게 똑같은 질문을 했다.

- 우리가 도전할 필요가 있는 세 가지는 무엇인가?
- 우리가 바꾸어야 할 세 가지가 있다면 무엇인가?
- 내가 무슨 일을 해주기 원하는가?
- 내가 할 수 있는 일 중에서 가장 바람직하다고 생각하는 것은 무엇인가?
- 나에게 어떤 충고를 해주고 싶은가?

그는 각 사람과 한 시간 동안 나눈 대화를 기록하고 필요한 정보를 자세히 조사했다. 이 회사에 관해 폭넓은 지식을 가진 CFO 또는 고위 인사부 리더와 같은 사람들과 대화했을 때 가장 유용한 답변 몇 가지가 나왔다. 모방할 가치가 있는 버그의 접근 방법 중 하나는 다양한 사람들로부터 정보를 입수하고 동시에 그가 가진 결정 권한을 언제나 편안하게 생각했다는 것이다. 이것은 그가 리바이 스트라우스에 새로 왔다는 점 때문에 더 쉬웠다. 많은 리더가 질문에 관한 대답을 가지고 있을 거라고 생각하면서 새로운 역할을 맡는다. 하지만 그들은 이 사업에 대해 가장 잘 아는 사람의 견해를 전혀 고려하지 않고 일을 추진해 나간다. 물론 사람들의 정보가 얼마나 사려 깊은지 또는 정확한지 정도는 각기 다를 수도 있다. 그러나 리더는 다른 사람의 견해를 잘 이해함으로써 유익한 점을 많이 얻을 수 있다. 주니퍼 네트웍스Juniper Networks의 CEO 케빈 존슨Kevin Johnson과 같은 리더는 버그와 유사한 방법을 그룹별로 사용했다. 존슨은 그의 팀에 이와 유사한 질문을 했다. 그리고 회의장을 떠나면서 회의 진행자의 도움으로 그 그룹들이 토론을 계속하게 하고 그들의 반응을 요약하도록 지시했다. 그런 후 존슨이 회의장 안으로 다시 들어와서 그들이 하고자 하는 이야기를 들었다.

사무용품 매장 스테이플스Staples의 창업자는 리더가 사업 전반에 걸쳐 전념을 다해야 한다고 믿었다. 그는 새로운 고위급 직원을 서로 융합된 일부분으로 만들면서 이 가치관을 더욱 강화하고자 희망했다. 그래서 스테이플스 직원들은 입사하자마자 트럭에서 물건을 내리는 일부터 영업 매장에서 고객과 교류하는 일까지 매장을 운영하는 데 필요한 기본적인 업무 수행이 필수 임무였다. 이 관행의 힘은 세심하게 사업을 이해하는 것이 중요하다는 신호가 될 뿐만 아니라, 이사진의 마음속에 이런 이해를 심어주게 된다. 회사에 새로 들어온 리더가 처음 경험하는 몇 주는 고객이나 영업에 대한 이해와 더불어 회사 성공에 중요한 문화적 가치관을 강조하는

회사에 새로 들어온 리더가 처음 경험하는 몇 주는 고객이나 영업에 대한 이해와 더불어 회사 성공에 중요한 문화적 가치관을 강조하는 데 적당한 시간이다.

데 적당한 시간이다.

일부 리더는 일선에서 일하는 직원과 같이 시간을 보내는 일을 정규 일과로 삼는다. 뉴욕의 메이시스Macy's CEO 테리 룬드그런Terry Lundgren은 매주 시간을 할애해 그의 매장 중 한군데에서 쇼핑을 한다. "나는 한 매장에 불쑥 나타난다. 그리고 매장 이쪽에서 저쪽까지 걸으며 질문한다. 직원은 내 질문에 준비할 시간을 갖지 못하고 매장을 정리할 시간도 없다. 나는 매장을 걸어 다니며 나의 다른 일만큼 또 배운다. 오히려 사무실 컴퓨터 앞에 앉아 있거나 큰 회의를 주재하는 것보다 더 많이 배운다."

앞서 언급한 미키 드렉슬러는 정기적으로 시간을 정해 놓고 자신의 매장을 방문하는 일이 매우 중요하다고 생각하는 또 한 사람의 리더다. 그가 즐거워하는 날에는 매장 순방 일정이 꼭 들어 있다. 그는 이 일을 그저 "들른다."고 말한다. 드렉슬러는 매장에 들를 때 제이크루 직원들과 함께 매일 어울리면서 아이디어를 찾는다. 드렉슬러의 회사가 결혼 사업에 진입한 것은 제이크루 카탈로그 부서 전화 교환원에게 "여자들이 신부 들러리용으로 사용하기 위해 이 회사 선드레스 제품을 대여섯 벌씩 사 들인다."는 이야기를 듣고서다. 드렉슬러는 고객의 반응을 행동으로 옮겼고 제이크루는 뉴욕의 시범 매장을 신부 의상 전용으로 전문화했다. 드렉슬러는 이렇게 말했다. "이런 것이 내가 하고 싶은 일이다. 이 사업은 우리들이 쉽게 성공할 수 있는 소규모 사업이다. 고객들은 결혼용품을 원한다. 우리들도 결혼용 의상 사업을 한다. 그래서 이것은 실험이다. 그러니 이것이 성공할지 같이 두고 보자."

이번 장에서 언급된 리더는 먼저 약점이나 기회를 바로잡게 해 줄 정보를 끊임없이 찾는다. 그들 역시 전략이 사내에서 제대로 실행에 옮겨지고 있는지 알기 위해 항상 회사를 살핀다. 나의 고객 한 사람은 영업 현장을 자주 방문해 성장주도 전략에 관해 각자 어느 정도 알고 있는지 직접 시험하는 질문을 한다. 그는 "판매 중인 신형 아이패드의 성능이 어떤가?" "우리의 아이패드 제품을 좋아하는가?" "우리 사업의 영향력을 볼 수 있는가?" "우리가 어떻게 하면 사람들이 잘 사용하도록 제품을 더 발전시킬 수 있는가?"라고 물을 것이다. 그러고 나서 그는 한 단계 더 나아가 리더십 팀원이 첩보원이 되어 주기를 바라며, 그들에게 지방에 있는 각 회사를 방문한 후 직접 본 것을 보고하도록 요구한다. 직원들은 리더가 영업에서 얻게 되는 기능 분야뿐만 아니라 그룹 전체에 미치는 폭넓은 전략적 정보를 수집해 주기를 바란다는 것을 안다. 그는 전략적 또는 영업적으로 자신의 접근 방법을 조정하기 위해 그 정보를 사용한다. 또한 그는 각 팀원이 보여주는 사업에 관한 통찰력을 평가하기 위해 이런 방법을 사용한다.

> **직원들은 리더가 영업에서 얻게 되는 기능 분야뿐만 아니라 그룹 전체에 미치는 폭넓은 전략적 정보를 수집해 주기를 바란다는 것을 안다.**

　　일부 리더는 HP 설립자들이 수십 년 전에 HP를 유명하게 만들었던 비공식적 방법, 즉 직접 돌아다니며 회사를 관리하는 방법을 택한다. 이런 방법은 주기적으로 회사 사무실 또는 건물 복도를 걷거나, 업무를 가장 잘 아는 사람과 시간을 내어 토론하는 일만큼이나 간단하다. 일부 리더는 더 적극적이다. 사무실을 완전히 비워두고 영업 매장에 공간을 만들어 놓고 일한다. 의류 생산 방법에 혁명을 일으킨 회사 설립자 아만시오 오르테가Amancio Ortega는 단 한 번도 자기 사무실을 가져 본 적이 없는 사람이다. 많은 경우에 그는 디자인 결정을 내리는 사람들과 작업실 의자에 앉아 의류 색상을 토론하고, 유행하는 스타일의 트렌드를 의논했다. 다른 리더는 탁 트인 조그만 방에서 일하고 매일 직원과 교류를 극대화하려고 노력하며 그날의 일과를 직접 확인한다.

　　또 다른 리더는 중요한 쟁점을 빨리 결정하기 위해 자주 팀을 한 자리에 모은다. 이것은 경찰서에서 그날 해야 할 일과 중요 정보에 대해 모든 사람이 똑같이 알게 하기 위해 매일 아침마다 하는 경찰 관할 구역 회의와도 같은 일이다. 또한 이것은 회사에서 일반적인 쟁점을 정하고 직접 행동을 계획하는 주례 회의와도 같다. 이 중 가장 유명한 것은 샘 월튼이 월마트를 운영했던 초기에 토요일 아침 회의로 시도했던 방법이다. 샘 월튼은 팀 매니저들을 한 자리에 모으고 주요 판매 경쟁자의 시장 활동 수치를 검토하게 하곤 했다. 이 회의에서는 주로 다음 월요일에 해야 할 주요 활동에 관해 직원들의 동의를 얻고, 다음 주 영업 실적 극대화를 모색한다. 월튼은 월마트가 아칸소 주Arkansas에 단 한 개의 상점만을 갖고 있을 때부터 이 회의를 시작했다. 월마트가 커져서 미국 유통 시장을 완전히 장악한 후까지 오랫동안 본부 건물에서 토요일 아침 회의를 계속했다.

기술 역시 조직에 발생하는 상황에 필요한 정보를 수집할 수 있는 기회를 준다. 월마트는 직원이 열심히 일하도록 하기 위해 기술을 바탕으로 한 실험을 했다. 전 월마트 CEO 리 스콧Lee Scott에 의해 리스 거라지Lee's Garage라고 부르는 블로그가 만들어졌다. 이 블로그는 회사 고용과 작업 관행에 대해 좋지 못한 평판을 얻은 후 사내 직원 간 대화를 발전시키기 위해 설치되었다. 그는 상하 조직 내 정보를 빠르게 전달할 수 있는 직접적 위계 채널을 원했다. 스콧은 직원들에게 "나는 직원

> **나는 직원들이 마음속에 무엇을 생각하는지 알고 싶고, 가능한 한 직원들이 가지는 많은 질문에 대답하기 위해 최대한의 노력을 할 것이다.**

들이 마음속에 무엇을 생각하는지 알고 싶고, 가능한 한 직원들이 가지는 많은 질문에 대답하기 위해 최대한의 노력을 할 것이다." "미국에는 100만 명 이상의 사람이 월마트와 직접 관련되어 있으므로 각 질문에 전부 대답하는 것은 내가 할 수 있는 것보다 더 힘든 일이 될 것이다. 그래서 내가 답할 수 있는 사내 문화, 현재의 명예, 유통 영업, 전반적인 운영 문제를 바로잡을 수 있는 공통적인 주제나 질문에만 대답하겠다."고 말했다. 처음에 그 사이트는 샐러리 매니저만 접속이 허용되었지만 결국엔 미국 내

130만 월마트 직원 모두에게 공개되었다. 웹사이트에 게재된 질문은 구체적인 개인 관심사부터(매니저 월급 인상은 언제 되는가?) 전략적인 쟁점에까지 이르렀다(시어스와 K마트의 합병은 월마트에게 큰 피해를 줄 것인가?). CEO 답변에 집중된 대부분의 관심사와 월마트 전역의 사람들이 그에게 올리는 질문은, CEO에게 직원들이 의논하고 싶어 하는 문제를 더 잘 이해하게 만드는 데 그만큼 중요했다.

높은 잠재성에 대한 인식

리더 역시 조직 내 다양한 계층에서 잠재력이 높은 직원을 알아보면 혜택이 있다. 대부분의 경우 리더십 팀원보다 더 젊고 말단에서 일하는 직원은 상황에 대한 결과를 다른 각도로 본다. 그들은 지도자뿐만 아니라 리더십 팀원들에게 맹점이 될 수 있는 문제점을 표출하고 또 조직 내 여러 불일치를 의제로 끌어낸다. 잠재 능력이 높은 직원과 시간을 같이 보내면서 리더는 회사 내 차기 지도부 팀을 개인적으로 평가할 수 있는 기회를 갖게 된다. 높은 가능성을 가진 직원과의 미팅은 다음 분야에 집중해야 한다.

- 회사에 가장 큰 성장을 가져올 수 있는 기회로 무엇을 생각하는가?
- 시간적으로 우리가 직면하는 가장 큰 위협은 무엇이며 가장 강력한 경쟁자는 누구인가? 이 위협을 해결하기 위해 조직에 어떤 조치가 필요하다고 생각하는가?
- 전반적으로 회사에서 우리가 유지해야 하는 장점은 무엇인가?
- 회사 실적을 향상하는 영업 방법으로 어떤 것을 개선할 필요가 있는가? 높은 실적을 내는 데 방해되는 것은 무엇인가?

- 회사의 일원으로서 리더인 나에 대해 자신은 어떤 평가를 가지고 있는가?(내가 앞으로 계속하거나 중단하거나 시작해야 할 일은 무엇인가?)

높은 능력을 가지고 있는 사람과 직접 만나는 데 따르는 위험부담은 이들 직원의 상관인 선임 리더가 차기 경영진으로부터 명령 계통을 통하지 않고 직접 정보를 받을 때 '나는 이제 끝났구나'라는 느낌을 받을 수 있다는 것이다. 선임 리더는 보스가 그룹에 대한 정보를 간접적으로 입수할 때 심지어 자신들의 개인적 리더십 능력까지 비공식적으로 평가받고 있다고 느낄지도 모른다. 발생할 수도 있는 이런 문제는 선임 리더를 비난하는 정보를 얻으려는 의도가 아님을 알려줌으로써 관리할 수 있다. 또는 간접적으로 회사 영업이 어떻게 운영되며 성장을 위한 기회는 어떤 것이 있는지 직접 알고 싶다는 의도를 밝힘으로써 관리할 수 있다. 이와 관련된 또 다른 위험은 능력 있는 직원도 피해를 느낄 수 있다는 것이다. 왜냐하면 그 직원이 선임 리더에게 올릴 정보가 있을 때 원하는 것과 반대되는 정보를 올릴 수 있기 때문이다. 나의 경험상 선임 리더가 입수한 정보가 적절한 기술로 잘 처리되고, 직원과 보스 간의 관계를 해치는 결과가 아니라면 이러한 우려는 사소한 일이다.

내가 같이 일했던 한 리더는 리더십 팀 바로 하위 단계의 두 개 조직 팀원 중 약 20명의 능력 있는 직원 이름을 적어 놓은 '반드시 알아야 할 명단'을 가지고 있었다. 이 명단은 그의 리더십 팀에 알려진 것이지만 사내 전체 공지는 되지 않았고, 명단에 올라있는 사람들에게도 사전에 통보하지 않았다. 이것은 두 가지 이유로 비밀이 지켜지고 있다. 첫째, 선임 리더가 다른 그룹 위에 군림하는 것으로 보이기 원치 않고, 또 명단에 이름이 없는 사람을 마치 제외하는 것으로 간주하는 내부 그룹을 만들고 싶지 않기 때문이다. 둘째, 명단에 오른 이름은 수시로 바뀔 것이기 때문이다. 이 리더는 비공식적으로 1년에 두 차례 명단에 올라 있는 직원을 만났고, 이 회사의 지방 사무실을 방문하는 동안에도 만났다. 그 리더는 직원에게 사전에 이메일을 보내 직원들의 불안을 줄이고, 만나는 목적에 대한 직원들의 혼란을 막기 위해 만나서 토론하고 싶은 주제를 미리 알려준다. 한 시간 동안의 만남을 통해 그는 앞으로 사업에 직면하는 위험과 기회 그리고 그가 정보를 얻고 싶어 하는 특정 분야에 관해 (특히 주요한 기업체 프로그램의 성공 여부) 각 개인들과 비공식적으로 대화한다. 그는 또 리더로서 이 회사의 새로운 분야를 발전시키는 가장 좋은 방법에 대해 각 개인에게 질문하고 정보를 얻는다.

　기업 전략에 관해 가장 잘 알려진 작가이자 기업 상담자인 게리 하멜Gary Hamel이 위의 접근에 관한 다양한 방법을 제안했다. 그는 CEO가 조직 내 젊은 인재들로 이루어진 비밀 내각Shadow Cabinet을 설립할 것을 충고한다. 선임 리더는 전략 혹은 회사가 직면한 영업의 어려움에 대한 그룹의 견해를 듣기 위해 주기적으로 그 그룹과 만나야 한다. 이 회의의 목적은 선임 리더가 비밀 내각원에게서 듣는 메시지를 팀원들에게 똑같이 듣고 있는지 확인하기 위한 것이다. 이 그룹은 회원을 자주 교체해야 한다. 그리고 매번 하는 이 모임을 선임 리더와 회사의 차기 리더 대열 사이에 더욱 협력적인 비공식 회의로 만든다. 이 그룹은 사내 관심 그룹이 되고 여기의 리더는 자기가 원하는 정보나 충고에 관한 토론 주제를 선정한다.

> *리더로서 이 회사의 새로운 분야를 발전시키는 가장 좋은 방법에 대해 각 개인에게 질문하고 정보를 얻는다.*

　잠재력이 높은 사람을 찾아낼 수 있는 방법은 리더에 따라 다양하다. GE의 CEO 제프 이멜트Jeff Immelt는 회사에 대해 이야기하고 직원들을 서로 알게 되는 토요일 회의에서 회사 최고 리더 25명 중 한 사람과 매달 두 번씩 만난다. 이멜트는 이렇게 말한다. "그 회의에서 우리는 '두 사람의 친구'가 되어 이야기한다. 나는 각자에게 결점이 있으면 서로 공개적으로 비난할 것을 제안한다. 이런 방법으로 이야기를 듣는 것은 신뢰와 사명감을 쌓는다. 나의 최고 리더들은 그들의 목소리가 잘 전달되는 회사에서 일하고 싶어 한다." 이멜트의 접근법은 이러한 만남을 토요일 아침으로 정해서 견해와 아이디어에 대해 더 젊은 리더들과 상호 주고받는 대화가 될 수 있도록 강조한다는 면에서 무척이나 흥미롭다.

조직 내에서 발생하는 여러 가지 일에 관해 다른 사람보다 더 많이 알고 있는 사람이 있다. 비공식적으로 이런 사람을 조직을 서로 결속하게 하는 하나의 커넥터 Connector라고 부른다. 일반적으로 이런 사람은 그룹이나 그룹 각 계층에 그들이 잘 아는 비공식적이지만 광범위한 조직망을 갖고 있다. 일부 리더는 이들을 확인하고 손을 뻗어 특정 회사 프로젝트나 앞으로 발생할 중요한 쟁점에 관한 최신 정보를 가져다 줄 것을 요구한다. 내가 아는 한 리더는 자신이 선정한 대여섯 명의 직원과 1년에 두세 차례 일대일 만남을 갖는다. 직원 중에는 회사 내 직장 생활에서 일찍부터 알아온 사람들도 있다. 이런 비공식 토론은 사업에 집중하고 회사에 꼭 필요한 일을 도입하는 데 어느 정도 진전이 있는지에 집중한다. 또 다른 리더는 똑같은 개념을 이용해서 조직과 잘 연결되고 높은 신뢰도가 있는 한 사람을 찾아내어 자신의 참모장으로 삼거나 이와 유사한 자리에 올려놓는다. 리더에게 정보를 보고하는 역할을 가진 그들은 회사 내부에서 일어나는 일에 대한 현장 정보를 가져다 줄 수 있고, 리더의 관심을 끄는 문제를 위한 한 사람의 보초가 된다. 그들은 다양한 조직 문제, 즉 리더가 조직 내 하위직 사람에게 끼칠 수 있는 영향까지 포함한 가치 있는 정규 정보 소스가 된다. 이런 직원은 리더가 원하는 정보만을 제공해 리더를 회사에서 더욱 고립시키는 리더의 수문장이 되어서는 안 된다는 것을 알아야 한다.

외부인사들에 대한 인식

리더가 가장 쉽게 빠지는 함정은 필요한 정보를 알아내지 못하고 기업 내에 갇혀 버리는 일이다. 직원은 회사 생활 대부분을 한 산업체나 회사에서 보내기 때문에 업무에 능률적으로 대처하는 방법을 잘 안다. 그러나 분위기 변화에 제대로 따라가지 못하거나, 알고 있는 기업 모델이 이미 시대에 뒤떨어질 수도 있으며, 한 가지 방법만 보아왔기 때문에 어떤 일을 해야 할지 모를 수도 있다. 또는 시장이나 산업체 진화에 대한 추측을 당연한 것으로 볼 수 있다. 과거에 가치 있었던 추측이 오늘날엔 시장 변화로 인해 더는 쓸모없는 것이 될 수도 있다. 이런 함정을 피하는 방법은 다른 그룹이나 산업체에서 얻은 견해는 물론 외부 견해에 관해서도 폭넓게 아는 것이다. 게리 하멜Gary Hamel은 한 전기 회사 이사에게 다음과 같이 연설했다.

> 여러분이 서로에게 가르쳐 줄 수 있는 것은 하나도 없다. 지금 내가 금융 산업 부문에서 3분의 1, 전기 산업체에서 3분의 1, 통신에서 3분의 1의 직원을 뽑는다면 우리는 다양한 이야기를 공유할 수 있다. 이것은 전기 산업이 어떻게 물가를 결정하며 위험부담을 관리하는지 알고, 또 그들이 금융 부문에서 어떻게 일이 진행되는지 배울 수 있기 때문이다. 통신 산업체는 이미 통신망을 분리했으며 규제 완화 문제와 싸우고 있다. 나의 근본적인 믿음에서 미래 전망을 보기 원하는 회사는 앞으로 배워야 할 일의 80퍼센트를 자기 기업체가 아닌 외부에서 배워야 한다.

필요한 도움을 외부인사에게서 얻고자 할 때는 무엇보다 회사가 직면하고 있거나 미래에 닥칠 여러 어려움에 관해 있을 수 있는 모든 가능성을 검토해 보라. 대상이 되는 목표 그룹이나 인재는 다음 사항에 포함될 가능성이 있다.

- 회사가 직면하고 있거나 앞으로 부딪치게 될 어려움을 해결해 주는 외부 산업체
- 기업체나 회사가 주로 해온 분야가 아닌 다른 분야
- 회사에 점점 더 중요하게 될 가능성이 있는 분야를 전문으로 하는 학술 기관이나 연구소
- 회사에 점점 더 중요하게 될 가능성이 있는 분야에 경험이 있거나 전문가가 있는 기업 상담 회사

외부 그룹과 쟁점에 대한 리더의 인식에 기초가 되는 주요 특성은 호기심이다. 리더십 능력에 다양한 모델이 있지만 사람들은 호기심을 갖는 마음의 중요성을 설명하지 못한다. 스티브 잡스는 자신의 장점과 연결되는 회사로서 애플의 장점은 기술과 인간성 사이의 교차점을 찾아내는 일이라고 믿었다. 이와 같은 그의 능력의 조짐은 애플이 고객에게 늘 보여 왔던 잡스의 글씨체Font에 대한 관심을 바탕으로 한 색다른 서체 개발에서 분명히 나타났다. 그는 좋은 상품 제조는 폭넓은 문화적 감각이 필요하고, 그 감각은 마이크로소프트나 델Dell과 같은 경쟁사에서는 찾아볼 수 없는 감각이라고 믿었다. 리더는 자신의 사업 분야를 상세한 면까지 완전히 통달해야 한다. 게다가 기회 포착과 위험 인지 능력을 풍부하게 만들 수 있는 좀 더 광범위한 토론에 늘 관심과 호기심을 기울여야 한다. 픽사 애니메이션 스튜디오에 추진력을 불어넣었던 존 라세터John Lasseter의 경험을 예로 들어 보자. 그의 첫 경력은 월트 디즈니Walt Disney였다. 대학을 졸업하자마자 입사했고, 마침내 디즈니 애니메이션 스튜디오에서 활동할 수 있는 길이 열렸다. 그는 초기 컴퓨터 애니메이션을 실험하도록 승인받았고 새로운 영상 매체의 가능성을 설명하는 짧은 필름을 만들

리더는 자신의 사업 분야를 상세한 면까지 완전히 통달해야 한다. 게다가 기회 포착과 위험 인지 능력을 풍부하게 만들 수 있는 좀 더 광범위한 토론에 늘 관심과 호기심을 기울여야 한다.

었다. 그는 컴퓨터 애니메이션이 곧 산업의 미래라는 사실을 다른 사람들보다 일찍 이해했고 지금보다 훨씬 더 기쁨을 주는 새로운 창의적 기술을 내놓았다. 라세터는 고위 리더에게 시험용 필름을 제출하면서 이것을 장편 영화로 만들 것을 제안했다. 고위 리더는 새로운 기술에 흥미를 느꼈지만 애니메이션 영화를 좀 더 싸게 만들기 위해 디즈니의 기존 방법을 이용하는 정도였다. 회의 후 라세터는 그의 프로젝트도 끝났고 그의 일자리도 끝났다는 이야기를 들었다. 자신의 프로젝트에 지원을 받기 위해 지휘 계통을 무시하고 상부에 로비했기 때문에 디즈니에 있는 팀 리더가 그에게 몹시 화를 냈다는 사실을 알게 되었다. 그래서 그는 곧 픽사에 들어가서 '토이 스토리Toy Story'와 같은 컴퓨터 애니메이션 블록버스터를 만들어내는 역사를 창조했다. 이 일은 디즈니가 픽사를 74억 달러에 사들이고, 라세터를 디즈니와 픽사 두 회사의 공동 애니메이션 부서 책임자로 임명하는 결과를 가져왔다.

나는 내가 알고 있는 사람 중 가장 호기심이 많은 한 리더와 지금도 같이 일하고 있다. 그는 자신에게 유용한 분야에서 활동하는 사람을 계속해서 찾고 있다. 그들이 이 분야를 어떻게 보고 그들의 지식이 리더에게 얼마나 유용한지 알기 위해, 그 분야의 일반적 대화를 하며 유용할 수도 있는 학술계, 정부, 산업체 인사들을 세심하게 발굴하고 있다. 그는 현재 사내 문화 개선을 추진하는 데 관심을 가지고 있고 이 토론 과제에 대해 자기가 발굴한 사람들의 견해를 알기 위해 다양한 방법으로 대화한다. 그 리더는 자신과 회사가 경험이 적기 때문에 주요 지역 시장에서 활동하고 있는 경험 많은 회사에 관해 알고 싶어 할 것이다.

호기심은 한 조직의 특징이 될 수 있다. 삼성은 오늘날 스마트폰, 태블릿, 컴퓨터를 포함한 다양한 시장에서 우위를 다투고 있는 애플의 제1경쟁자로 보인다. 삼성의 성공 이야기 안에는 능력 있는 젊은 리더들을 전 세계 시장에 배치하기 위해 수십 년 전에 직원들을 1년간 장기 휴가 파견을 보낸 이야기도 들어있다. 이 프로그램 때문에 발생한 비용은 사내에 수많은 비판자를 만들어 냈는데, 당시 회장 이건희는 회사가 너무 내부 지향적이고 더 높은 마진을 가져올 수 없는 애매모호한 상품을 만들어 내고 있는 것은 아닌지 우려하고 있었다. 초기에 이 프로그램에 참여한 사람들은 체류 국가의 문화를 경험하기 위해 장차 삼성의 성공에 영향력을 가질 수 있는 산업체나 정부 주요 인사를 사귀는 일까지 필요하다고 생각했으며, 모든 일을 각자 재량으로 할 수 있게 만들었다. 그해 말에 그들은 배운 모든 내용을 요약한 보고서를 써야 했다. 이 프로그램은 참가자들이 완성해야 하는 특수한 프로젝트가 추가되었기 때문에 과거보다 더 구체화되어 있다. 1인 비용이 10만 달러가 넘는데도 5,000명이 넘는 직원들이 이 프로그램을 통해 해외에 파견되었고, 지금도 계속해서 지원하고 있는 이 프로그램을 고위 지도부는 모두 수료했다.

또 다른 접근법은 회사 전략이나 영업 관행에 대한 서로 다른 관점을 얻기 위해 외부 전문가를 이용하는 방법이다. 내가 같이 일하고 있는 한 다국적 산업 회사는 전략 상담 팀이 2년마다 한 번씩 회사에 와서 회사 산업의 발전 상황과 회사 전략의 잘못된 점에 대한 비판서를 제출하도록 하는 산업 상담 그룹을 두고 있다. 이 경우 회사 전략에 대한 비판에는 회사의 기회 가능성이나 상담 회사가 바라보는 약점도 포함된다. 리더십 팀은 여기에서 얻은 정보를 같이 토론하고 추가 분석이나 작업이 필요한지 아닌지를 결정한다.

어떤 리더는 팀원들에게 1년에 책을 두세 권씩 읽으며 사상의 폭을 더 넓히도록 강조하고 팀별로 그 책에 관해 의논한다

어떤 리더는 팀원들에게 1년에 책을 두세 권씩 읽으며 사상의 폭을 더 넓히도록 강조하고 팀별로 그 책에 관해 의논한다. 여기에는『좋은 기업을 넘어 위대한 기업으로Good to Great』『블루오션 전략Blue Ocean Strategy』과 같은 비즈니스 경영학 책도 있다. 어떤 경우에는 리더가 사업계 또는 정치계 리더, 즉 스티브 잡스에 관한 월터 아이작슨Walter Isaacson이 쓴 책과 같은 자서전을 선정한다. 팀원들에게 여러 달의 독서 기간이 주어지고 회사 미래에 대한 전망을 생각하도록 한다. 책 한 권당 한두 가지 질문이 정해지고 각 팀원에게 그 질문 내용을 생각하게 한다. 또한 그에 대한 신속한 토론이 진행되는데 이 토론은 내부나 외부의 경영 상담자가 이끈다. 이 토론의 목표는 책에 대한 다른 견해를 찾아내는 것이고, 그 견해는 회사 내 적용될 가능성이 있는 교훈을 배우려는 의도다. 또 다른 사례로 어떤 팀은 스티브 잡스 리더십 스타일의 능력 효율성에 관해 좋고 나쁜 다양한 견해와 더불어 그의 장점을 토론한다. 이렇게 의논하는 의미는 팀원들이 자발적으로 한 해석에 동의하도록 만들기도 하지만, 그들이 무엇을 배우며 무엇을 적용할 것인지 집합적으로 결정하도록 배려하는 것이다.

인식 증진을 위한 행동

다음 설문지는 팀, 조직, 시장에서 일어나고 있는 상황에 대한 현실을 언제나 정확하게 알 수 있는 기회를 갖는 데 도움이 된다.

끝으로 고려할 점은 자신의 계획을 시행하면서 얻은 정보를 가장 잘 이용할 수 있는 방법이다. 도로시 레오날드Dorothy Leonard와 그의 동료들은 새로운 정보를 얻을 때 이것을 노트에 요약하면 도움이 될 것이라는 의견을 제시한다. 이 도구는 리더에게 실제로 일어나는 일과 앞으로 어떤 일을 해야 하는지를 해석하고, 자신의 관찰 내용과 구별하는 데 도움을 준다. 다른 말로 하면 리더가 자신의 아이디어를 더욱 활발한 방법으로 해석해 가능한 해결책을 찾아내게 한다. 다음 표는 도로시 레오날드와 동료들이 추천한 것을 다소 수정하고 확대한 샘플이다. 이것은 리더가 작업에 새로 출시된 태블릿 컴퓨터를 사용하면서 얻은 경험에 관해 영업소 직원을 방문해서 얻은 정보를 어떻게 조직화할 수 있는가를 설명해 준다.

추진해야 할 행동

인지 영역	자신이 추진하는 분야 (✓ = yes)	자신이 추진하려는 분야에 대한 인식을 높이기 위해 앞으로 해야 할 행동을 설명하거나 다음 단계를 설명하시오.
고객에 관한 질문		
1. 고객과 매달 직접 어울리며 시간을 보낸다.		
2. 직원과 고객 간에 판매에 관한 상호 교류 요점을 정리한다.		
3. 대화와 반응을 얻기 위해 팀 회의에 고객을 초대한다.		
4. 정기적으로 고객 반응과 팀에 대한 고객들의 생각을 점검하라.		
일선 직원에 관한 질문		
5. 최소한 한 달에 한 번 직접 시장에서 활동하는 직원과 시간을 보낸다.		
6. 시장에서 필요한 정보 수집을 위한 구체적 방법이 있다. (핵심 직원이나 판매 직원과 함께 차를 타고 다니는 것과 같은 방법)		
7. 시장에서 정보를 수집하기 위한 기술을 사용한다. (블로그나 설문 조사 등)		
잠재력이 높은 팀원		
8. 팀 가운데 리더의 잠재력이 있는 사람을 확인한다.		

9. 최소한 일년에 두 번씩 잠재력이 높은 사람과 만나고 이들의 강점과 개발 필요성을 인지한다.		
10. 팀 내 사업에 관해 솔직하고 전략을 잘 추진할 수 있는 충고자를 둔다.		
11. 정보나 충고가 필요한 특정 분야에 관해 자신에게 정보를 주는 젊은 코치단을 구성한다. (새로운 기술과 같은 충고)		

외부 인사

12. 산업체, 영업 장소, 국내 이외에 자신이 이해해야 하는 중요한 분야를 목표로 한다.		
13. 외부 지점에 관한 충분한 통찰력을 얻기 위해 그 분야에 능통한 리더와 정기적으로 교류한다.		

다른 분야의 활동:

행동 인식 향상 계획: 사례

목표분야	방법	회수	행동
고객에 대한 인식	영업소를 직접 방문한다.	월 1회	하루 중 절반은 고객을 직접 상대하며 매장에서 일한다. 그리고 이런 방문에서 얻은 팀원에 관한 경험을 깊이 생각한다.
일선 팀원에 대한 인식	비공식적 핵심 그룹을 시장에서 활동하는 직원과 함께 교류하게 한다.	월 1회	다음과 같은 질문을 한다: 영업 현장이나 회사에서 가장 성공적인 것은 무엇인가? 어떤 변화가 필요한가?
가능성 있는 팀원에 대한 인식	'반드시 알아야 할 최고 유능한 20명 인재' 와 같은 명단을 작성한다.	회사 본부나 각 분야에서 일하는 개인을 일년에 두 번씩 만난다.	직원 업무, 리더십 개발 계획, 성장 기회를 의논한다.
외부 인사에 대한 인식	전략의 핵심 분야에 있는 리더 망을 구축하라.	목표 분야에 있는 전문가를 월 1회씩 만난다.	가까운 미래에 두 가지 분야에 노력을 집중한다: 국제화 및 소셜미디어

직접 행동하여 얻은 지식

정보 항목	사례
날짜	2014. 4.
이벤트: 그룹, 팀원, 업무	서부 지역에 있는 판매 직원과 같이 다니며 시간을 보냈다.
관찰 내용: 중요한 행사와 경험	현장 팀은 판매 도구로 태블릿 사용을 선호했다. 그러나 이 도구에 있는 다양한 용례를 어떻게 사용할 것인지 잘 알지 못했다.
충분한 이해: 그동안 경험한 것에서 얻은 중요 교훈	우리의 훈련 행사가 판매 증가를 위한 새로운 기술 제공은 아니다.
질문: 대답을 요하지 않는 질문 또는 추가적 데이터가 필요한 질문	① 우리가 태블릿 도표를 도입한 결과 일반적으로 판매 실적에 변화가 있는가? ② 태블릿을 이용하는 판매 직원은 판매 능률이 더 나은가? 그렇다면 다른 사람보다 실적이 더 좋은가?
다음 단계: 행동과 사람 또는 책임 그룹	이런 문제에 대한 데이터를 점검하기 위해 영업 대표를 만난다. (태블릿을 이용한 판매에 대한 영업 대표의 반응) 그리고 이 영향력을 극대화하려면 무엇이 필요한가? (소프트 웨어, 디자인 변경, 개선된 훈련, 최선의 관행, 분포 등)

CHAPTER

6

믿는 바와 다른 것을 찾아내라

Seek Out That Which Disconfirms What You Believe

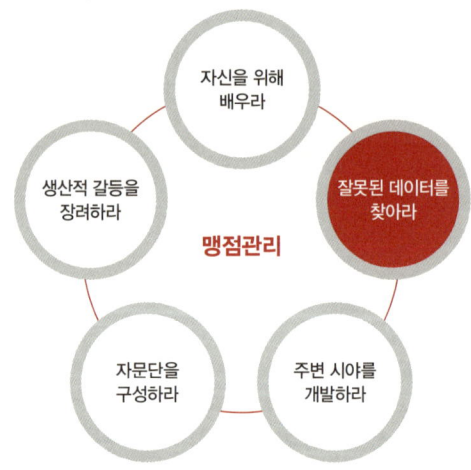

의사 결정 연구 가운데 좀 더 확실한 결과는 사람은 자기가 보고 싶어 하는 것을 보면서 믿고 있는 기존 범위 안에서 새로운 정보를 해석하는 경향이 있다는 것이다. 이런 경향은 이미 알고 있는 것이나 발생되기를 원하는 것에 차이를 발견하기

어렵게 만든다. 이런 함정에 빠져 대가를 지불한 리더가 바로 로버트 맥나마라Robert McNamara다. 1950년과 1960년대에 그는 미국 사업 부분 이사에서 시작해 포드 자동차 사장까지 지내고, 다음에는 정치계로 진입해 두 사람의 미국 대통령 정부에서 국방 장관으로 가장 돋보이는 강력한 리더였다. 지지자뿐만 아니라 비판자 역시 맥나마라를 비교가 불가능할 정도의 뛰어난 분석 기술을 가진 탁월한 사람으로 인정했다. 그는 큰 도전을 받아들였고 행동 계획을 방법학적으로 발전시켰다. 존 F. 케네디John F. Kennedy 대통령은 자신이 지금까지 만나본 사람 가운데 가장 현명한 사람이었다고 맥나마라를 평가했다. 린든 존슨Lyndon Johnson대통령은 경이로움과 관심을 가지고 "그는 대형 잭햄머jackhammer: 무거운 것을 들어 올리는 도구와 같은 사람이다. 어떤 인간도 그가 하는 일을 다 할 수 없다. 그는 무척이나 열심히 달려간다. 그는 매우 완벽하다."라며 그를 치켜세웠다.

시간이 가면서 맥나마라는 지능과 양적 분석의 한계를 체질화했다. 즉, 합당하게 이해될 때의 숫자는 그에게 사업과 전쟁 양면에서 승리에 필요한 모든 것을 가져다주었다. 그는 현명했지만 또 오만했다. 이 두 가지의 결합은 그가 주어진 환경에서 필요하다고 믿는 것에서 일반적인 다른 것으로 마음을 돌리지 않게 만들었다. 그는 자신의 계획을 추진하기 위해 다른 사람에게 위협적으로 분석적 기술을 이용했다. 포드 자동차에 있었을 때 그는 회사가 거의 도산 상태에서 회복한 후에도 계속 원가를 줄일 정도로 숫자 관리에 철저했다. 그러나 금융 수치에 몰두한 그의 집착은 생활 형편에 여유가 있는 사람의 숫자가 점차 늘어가는데도 포드는 원가를 낮춘 인기 없는 차를 계속 생산하는 결과를 낳게 만들었다. 자동차를 사랑하는 포드 사내 관계자들은 맥나마라가 단기간에 포드를 도산에서 구해낸 '숫자의 사람'이기는 하지만 장기적인 측면에서 포드 자동차를 죽여 버릴 수 있는 사람이라고 느꼈다. 정부에 있을 때 그는 지나친 정도로 현실적인 시가을 입증하는 데 집착히면서 유사한 약점을 드러냈다. 그는 폭넓은 정치계와 그가 운영하는 사회적 세계를 이해하지 못했다. 일단 특정 일에 집중할 때 그는 자기의 행동 계획과 일치하지 않는 사실이나 관점을 철저히 차단해 버렸다. 대신 그는 성취에 필요한 자기 믿음에 맞는 숫자에만 집중했다. 그는 자기가 보는 관점에 있어서는 '터널 블라인드Tunnel Blind: 관심 이외는 전혀 보지 못하는 것'였고 잘못을 시인하는 일에 몹시 고통스러워하며 인정하지도 않았다. 그의 정보와 집념은 심지어 사건이나 사람이 그의 생각과 다를 때에도 끝까지 자기주장을 굽히지 않았다. 대단히 철저한 데이터 주도형 리더인 그는 자기 앞에 놓인 상황을 보지 못했고 자신보다 능력이나 업무 기량이 낮은 사람에게도 있을 수 있는 중요한 점을 놓쳤다.

대단히 철저한 데이터 주도형 리더인 그는 자기 앞에 놓인 상황을 보지 못했고 자신보다 능력이나 업무 기량이 낮은 사람에게도 있을 수 있는 중요한 점을 놓쳤다.

맥나마라는 장점과 맹점 두 가지 면에서 극단적인 사람이었지만 이런 사례가 이 사람만 있는 것은 아니다. 많은 리더 중 특히 성공한 리더는 자신이나 자신이 처한 환경을 객관적으로 바라보는 데 상당한 어려움을 겪는다. 작가 캐슬린 슐츠Kathryn Schulz는 왜 사람은 잘못을 인식하는 데 어려움을 겪는가에 관한 연구에서 이렇게 말했다. "거의 인생 전반에서 대부분의 사람은 언제나 모든 일에 근본적으로 올바른 생각을 가지고 인생을 살아간다고 생각한다. 모든 것이란 정치, 지적 확신, 종교, 도덕적 신념, 타인 평가, 기억, 사실 이해 등에 관한 것이다. 이런 생각을 멈추면 마치 불합리한 소리로 들릴 수 있기 때문에 사람의 상태는 무의식적으로 자신이 박식하다고 짐작하는 상태가 지속되는 것처럼 보인다."

올바른 질문을 올바른 방법으로 물어라

이 장은 주로 나의 기본적인 추측과 리더의 믿음에 역행하는 정보로 간주되는 잘못된 데이터를 찾는 방법을 다룬다. 잘못된 데이터를 찾는 중요한 열쇠는 바로 올바른 질문이다. 리더는 대부분 자신들의 역할이 올바른 답을 제공하는 일이라고 생각한다. 그러나 올바른 질문을 한다는 것은 중요하고 어려우며 힘이 더 드는 일이다. 특히 자신감과 행동에 대한 편견을 가지고 있는 지도자는 더욱 그렇다. 그들은 자신의 판단을 확신하기 때문에 자기 마음의 상황을 지나치게 분석하려는 사람이 불편하다. 여기서는 그러한 리더에게 행동의 속도를 완화하거나 기회와 위기를 더 잘 평가하는 데 필요한 데이터를 찾아서 질문을 하게 만드는 데 목적이 있다. 대단히 존경받는 많은 경영서를 쓴 작가 짐 콜린스Jim Collins는 이런 일의 결과를 '올바른 질문 비율'이라고 설명한다. 다른 말로 하면 질문을 더 많이 해 가능한 한 실수를 줄이는 방법을 배우는 일이다.

　나는 고위 이사직으로 승진한 몇몇 새로운 리더와 종종 일한다. 그들이 이와 같은 과정을 수료한 후 다른 사람들로부터 받을 수 있는 가장 큰 칭찬은 새로운 역할로 옮겨갈 때 "올바른 질문을 한다."는 것이다. 이것은 그들이 답을 가지고 새로운 직책을 맡는 것은 아니지만, 사람의 능력을 평가하는 데 필요한 주요한 쟁점에 관한 정보를 얻는 데는 아주 재치 있고 사려가 깊다는 것을 말해주는 간단한 방법이다. 올바른 질문을 한다는 것은 리더가 지금 발생하고 있는 일에 관해 좀 더 깊은 지식을 얻는 것을 의미한다. 즉, 이것은 필수적인 몇 가지 쟁점 그리고 그룹이나 회사가 직면하고 있는 상황을 이해하기 위해 양파 껍질을 벗기는 것에 비유된다. 이 일의 필요성은 더 많은 직책을 맡고 있는 리더에게 마찬가지로 적용된다. JP 모건 체이스의 경우 앞서 언급한 바와 같이, 제이미 다이먼은 그의 직원이 발생시킬 수 있는 위험부담을 잘 통제하고 있다는 것을 확인하는 질문 대신, 런던 고래 거래의 다음 단계의 질문을 했을 것이다. 잘못된 데이터를 찾아내는 올바른 질문을 언제 어떻게 하는지 정해진 방식은 없다. 하지만 많은 사례에서 나타난 지침이 되는 원칙은 리더십이란 정확한 방법으로 정확한 질문을 할 수 있는 능력이라는 점이다. 다음의 몇 가지 일반적 지침은 자신이 당면한 피해를 좀 더 잘 이해하고 싶은 리더에게 도움이 된다.

- 네, 아니오 대답이 나오는 질문은 피하라. 질문에 네, 아니오로 대답이 될 때 모든 기회가 막히고 끝난다. 런던 고래 사건에서 폐쇄형 질문을 할 수도 있었을 것이다. 즉, "런던 트레이드에서 내가 걱정할 문제점이 있는가?"와 같은 종류의 질문이 효율적일 수도 있지만, 리더의 이해에 중요할 수도 있는 데이터를 찾지는 못한다. 다양한 답을 유도하고 좀 더 충분한 토론을 이끌어 낼 수 있는 것을 개방형 질문이라고 부른다. 런던 고래 사건에서 다음과 같은 개방형 질문이 주어질 수도 있었을 것이다. "이 거래는 어떻게 이루어졌으며 왜 당신은 비즈니스를 이런 방법으로 구성했는가?" 이러한 개방형 질문은 토론의 폭을 넓히고 리더가 결정을 내리는 데 좀 더 풍부한 데이터를 찾게 만든다.
- 증인의 말을 유도하지 마라. 자기 임무에 충실한 리더는 주어진 상황에서 발생한 일이나 추진에 필요한 것과 관련하여 자신의 추측을 확인하고 싶어 한다. 이것은 실제로는 위장된 질문이 될 수 있는데, 컬럼비아호 우주왕복선 참사에서 매니저가 자신의 중요한 임무를 충분히 통제하지 못했음을 입증하는 형식적인 몇 가지 질문을 자기 팀에 했던 경우에 문제가 발생했다. 그녀는 견해 차이를 듣거나 다른 사람의 견해를 찾아내는 데 좀 더 개방적일 필

요가 있었다. 이런 과정의 차이점은 반대 의견을 묵살하는 것이 아니라 지침서를 분명히 이해할 수 있는지 조사하는 일이다. 즉, 리더의 질문이 단순히 개방형이 되어서는 안 되고 응답자가 더 깊이 이해하고 답할 수 있는 질문을 만들어야 한다. 모든 견해가 동일하다거나 모든 선택이 다 열려 있다는 이야기를 하고자 하는 것은 아니다. 컬럼비아호 우주왕복선 사건에서 이미 수증기가 외부에 나왔기 때문에 그 문제는 매니저나 팀이 감시할 필요가 있는 쟁점 중에 하나였다. 이로 인한 수백 가지 문제의 가능성이 놓여 있었다. 즉, 어떤 결과를 창출하기 위해 노력하는 강력한 성격을 가지고 있는 리더는 자기와 반대되는 견해가 나타나지 않도록 의도적으로 막아서는 안 된다.

- **책임 회피적 대답을 경계하라.** 어떤 상황에서 사람은 직접적인 질문에 직접적인 대답을 피하려고 한다. 그들은 질문에 대한 답을 모를 수도 있고 답을 내놓기를 꺼릴 수도 있다. 왜냐하면 그들이 특정 데이터를 내놓을 때 묻는 사람이 원하는 것과 다를 가능성도 있고, 또는 질문자에게 현명하게 보이고 싶은 이유도 있기 때문이다. 예를 들어 회사에 있는 사람은 분명히 위험부담이 있는데도 회사 인수를 설득하려고 하는 경우가 있다. 그들은 결정권자를 설득해 계획을 계속 추진하려는 의도로, 협상에 긍정적 가능성을 극대화하는 한편 위험부담은 최소화한다. 리더는 자신의 책상 위에 현재 기피되는 질문을 다시 올려놓고 스스로 답을 얻을 때까지 냉정하게 묻고 또 물어야 한다. 그 답이 어쩌면 "우리들은 알지 못한다."일 수도 있지만 질문에 답을 회피하거나 사람을 잘못 이끄는 반응보다는 훨씬 낫다.

- **보완적인 데이터나 사례를 찾아라.** 리더는 견해가 표면에 드러나는 질문을 하기 위해서 대답이 사실에 입각한 것인지, 어떠한 추측을 근거로 한 것인지 시기에 맞춰 명확하게 밝힐 필요가 있다. 리더는 직원이 알고 있는 것을 이야

기하게 하고, 생각하게 하고, 그들로 하여금 차이점을 분명히 밝히도록 용기를 주어야 한다. 또한 리더는 주어진 환경 속에서 발생하고 있는 사건에 관한 데이터를 찾아야 하고, 그들의 의견을 들을 때 데이터와 심지어 사례도 요구해야 한다. 하지만 어떤 리더는 이런 필요를 지나치게 인식해서 드러나는 사실이 특정 견해를 입증하지 못할 때는 건전한 토론마저 막아 버린다. 컬럼비아호 우주왕복선 참사 사건에서 우려를 표명했던 엔지니어들은 수증기 외부 강타가 상당히 심각한 일이라는 증거(발사 때 찍은 사진)를 가지고 있었지만 이 우주선이 위험에 처해 있다는 것을 입증하지는 못했다. 실제로 그들은 문제 가능성을 분석할 수 있는 더 많은 데이터를 수집하고 싶었지만 그 요구는 거절되었다.

• 다음 단계의 자세한 정보를 찾기 위해 상황을 분석하라. 사람들에게 생산적인 더 많은 정보를 제출하도록 만드는 기술은 자신이 듣고 있는 정보를 일일이 분석하는 것이다. 그러면 다음과 같은 이야기가 나올지도 모른다. "내가 이 정보를 분명히 이해하게 해 달라. 당신은 유럽 경제가 전문가들이 예측한 속도 이상으로 후퇴할 때만 거래의 위험이 생긴다고 말한다." 이것은 '네, 아니오'로 답이 되겠지만, 다음 단계의 질문에 대한 과정은 더 많은 대화를 가져오게 하는 문을 열어줄 수 있다. 일부 리더는 더 많은 정보를 얻기 위해 문제를 과장하거나 잘못 분석하기도 한다. 또 리더는 이런 이야기를 할 수도 있을 것이다. "방금 당신이 한 이야기를 다른 사람이 들으면 '유럽의 GDP가 5퍼센트나 하락하는 일은 절대 없을 것이다.'라는 의미인데 그것이 당신이 말하고자 하는 것인가?"

• 대안을 찾아라. 확인되지 않은 데이터를 찾아내는 또 다른 방법은 반대 의견을 요구하는 것이다. "나는 당신의 계획이 마음에 들지만 이 가운데 단점을

지적해 주세요. 당신의 요지는 무엇입니까?"라는 몇 마디를 질문할 수 있다. 이와 관련된 다음 몇 가지 질문은 응답자에게 미래에 대한 기본적인 추측을 바꾸도록 요구하는 일이 될 수 있다. "당신은 향후 5년간 1년에 10퍼센트씩 인도가 성장하리라고 추측하고 있습니다. 만약에 인도가 1년에 5퍼센트밖에 성장하지 못한다면 당신의 계획에 어떤 일이 일어날까요?" 리더는 긍정적 기회를 짐작하는 질문을 던질지도 모른다. "당신은 이 브랜드를 성장시키기 위해 1,000만 달러를 요구하고 있습니다. 만약에 우리가 2,500만 달러를 준다면 당신은 무슨 일을 하겠습니까? 그 정도의 투자를 가지고 당신은 어떤 수익을 가져올 수 있을까요?"

• <u>추가적인 정보를 받아들여라.</u> 리더는 다른 사람에게 추가 정보 제공의 기회를 주고 견해를 나누기를 희망할 것이다. 토론 마지막에 중요한 점이 무엇인지 찾는 시간을 갖고 또 토론에서 일찍이 논의했던 점을 재검토하거나 새로운 정보를 찾아낸다. 리더는 토론의 마지막 단계에서 추가 정보를 요청하면서 이런 일들을 더욱 장려할 수 있다. 전 미국 CIA 국장이었던 존 맥러플린 John McLaughlin은 때때로 사람들에게 이런 질문을 하면서 대화를 마치곤 했다. "당신이 나에게 못다 한 이야기가 있는가? 그 이유는 내가 그 정보를 이해하지 못하더라는 이야기를 듣고 싶지 않기 때문이다."

당신의 기존 견해에 도전하는 정보를 얻을 때 당신은 아래와 같은 점에 집중하고자 할 것이다.

• **당신의 리더십 영향**
• **당신 팀의 강점과 약점**

- 당신 조직의 강점과 약점
- 당신이 경쟁하고 있는 시장과 산업체

리더십 영향력에 대한 잘못된 데이터 찾기

우리 대부분은 이미 믿고 있거나 일어나기 원하는 사항을 확인해 주는 정보나 견해를 찾는다. 그러는 가운데 소위 '확신 편견Confirmation Bias'이라 부르는 개념을 보게 된다. 제4장에서 언급한 바와 같이 우리가 사실이라고 생각하는 것을 확인해 주는 정보를 인식하지만 그 정보를 무시하거나 평가절하할 때 확신 편견이 발생한다. 여기서 내 의도는 맹점을 피하고 그들의 앞에 발생할 수도 있는 부정적인 결과를 피하기 위해 당신이 믿고 있는 것을 어떻게 생산적으로 처리하는가에 대해 충고하는 일이다. 당신은 아래와 같은 방법으로 부당함을 입증하는 데이터를 찾아낼 수 있다.

- 스스로 엄격한 충고자가 되라.
- 시간을 가지고 자신의 결정을 검토하라.
- 360도 평가를 하라.
- 리더에게 교훈이 되는 것을 찾아라.

스스로 엄격한 충고자가 되라

잘못된 데이터를 찾는 잘 알려진 방법은 그룹이나 회사의 한 사람을 앞으로 발생할 구체적인 결정의 충고자가 되도록 지명하는 일이다. 이런 역할은 가톨릭교회의 역사적 관습을 바탕으로 한 것으로, 한 사람을 성인으로 추대하는 문제를 두고 다른 한 사람을 제1의 반대자로 뽑아서 논쟁을 벌일 수 있게 만드는 제도에서 나왔다. 이 충고자 역할은 성인 추대자 후보가 성인에 버금가는 행동을 했다는 주장을 반박하는 것으로, 일반적으로 말해서 후보가 왜 성인으로 인정될 자격이 없는지 더욱 보편적 이유를 제시하는 역할이다. 또 이것은 자격이 없는 사람이 성인의 위치까지 올라가는 것을 막기 위한 방법이다. 한 기업 조직 내에서도 이 충고 기술은 다양한 분야에서 그룹이 집단적으로 생각하는 경향을 차단하기 위해 사용될 수 있다. 리더십 팀에 속하는 한 사람에게 팀원 중 다수가 찬성하는 기업 인수 계획에 대해 반대 이론을 내놓는 역할이 주어질 수도 있다. 그 의도는 기업 인수 열기에 휘말리지 않도록 하기 위해 어떤 특정 협상에서 있을 수 있는 단점을 찾아내는 데에 있다. 이 기술을 이용해 모두가 찬성하는 견해에 반대하는 사람에게 무엇을 생각하고 있는지 비공식적 질문으로 정보를 얻을 수 있다. 이 사람은 상부의 의사 결정 과정에서 꼭 경청할 필요가 있는 목소리를 가진 반대자들이다.

> **모두가 찬성하는 견해에 반대하는 사람에게 무엇을 생각하고 있는지 비공식적 질문으로 정보를 얻을 수 있다.**

엄격한 충고자가 되는 기술은 잘 알려져 있지만, 여러 가지 함정에 빠지기도 쉽다. 첫째, 이 충고자가 어떤 종류의 반대 의견이 받아들여지는가를 설명하는 일종의 비공식적 언급 기준 내에서 행동해야만 하는 경우다. 이 충고는 항상 전략이 실행되는 범위 내에서 질문을 던지게 되지만, 만약 그가 전체 전략 성공 가능성에 질문을 던지면 기준 밖의 질문이 될 것이다. 그런 경우 악역을 두는 장점에 제한이 생긴다. 둘째, 그룹은 반대 논쟁이 이미 충분히 토론 되었다고 믿지만 실제로는 한 번도 진지하게 다뤄진 적이 없고 단지 외면적으로 이미 토론을 거쳤다고 오인하고 있는 경우다. 그래서 그 그룹은 위험부담이 충분히 토론되었다는 잘못된 맹신을 갖고 일을 추진하게 된다.

이 기술의 또 다른 방법은 리더가 스스로 엄격한 충고자가 되는 것이다. 이 경우에 리더는 스스로 좋다고 생각하는 행위에 대해 가장 부정적인 의견을 일부러 개발한다. 그 리더는 자기의 최악의 비판자들이 이미 제안된 결정에 반대하는 의견의 이유를 분명히 밝히기 시작한다. 그래서 그 리더는 임의로 자기 계획에 대한 사업 사례를 개발하고자 노력한다. 여기서 자기 계획이란 아직 구상 단계에 있을 수도 있다. 위대한 과학자 찰스 다윈Charles Darwin의 전설에 의하면 어떤 관측이나 사실이 그가 알고 있는 사실에 위배되었을 때 세밀한 관심을 기울였다는 이야기가 있다. 그는 자기가 어떤 정보를 거절할 때 반대 의견의 이유를 30분 내로 종이에 적어보는 습관을 가지고 있었다.

자신의 생각과 위배되는 견해를 찾는 것은 의사 결정을 더욱 확실하게 만드는 방법이다. 이에 대한 최종 결과로 단점이나 위험부담이 너무 크기 때문에 계획을 추진하지 않기로 결정할 수도 있다. 또는 그 계획을 추진할 경우에 발생하는 피해 가능성을 좀 더 깊이 생각하고 그에 따르는 실수를 피하는 조치를 내릴 수도 있다. 이렇게 하기 위해 먼저 특정한 행동에 지나치게 빨리 찬성하는 경향은 반드시 피해야만 한다. 그 대신 선택 가능성을 활짝 열어 놓고 질의하는 정신으로 결정의 찬반을 검토해야만 한다.

시간을 가지고 자신의 결정을 검토하라

발간 당시 읽을 시간이 없었던, 사업에 관련된 몇 년 전 잡지를 가지고 휴가를 떠난다고 상상해 보자. 오래된 기사를 읽으면서 작가 몇 사람이 경제, 주식 시장, 개인 회사 운명에 관해서 얼마나 잘못 생각하는지 보게 될 것이다. 예를 들어 한 저자는 어떤 회사가 성공하거나 유력한 금융 투자처가 될 것이라고 잘못된 전망을 했다. 12개월 후에 '승자winner'로 전망했던 대상들이 모두 쓰러지고, 전문가에 의해 추천되었던 주식의 가격은 2분의 1도 나가지 않는다. 그러나 전문가 전망의 정확성

을 언급하거나 평가하는 사람은 거의 없다는 것을 휴가 기간에 오래된 잡지를 읽고
서 알게 된다.

리더가 자신의 결정 능력을 더 좋게 평가하기 위해 사용할 수 있는 기술은 피
터 드러커Peter Drucker가 몇 년 전에 제안했던 방법이다. 그는 리더가 주요한 결정을
하게 된 이유를 기록하면 많은 것을 배울 수 있다고 생각했다. 시간이 지난 후 그들
은 자신들 기대의 정확성을 다시 평가해 볼 수 있고 또 배운 교훈을 다시 평가해 볼
수도 있다. 이와 같은 방법은 전략적인 투자(1년 전에 우리가 한 기업 인수가 기대
한 대로 되었는가?)부터 개인적 결정(내가 고용한 R&D 리더는 생각했던 만큼 우
수한 사람인가?)에 이르기까지 많은 문제에 사용될 수 있다. 대부분의 경우에 예
측과 다른 방향으로 결과가 나타나기 쉽기 때문에 일이 잘 되어 갈
때 배우는 교훈도 있다. 이런 행동은 대부분의 사람이 나쁜 결정을
최소화하고, 이해를 통해 그 경향을 피하는 방법이다. 진부한 표현
인 '실패는 고아'라는 말은 많은 리더가 결과가 잘못 나타나는 결정
과 자신은 관계없다고 재빨리 스스로 거리를 두는 것을 생각할 때
그럴 만한 진실 부분이 있음을 알아야 한다.

나는 수익 창출을 위해 기획된 새로운 상품을 소개한 리더를
기억하고 있다. 지나칠 정도로 눈에 띄는 시장 마케팅 캠페인을 펼
쳤음에도 새로운 상품은 이 회사 상품 라인에 완전히 해를 가했고
전반적인 성장에 기여하지 못했다. 이 비즈니스를 구상한 리더는
상품 실패에 대한 책임을 다른 사람에게 돌리고 자신의 노력과 참여 흔적을 지우
려고 애썼다. 이것과 대조해서 드러커의 방법은 자신의 실수가 무엇이었는지 확인
하고 교훈을 얻게 해주며 결정과 예측이 정확한 것으로 입증될 때는 자신의 안목
과 판단을 확인해 줄 것이다.

예측과 다른 방향으로 결과가 나타나기 쉽기 때문에 일이 잘 되어 갈 때 배우는 교훈도 있다. 이런 행동은 대부분의 사람이 나쁜 결정을 최소화하고, 이해를 통해 그 경향을 피하는 방법이다.

360도 평가를 하라

나의 고객 한 사람은 2~3년마다 리더십 능력을 완전히 평가할 필요성이 있다고 믿는다. 그녀는 많은 리더가 더 높은 직책으로 승진할수록 맹점도 역시 발전하는 것을 보았고, 이는 자신뿐 아니라 회사에도 불이익임을 알고 있었다. 리더는 점차 다른 사람으로부터 고립되고 자신의 약점과 직면하는 위험을 보지 못하게 된다. 리더에게 힘이 생길수록 고도의 정치적 방법으로 영업하는 개인들로 주위가 둘러싸인다. 기술이 있다 해도 회사를 위해 무엇이 가장 좋은지 생각하기보다 자신의 이해관계를 앞세운다. 일부 고위 리더는 회사 내 자신의 부정적 영향력을 보지 못할 수도 있고 다른 사람을 믿음으로써 자신에게 생기는 피해를 알지 못할 수도 있다. 360도 평가나 설문 조사는 이러한 문제를 고위 리더의 관심으로 끌어들일 수 있는 도구다. 맹점을 표출하기 위한 360도 평가의 힘은 어디까지나 여론 반응에 리더가 얼마나 마음을 여는가에 달렸고, 또 360도 평가를 진행하는 사람의 기술에도 달려 있다. 360도 평가에는 일반적으로 공통적 실수가 많이 나타난다.

첫째, 어떤 360도 평가는 일대일 면접이나 인터뷰 대신 대상자에게 보낸 설문 조사를 통해서 반응을 수집한다. 인터뷰는 시간 소비가 더 많지만, 질문자가 직접 반응을 수집하면 360도 평가 결과에 훨씬 더 믿음이 갈 것이다. 이것은 인터뷰하는 사람이 리더가 조사하고 싶은 구체적 내용을 수집할 수 있기 때문이다. 이 결과에서 나온 사례는 리더에게 자신의 리더십 스타일과 영향에 대해 다른 사람이 어떻게 생각하고 있는지 정확히 알려 준다. 설문자는 리더가 맹점을 바로잡고 구체적인 능력을 개발하는 데 어떤 일이 필요한지 좀 더 상세한 충고를 얻을 수 있다.

둘째, 어떤 리더는 변화 가능 분야가 명시된 360도 평가 결과 보고서를 읽은 후 성공과 관련된 부분을 개발하는 데 주력한다. 내가 읽은 360도 평가 보고서 내용 역시 많은 사람이 리더에게 전략적인 기술이 필요하다고 지적했다. 그 보고서를 읽은 리더는 비교적 좋은 작전 능력이 있었지만 핵심을 종합하고 더 나은 기술을 개발하고 싶어 했다. 그의 약점은 고위직 사업체 리더로서 성공하는 데 필요한 것을 잘못 판단하는 것에 있었는데, 그는 다루기 쉽지만 다소 중요도가 낮은 부분에 주력해 왔다. 리더는 어떤 언급에 대해 과잉 행동을 하거나 비교적 중요하지 않은 분야를 개선해야 한다고 믿었다. 예를 들어 360도 평가에서 얻은 결과에 따르면 변화를 추진할 때 리더가 강제적이면 사람을 지치게 만드는 유형이라고 생각한다. 하지만 여기에서 문제점은 리더가 아니고 필요한 변화를 거부하는 회사 문화다. 리더는 방법의 세련화를 추구할지는 모르지만 소극적으로 변화의 대리인으로 뒤로 물러나서는 안 된다.

셋째, 리더가 발전을 위한 올바른 방향을 찾는 가운데 확인된 약점 분야 개선에 필요한 조치를 취하지 않을 때 실수가 발생한다. 이런 리더는 상황 설명 기술이나 설득 기술을 발전시키고 또 서로 대화를 통해서 방향을 결정하면 충분하다고 생각하는 지도자다. 이 방법에서는 오히려 리더가 적어도 한 달에 한 번 정도는 연설을 해야 하고 연설의 질적인 면에 대해 타인의 반응을 얻어야만 한다. 많은 경우에 있어 360도 평가 보고서에서 확인된 리더의 개선점은 '목표를 향한 리더의 영향력 미흡'이었다. 리더는 실행하기 쉽고 덜 힘든 계획을 선택하지만 그 리더가 새로운 기술을 배우는 데 진정한 도움을 주지는 않는다.

마지막 실수는 360도 평가 후에 목표로 하는 리더의 발전 상황을 평가하기 위한 공식적 추가 조치를 취하지 않는다는 것이다. 리더는 360도 평가 보고서를 이용해서 발전시켜야 할 올바른 분야를 확인하고 또 발전을 위해 활발한 계획을 추진한다. 하지만 실제로는 발전 노력을 게을리하거나 처음에는 몇 가지 개선을 하지만 곧 또다시 과거의 형태로 되돌아간다. 다음 절차를 추진하는 능력이 부족하면 많은 경우에 리더와 그의 상사의 발전을 평가하지 못하고 현재의 반응과 충고를 제대로 평가하지 못한다.

자신과 다른 리더를 자세히 비교하면 유용한 정보를 얻을 수 있다. 새로운 리더가 역할 일부를 맡고 기존 리더와 비교하면 차이가 분명히 드러난다. 사람들은 두 사람을 대비하고 새로운 리더를 객관적으로 평가하지만 정당하지 않은 경우도 있다. 나는 360도 평가의 설문 조사 응답자들이 객관적인 비교를 하기 위해 가장 기술적인 방법을 제시하면 더욱 유용한 정보를 내놓을 것으로 생각한다. 이것은 다음 여러 가지 방법 중 한 가지 방법으로 가능하다.

첫째, 리더는 다른 사람에게 그와 다른 리더가 어떻게 비교되는지 물어볼 수 있다. 나의 고객 중 한 사람은 주기적으로 자신의 행동이 특정 측면에서 다른 지도자에게서 목격했던 바와 유사한지 신임을 많이 받고 있는 한 사람에게 직접 묻는다. 예를 들면 어떤 리더가 자기에게 충성하는 사람들에게 혜택을 많이 주는 결정을 내리고 실제 회사가 필요한 부분에 별로 관심을 기울이지 않을 때(그는 노력하지 않는 승진을 얻었고 프로젝트 업무를 부여받게 되었다.) 그는 이것을 언짢게 생각했다. 그 역시 조심하지 않으면 똑같은 함정에 빠질 수 있다는 것을 알게 되었다. 그 결과 그는 자기가 믿는 팀원에게 자기도 다른 리더와 유사한 행위가 있었는지 묻고, 만약 그렇다면 구체적 예를 들어 달라고 부탁하곤 했다.

둘째, 다른 사람에게 리더를 대신해서 정보를 수집해 달라고 부탁하는 것이다. 360도 평가자는 부당함을 입증하는 정보를 찾아내는 질문도 할 수 있다. 360도 평가를 시행하는 과정에서 나는 리더의 강점과 약점 그리고 다음에 기록하는 비교를 위한 질문을 포함해서 질문자에게 다음과 같이 묻고 싶다.

- 이 사람은 당신이 본 가장 훌륭한 리더와 어떻게 비교되는가?
- 그의 스타일을 보면 회사 내 스타일이 같은 다른 리더들을 생각나게 하는가? 만약 그

렇다면 어떻게 해서 생각나는가?

* 그 사람의 어떤 면이 지금까지 보아온 가장 훌륭한 리더와 어떻게 비교되는가?(예를 들면 전략 발전, 복잡한 사업 정책 시행 능력과 같은 리더의 성공을 비판하는 설문 조사원들 또는 리더의 1~2개 사고 분야 확인과 같은 면)

이 질문의 목적은 리더와 다른 사람의 비교도 아니고 다른 사람이 리더를 모방해야 한다는 의미도 아니다. 오히려 리더가 리더십 스타일을 더욱 발전시키는 확실한 방법을 사람들에게서 얻어내는 일이다.

형식적인 360도 평가를 원하지 않는 리더는 그들 나름대로 자신에 대한 반응을 수집할 수 있다. 요점은 리더 직책의 힘이 사람들과 같이 있을 때 얼마나 솔직해 질 수 있는가에 미치는 영향의 정도를 파악하는 것이다. 사람들은 대부분 보복에 대한 두려움이나 여러 가지 이유로 상관에게 솔직히 그들의 관심사를 표현하지 못하고 또 정직하지도 않다. 리더는 흔히 직책의 권위가 자기에게 오는 타인의 평가를 얼마나 왜곡하는지 잘 모른다. 하지만 요령 있는 리더는 사람을 편안하게 하여 그들의 입을 열게 한다. 한 방법은 주기적으로 소수의 팀원에게 리더가 잘 하는 일이 무엇인지 묻거나 개선할 점이 무엇인지 묻는 일이다. 리더는 긍정적인 면과 개선해야 할 면 두 가지에 관심을 기울여야 하며 또 힘을 이용하는 방법이나 취약점을 개선하는 방법에 대한 상세한 의견을 물어야만 한다. 360도 평가 데이터에서처럼 리더가 듣는 이야기의 모든 것이 주목의 대상이 된다는 것은 아니다. 그러나 이런 연습은 있을 수도 있는 맹점이나 개선 부분을 충분히 이해하는 데 도움을 줄 수 있다.

리더에게 교훈이 되는 것을 찾아라

자기 인식을 극대화할 수 있는 기술은 매년 자신의 리더십 효율성에 관해 배운 교훈을 자기평가하는 것이다. 많은 회사가 공식적으로 정해진 목표에 대해 리더가 얼마나 발전하고 있는지 평가한다. 하지만 성공이나 실패와 관련해서 좀 더 깊이 있는 관찰은 일반적이지 않다. 나는 2~3장의 연말 메모에 그 해에 배운 교훈과 다음에 발전시키고 싶은 내용을 자세히 적고 요약하는 일을 해오고 있다. 이 훈련에 참여하는 사람들은 자신에게 의도적으로 그리고 제도적으로 배운 것에 대해 또다시 생각해 최고의 가치를 창출해 내려고 노력하는 사람들이다. 대부분의 리더는 1년에 걸쳐서 적어도 몇 건의 잘못된 직원 고용을 했고, 고용 과정의 심사 실수로 인해 불이익을 받게 될 것이다. 적절한 고용 회사를 선택한 것도 아니고 우수한 심사관을 이용한 것도 아니며 더블 체크 추천인을 확인한 것도 아닌, 고용 절차에서 심사 실수가 있었다. 어쩌면 그 리더는 새로운 사람이 회사 문화에 적합한지 전혀 고려하지 않은 잘못된 평가 기준을 사용했을 수도 있다. 리더는 몇 주 동안 자기가 1년간 배운 교훈을 되돌아보고 싶어 할 것이다. 또 그 평가를 의미 깊게 하기 위해 각 분야에서 구체적인 사례를 확인할 것이다. 언급된 바와 같이 일부 리더는 배운 교훈을 메모해 놓는다. 그들은 이 서류를 혼자만 보관할 수도 있고 혹은 상관과 나누어 볼 수도 있으며 자기가 가장 믿는 사람과 함께 볼 수도 있다. 리더는 깊은 배경을 가지고 있으며 리더십 영향력에 관해서 개선해야 할 점에 관한 일대일 토론 정보를 상관 또는 믿을 수 있는 사람과 나누어 볼 수 있을 것이다.

이런 과정에서 자신의 생각, 행동 계획, 행동을 지적하는 비판자의 견해를 깊이 고려해 보고 싶은 마음도 들 것이다. 많은 리더가 자신의 비판자와 의견을 달리하거나 완전히 무시하며 그들의 견해를 평가절하하기도 한다. 스티브 잡스는 자기가 원하는 것을 다른 사람이 하려고 하지 않을 때 이들을 공격하기로 잘 알려져 있다. 이는 그다지 놀라운 일도 아니다. 추진력이 강하고 경쟁적인 사람은 자신을 믿고, 다른 사람이 평가하는 이상으로 회사를 믿는다. 제1장에서 언급한 바와 같이 성공이란 일반적으로 문제를 더욱 복잡하게 만든다. 특히 자신과 생각이 다른 적들이나 자신의 생각에 부정적인 사람들이 잘못되었다는 것을 입증할 때는 더욱 복잡해진다. 비판자의 생각을 받아들이는 것은 상당히 어려운 문제다. 왜냐하면 그들 생각에 언제 귀를 기울이고 언제 무시해야 하는지 결정해야 하기 때문이다. 이러한 협상은 공식이 따로 없다. 비판자의 생각은 단지 10퍼센트 정도만 옳을 수 있지만, 그 10퍼센트가 성공에 방해가 될지도 모른다. 이 가능성을 받아들이는 한 가지 방법은 비판자도 옳을 수 있기 때문에 스스로 그들 견해를 정당화하려고 노력하는 것이다. 두 번째 방법은 자신이 신뢰하는 사람이나, 생각이 분명하고 목표 의식을 가지고 있는 명성 있는 사람에게 비판자의 견해에 대해 묻는 것이다.

자신이 신뢰하는 사람이나, 생각이 분명하고 목표 의식을 가지고 있는 명성 있는 사람에게 비판자의 견해에 대해 묻는 것이다.

팀에 대한 잘못된 데이터를 찾아 내라

자신의 리더십 영향에 관해 잘못된 데이터를 얻을 때와 마찬가지로 팀에 관한 폭넓은 데이터를 얻는 것도 도움이 된다. 제2장에서 언급한 바와 같이 일부 리더는 팀과 팀원에 관한 불확실한 의견을 가지고 있다. 나는 많은 리더가 자기 팀원이 다른 사람보다 더 효율적으로 일하거나 더 조직적이라고 생각한다는 것을 알게 되었다. 이것은 한 번 마음속에 생각을 구축하면 좀처럼 그 견해를 바꾸지 않는 '할로 이펙트 Halo Effect' 개념으로 생각해 볼 수 있다. 이 생각은 지나칠 정도로 긍정적이거나 또는 부정적일 수 있다. 어느 쪽이든 리더는 팀원에 대한 편중된 생각을 갖게 되고, 이로 말미암아 결정을 내릴 때 최선의 방법에서 벗어나게 된다. 이 장에서는 팀에 관한 잘못된 데이터를 찾는 여러 방법을 설명한다.

- **팀원의 효율성을 그룹으로 평가하라.**
- **하위 단계 팀원과 스킵-레벨 인터뷰를 하라.**
- **팀원에 대한 철저한 개별 평가를 하라.**
- **팀원의 업무 성적 개발을 위해 시험과 결과를 감독하라.**

팀 효율성 평가

데이터를 찾는 첫 번째 방법은 직접 또는 회사 내·외부 인사의 도움을 받아서 팀의 능력을 주기적으로 평가하는 일이다. 이 목적은 팀 내에 잘 구성되는 부분은 무엇이며 또 어떤 것이 개선되어야 하는지 결정하는 데 있다. 그룹 평가는 일반적으로 팀원에게 직접 받는 정보도 있지만 대부분 운영 팀에서 일하고 있는 선별된 사람에게서 정보를 얻는다. 선별된 사람은 대상 팀과 함께 활동하며 진행 중인 일이 어떤 효과가 있는지 의견을 모은다. 이 평가는 팀이 맡은 일을 계속할지 중단할지 아니면 새로 시작해야 하는지에 관한 공개적인 질문도 들어있다. 나는 지난 몇 년 동안 직접 진행했던 여러 평가에서 상위 단계의 팀들이 잘못된 분야에 시간을 보내거나 극히 일부분의 중요성을 강조하며 전략적 운영만 실행한 것을 지적했다.

설문 조사 역시 팀 능력에 관한 응답자의 인식을 확인할 수 있는 방법이다. 설문 조사로 일반적인 내용, 업무 능력의 기준, 팀 내 업무 효율성 평가가 가능하다. 또는 특정 팀이나 대상 조직의 맞춤 조사로 설문이 이루어질 수도 있다. 또한 설문 조사로 조사 대상이 회사의 가치관을 어느 정도까지 나타내고 있는지, 가치관 기준의 채택 시점은 언제인지도 확인할 수 있다. 조사 결과는 리더가 포함된 팀원 전체를 함께 평가하여 앞으로의 발전을 위한 몇 가지 목표의 근거로 사용된다. 예를 들면 내가 조사했던 한 팀은 회사 운영 팀이 강조하는 분야보다 훨씬 약한 전략적 내용을 집중적으로 파고들어 가고 있다는 사실을 발견했다. 이 그룹 사장은 e-전자거래 행동 지침과 같은 팀의 미래 성장에 필수적인 네 가지 활동 분야를 확인했다. 그 그룹의 모든 직원들은 차기 운영 팀 내부에서 높은 능력을 가지고 있는 리더와 더불어 전략적으로 필요한 부서에 배치되고 제안된 전략을 발전시키라는 요청을 받았다. 그 후 리더십 팀과 함께 몇 가지 분야를 철저히 검토했고 필요한 만큼 수정도 했다. 이 그룹 역시 매월 토론 의제의 기본적 내용을 수정했고 대부분의 팀원에게 네 가지 활동 분야를 포함해서 전략적 쟁점을 검토하도록 했다.

스킵-레벨 인터뷰를 하라

일부 리더는 회사 조직 내에 자기 팀원보다 한 단계 아래에 있는 사람들과 주기적으로 인터뷰를 해서 잘못된 데이터를 수집했다. 어떤 회사의 경우에 스킵-레벨 인터뷰Skip-Level Interviews: 단계를 뛰어넘은 회의라 부르는 이 회의는 리더들, 여러 그룹 그리고 여러 단계에 있는 사람들과 일일이 차례대로 미팅을 갖는 것이다. 예를 들어 어떤 선임 리더는 젊은 직원들과 대화를 나누었는데 그중 한 팀의 리더가 신입 직원을 다소 무시하는 태도로 행동한다고 판단했다. 신입 직원은 정보를 서로 나누는 데 있어서 팀 리더를 신뢰할 필요성이 있었기 때문에 다소 어려운 토론이었다. 선임 리더는 지금까지 보아 왔던 것과 다른 정보를 신입 직원에게 받고 고맙게 생각했다. 선임 리더는 정보를 받고 즉시 행동하지 않았다. 문제가 되는 팀 리더에 대해 다른 출처에서 나온 정보를 찾을 수도 있기 때문에 신입 직원에게 받은 정보를 마음속에만 간직하고 있었다. 선임 리더는 다른 사람들도 그 신입 직원이 생각했던 것과 똑같은 행동을 보았으나 자기에게 그것을 언급하지 않고 있었다는 사실을 알게 되었다. 왜냐하면 직원들은 선임 리더가 이 사실을 이미 알고 있지만, 하나의 관심사로 보지 않는다고 추측했기 때문이다. 스킵-레벨 인터뷰는 더욱 강조해도 바람직하며, 성장 기회에 관한 정보 또는 개선할 수 있는 주요한 분야에 관한 정보도 요청할 수 있다. 모든 리더는 올바른 질문이 무엇인지 확인해야 하고, 각 개인에게는 미팅 전에 질문을 보내야만 한다. 여기에 리더가 회의 중에 물어볼 수 있는 질문 형태에 관한 샘플이 있다.

- 향후 5년 동안 회사의 성장을 위한 세 가지 가장 큰 기회는 무엇인가?
- 향후 5년 동안 회사에서 우리가 직면하게 될 가장 큰 위험부담은 무엇인가?
- 회사 성장 극대화를 위해 우리가 운영하는 정책을 바꿀 필요가 있는가?
- 자신의 관점에서 볼 때 리더의 팀 운영 능력은 어떤가?
- 강점은? 개선할 점은?
- 리더에게 자신이 하고 싶은 충고는 무엇인가?

토론에 참여하는 일부 직원은 그의 직속 상관에 관한 정보를 고위 리더에게 자진해서 제공한다. 하지만 대부분의 사람은 좀 더 상위 리더와 대화할 때 자기 팀 리더의 비난은 가능한 한 피하고 개인에 관해 위로 올리는 의견은 대개 긍정적이다. 하지만 지혜로운 리더는 상황 보고서 속 각 문장의 의미를 읽을 수 있어야 하고, 자기 팀과 다른 팀원들이 어떻게 행동하고 있는지에 관한 유용한 정보를 찾아낼 수 있어야 한다. 리더는 또 회의에 참석한 사람들이 어떤 행동을 하고 있는지 주시할 수도 있다. 그들은 자신의 일에 열성적인가? 또 자기 의견 표현을 숨기지 않고 솔직한가? 이 회사의 일원이 되고 또 이 회사의 성공을 위해서 노력하는 것을 자부심으로 생각하는가?

팀원에 대한 철저한 평가를 얻어라

일부 리더는 360도 평가 방법으로 팀원에 관한 정보를 찾아내는 것을 망설이고 몇몇 팀원만이 매년 힘들게 이 절차를 통과한다. 직속 상관 또는 동료나 다른 그룹에 있는 사람들로부터 팀원의 강점과 약점에 관한 데이터를 수집한다. 그룹 리더는 팀원을 충분히 이해하기 위해 보고서 및 건의서와 함께 데이터 원본을 받을 필요가 있다. 일부 회사는 이러한 과정 대신 360도 평가 결과를 각자 보유하고 개인이 동의할 때만 이 데이터가 상부에 보고된다. 팀을 이끌어야 할 책임자가 반드시 평가 데이터를 볼 수 있는 것은 아니기 때문에 이는 360도 평가 결과의 영향을 최소화한다. 내가 사용하는 평가 절차는 보고서를 검토한 후 강점과 약점에 주력하기 위해 리더와 미팅하는 방법이다. 나는 보고서를 검토하고 요약하여 리더에게 보낸 다음 그 리더와 직접 마주 앉아서 보고서의 중요한 내용과 의미를 검토한다. 마지막에 나는 앞으로 회사의 성공에 상당히 중요하다고 생각하는 핵심 분야 개선에 대한 연간 계획을 세우기 위해 리더와 직접 일한다. 나와 함께 리더도 자신의 팀원과 같이 요약된 360도 평가 보고서 내용을 검토하고 발전시켜야 할 분야에 추가 건의사항을 제안하는 것이 도움이 된다.

360도 평가 데이터를 검토할 때 기억해야 할 요소는 수집된 모든 정보의 정확성과 유용성이 각기 다르다는 것이다. 나는 1년 동안 리더를 평가하기 위해 수백 차례 인터뷰를 한다. 그 가운데 나는 다양한 분야의 다른 사람에 대해 서로 얼마나 알고 있는지 확인하고 큰 충격을 받았다. 나는 다섯 사람에게 인터뷰를 한 후 그들에게 같은 리더에 관해 같은 질문을 했고, 그 리더에 대해 대단히 다른 차원의 정보를 얻었다.

외부 반응에 대한 상담자나 충고자의 해석은 현재 리더의 생각과 행동의 바람직한 부분과 수정해야 할 부분 그리고 무시해야 하는 부분을 구분하는 데 도움이 된다.

어떤 경우에는 리더의 사소한 의견이 여러 사람의 견해보다 더욱 정확하다. 그렇기 때문에 보고서를 읽는 리더는 결과가 모두 똑같지 않으며, 핵심을 벗어나거나 그다지 중요하지 않은 잡음도 있을 수 있다는 점을 이해할 필요가 있다. 조심해야 할 점은 리더 역시 정보를 그런 차원에서 볼 경우에 중요하고 가치 있는 정보를 평가절하할 가능성도 있다는 것이다. 외부 반응에 대한 상담자나 충고자의 해석은 현재 리더의 생각과 행동의 바람직한 부분과 수정해야 할 부분 그리고 무시해야 하는 부분을 구분하는 데 도움이 된다.

팀원에 대한 발전적 시험을 하라

잘못된 데이터를 찾는 또 다른 유용한 기술은 팀원에게 활력을 주는 가운데 능력에 대한 정보를 줄 수 있는 업무를 부여하는 것이다. 리더는 우수한 영업 팀 리더에게 새로이 부상하는 시장이나 상품 목록과 같은 중요한 부분에 관한 새로운 전략을 개발하는 임무를 줄 수도 있다. 팀원은 전략을 개발하고 또 다른 사람과 작업하고 리더십 팀과 같이 이 일을 검토할 필요가 있다. 또 그 리더는 새로이 인수한 회사의 통합 과정을 이끄는 역할에 팀 리더를 선택할 수도 있다. 이런 업무 분담에는 효율적으로 통합 과정을 관리하기 위해 다른 부서에 필요한 지식 개발 요청도 필요하다. 이 경우에 리더는 업무 분담을 위해 성공의 척도를 분명히 해야 한다. 예를 들어 특수한 개발을 위한 시도나 기회에서 우리의 통합 노력으로 1억 달러라는 원가 절약을 가져와야 한다든지, 팀원은 새로운 조직을 위해 가장 적절한 기획 개발로 전 분야에서 성공할 수 있는 능력을 개발해야 한다는 것들이다. 이런 형태의 임무는 고위 리더에게 현재 목표로 하는 분야에서 팀원의 능력 결여 상황이나 어려운 상황에 직면할 때 효율적으로 일을 처리할 수 있는 정보를 제공한다. 추가 절차는 발전적 업무에 직접 개입한 팀원을 측근에서 보아온 서너 명을 더 면접해서 필요 정보를 요청하는 일이다. 고위 리더는 본인이 직접 이 일을 할 수도 있고, 또는 내·외부 자문관에게 이 데이터를 수집하도록 요청할 수도 있다. 이 일의 목적은 조직 내에서 개인이 그 업무 분야에 올린 실적에 대해 충분한 데이터를 입수하는 것이다. 인터뷰를 통해 입수한 데이터는 요약하여 개인의 발전을 위한 일환으로 본인과 검토해야 한다.

조직에 관한 잘못된 데이터를 찾아라

리더는 재정적인 명확한 수치를 훨씬 넘어서 조직이 어떠한 실적을 내는가에 관한 정규적인 데이터를 필요로 한다. 이런 필요성을 충족하는 데 도움이 되는 여러 가지 기술이 있다.

- 팀의 전략적 업무 실적 수치를 냉정하게 검토하라
- 신입 사원·퇴직자·외부 인사로부터 정보를 얻어라
- 사업의 주요 분야에 깊이 관여하라
- 진행에 대한 단기 검토를 하라

팀의 전략적 업무 실적 수치를 검토하라

전 장에 언급한 바와 같이 로버트 맥나마라의 사건에서 수치에 몰두하는 것은 위험부담 없이 이루어지지 않는다. 하지만 수치는 잘못된 데이터를 찾거나 또는 이!

정하기 어려운 진실을 드러내는 중요한 도구다. 지도자는 리더십 팀에 조직의 현재 업무 능력을 명확하게 설명할 수 있는 몇 가지 신중하게 선정된 거시적인 수치가 필요하다. 기획에 수치를 적합하게 사용하면, 리더나 팀이 취약점을 무시하기가 대단히 어렵다. 사업 확장을 위해 자산 소유권을 장려하려는 리더는 사업에서 총 마진의 중요성을 강조한다. 만약 회사가 역사적으로 단지 최고 수익만 강조해 왔다면, 새로운 리더 역시 가장 높거나 가장 낮은 직책에 있는 사람들에게 업무 실적에 따라서 보상 제도를 수정해 줄 수도 있다. 많은 경우에 리더는 균형적 방법을 개발하지 못하고 단순히 금융 숫자만 들여다보기 일쑤다. 재정 실적의 중요성을 무시하는 것이 아니라, 오랫동안 의논하고 감독한 좀 더 포괄적인 수치를 확인하는 것이 필수라는 의미다. 수치가 일단 작성되면 리더는 팀과 함께 정규적으로 이것을 검토해야 할 것이다. 리더가 올바른 척도를 발전시켰다 하더라도 위험은 척도를 제대로 따르지도 않고 감독도 하지 않는다.

기준 수치 사용에 적극적인 리더는 앨런 멀러리Alan Mulally라는 포드 자동차 CEO다. 보잉Boeing 비행기 회사에서 포드 자동차로 들어오자마자 그는 리더십 팀들이 사업을 이끌어 가게 될 수치 기준을 확립했다. 그다음 매주 자기 팀에 의한 사업 계획 검토 회의를 개최했다. 일정 기간 동안 회사에서 생긴 도전들을 감안해서 그는 팀과 더욱 자주 만났다. 멀러리는 업무 실적을 공개 토론으로 육성하여 포드 자동차 사내 문화를 바꾸고, 때로는 팀 리더들이 회사에서 실제적으로 일어나는 최신 정보를 최신 데이터를 이용해서 토론할 수 있는 기구로 활용하게 했다. 하지만 그는 측량 기준이 어려운 상황에 처해 있는 사람을 처벌하기 위한 무기로 악용되기를 원치 않았다. 오히려 기준 수치는 팀이 사업 실적을 향상시키는 확실한 결정을 내리는 데 도움을 줄 수 있다. 하지만 데이터에 따라 추진되는 검토의 측량 기준은 데이터가 제공하는 이상으로 판단의 필요성과 잘 조화되어야 한다. 어떤 문화에서는 데이터 의존도가 너무 지나쳐서 그들이 가지고 있는 데이터가 혹시 불완전하거나 결론적이지 못할까 봐 생기는 불안으로 나서지 않으려고 한다. 리더는 데이터를 수집하고 분석할 때 측량 기준을 부담스럽게 너무 많이 정하기도 한다. 조직 생활의 성공은 올바른 균형을 찾는 데 있으므로 결정을 내릴 때 사람들의 직감이나 의견에 치우치지 않도록 데이터를 기준 근거로 활용하는 것이 도움이 된다.

신입 사원·퇴직자·외부 인사로부터 정보를 얻어라

새로운 사람을 조직 내로 영입하는 것은 현상 유지에 생산적인 도전이 될 수 있고, 앞으로 고쳐야 할 약점을 더욱 쉽게 노출할 수도 있다. 도전이란 새로운 사람이 회사에 가져오는 여러 유익한 점을 충분히 활용하는 일이다. 하나의 쟁점은 새로운 직원이 기존 사내 문화에 겁먹을 수도 있고 도전할 만한 힘이 있다고 느끼지도 않는다는 것이다. 자신이 마이크로소프트에 수년 전 기술 경쟁자를 지배하고 있던 때 입사했다고 상상해 보자. 그러면 이 회사가 운영하고 있는 몇 가지 취약점을 목격했을 가능성이 컸을 것이다. 예를 들어 많은 사람은 마이크로소프트 직원들이 소비자에게 매력적인 혁신적 상품을 개발하는 데 내부 경계선을 뛰어넘는 동작이 빠르지 못하다는 것을 목격했을 것이다. 하지만 이 회사에 들어오는 대부분의 사람은 회사의 성공 역사에 놀랐을 것이며, 그래서 이 회사에 필요한 변화에 대해 자기 의견을 제시하고 싶은 생각이 없었을 것이다. 또한 신입 사원은 만약 이 회사가 어떻게 운영되는지 알지 못하는 다른 사람이 비판적인 제안을 내놓는다면 지배적인 사내 문화에 의해서 회사로부터 배척당할 것이라고 느꼈을지도 모른다. 대부분의 사람은 팀 일부가 되기를 바라고 자신의 비판적인 생각을 알리는 데 적극성이 떨어진다. 어떤 경우에는 새로 들어온 신입 직원이 소속감을 최고로 삼고 이제는 더 이상 마이크로소프트와 다른 견해를 가지고 사물을 보지 않을 정도로 철저히 동화

되어 간다. 지도자는 리더십 팀에 신입 직원의 새로움과 그들의 견해도 가치가 있다는 목소리를 높일 수 있다. 더욱 구체적으로 말하면 지도자는 신입 직원에게 다가가서 팀이 어떻게 활동하는지 설명하고 또 큰 조직에 대한 그들의 생각은 어떤지 물어야 한다. 직원이 입사한 지 서너 달이 지난 후에 리더는 가장 주목받는 새 직원과 일대일로 만나보는 일을 규칙으로 만들어야 한다. 이와 같은 인터뷰에 더 많은 선임과 하위직 직원들을 참여시킬 수 있다. 리더는 신입 직원이 회사에 적응하기 전에 외부인으로서 회사에 받은 인상을 알고 싶어 한다. 이와 같은 토론은 사업과 회사 운영 방식에 집중하게 한다. 리더는 다음과 같은 질문을 하게 될 것이다.

- 회사에 들어왔을 때 어떤 점에 좋은 인상을 받았는가? 회사의 주요 강점이 무엇인가?
- 회사가 추진을 중단하거나 수정해야 된다고 생각한 일은 무엇인가?
- 이전 근무 회사와 차이점은 무엇인가? 보다 나은 운영 방법은 무엇인지에 대한 충고가 있는가?
- 이직하는 동안 겪은 경험은 무엇인가? 어떤 점이 쉬웠고 어떤 점이 어려웠는가?
- 회사나 리더십의 가치관에 질문이 있는가?
- 회사를 어떻게 발전시킬 것인지 요약된 충고가 있는가?

회사를 떠나는 사람에게 이와 유사한 이야기를 하면 도움이 된다. 이것은 떠나는 이사가 회사와 리더십 그룹을 어떻게 바라보고 있는지 알 수 있는 좀 더 구체적인 이직 인터뷰가 될 수 있다. 또한 떠나는 분위기의 활력에 따라 그리고 다른 경쟁사로 옮기느냐 아니냐에 따라 어려운 대화가 될 수도 있다. 그러나 이것은 잘못된 데이터를 찾아낼 수 있는 또 다른 중요한 기회이기도 하다. 떠나는 팀원은 자기 팀 리더에게 다른 팀원에 관한 강점과 취약점의 솔직한 견해를 피력할 수 있다. 만약에 기술적으로 처리만 된다면 회사 이직 인터뷰는 리더십 영향력과 팀, 조직, 사업에 관한 정직한 반응을 얻어낼 수 있는 기회가 된다. 이 반응은 떠나는 이사의 동기에 따라 편견이 될 수도 있지만, 리더가 팀원에 관한 자신의 맹점을 찾아내는 데 큰 도움을 준다.

팀원은 선임 리더에게 다른 팀원을 비난하기를 꺼린다. 왜냐하면 옹졸하게 보일 수 있고 같은 동료를 모함하는 것으로 보일 수도 있기 때문이다. 더욱이 어떤 리더는 자기 팀원이 다른 팀원에게 어떤 일을 하고 안 하는지 불만을 가지는 것을 원치 않는다. 내가 아는 한 CEO는 자신과 자기 동료에 대해 많은 사람들이 불평하고 있다고 느꼈다. 어느 날 다른 팀원이 이미 끝냈다고 생각되는 일을 비생산적이라고 이야기하는 것을 들은 후, 그 CEO는 비판하는 첫 번째 사람에게 자기 생각을 일단 보류하라고 이야기하고 홀로 내려가서 그 사람에 대해 다시 토론했다. 그의 사무실에 두 팀원을 불러놓고 CEO는 불평하고 있는 팀원에게 말했다. "그에게 방금 당신이 내게 한 이야기를 해주라. 여기서 둘의 문제를 해결하고 더 이상 자신들의 문제를 내게 가지고 오지 마라." 이와 같은 방법은 다른 팀원들이 동료와 직접 해결할 수도 있는 문제를 상부에 보고하는 경향을 없애는 데 효과가 있다. 하지만 고위 리더는 팀 차원에서 해결할 수 없고 회사의 사업과 주요한 이해관계자(고객, 직원, 주주들)에게 부정적인 영향을 줄 수 있는 문제가 있으면 그것을 알아야만 한다.

어떤 경우에 리더는 사람들이 무엇을 생각하는지 알아내기 위해, 어떤 조치를 취하지 않으면 리더가 얻을 수 없는 정보를 가지고 있는 사람을 찾고 싶어 할 것이다. 하나의 실마리는 이 정보를 누구에게 물을 것인지 아는 일이다. 나는 고의적으로 자기 조직 내에 어떤 일이 일어나는지 좀 더 상황을 잘 파악하기 위해 가장 부정적이고 어떤 때는 피해망상적인 사람을 찾아내고 싶다고 말한 한 매니저를 알고 있

> **떠나는 팀원은 자기 팀 리더에게 다른 팀원에 관한 강점과 취약점의 솔직한 견해를 피력할 수 있다.**

다. 그의 주장을 듣고 웃었던 그때를 기억한다. 그렇게 하는 것도 어느 정도 장점은 있다고 생각한다. 물론 이 리더가 피해망상적인 직원에게 들은 모든 것이 다 실제 상황이거나 심지어 도움이 된다는 의미는 아니다. 하지만 만약 다른 사람에게서 그가 얻을 수 없는 정보를 그 직원에게서 찾아낼 수 있다면 그것은 어느 정도 혜택이 있으리라고 생각했다.

또한 리더는 회사가 어떻게 운영되고 있으며 회사 미래 전망은 어떻게 될 것인지에 관한 정반대 의견이 있는 외부 인사로부터 정보를 구하고 싶어 한다. 이런 경우 회사에 있는 사람들의 생각과 상당히 다른 의견을 얻을 수 있다. 그들은 외부 산업체 전문가나 금융계 분석가일 수도 있다. 버크셔 해서웨이Berkshire Hathaway의 CEO 이자 전설의 투자가인 워런 버핏Warren Buffett은 외부 인사를 이용하기로 유명한 인물이다. 그는 2013년 그의 연차 주주회의에 헤지펀드 매니저를 추천했다. 그 매니저는 버핏 회사에 대해서 부정적인 견해를 가지고 있던 더그 카스Doug Kass라는 사람이다. 그는 버크셔 주식이 앞으로 떨어질 것이며 투자가치가 점점 줄어들 것으로 확신하고 있었다. 버핏은 그에게 회의에서 자기와 중앙에 앉길 원했고, 생생한 정보 교환에서 자기 관심사를 피력해 주길 원했다. 버핏은 반대 의견도 참작할 의사가 있음을 밝혔고, 많은 번영하는 회사들 또한 성공적인 리더에게 해를 끼치는 성공의 함정을 피하고 싶다고 했다.

버핏은 반대 의견도 참작할 의사가 있음을 밝혔고, 많은 번영하는 회사들 또한 성공적인 리더에게 해를 끼치는 성공의 함정을 피하고 싶다고 했다.

외부 인사라 함은 사내에 존재하는 인습타파주의자로 보이는 직원이 될 수도 있고, 어떤 경우에는 현상 유지에 대해 항상 부정적으로 생각하고 있기 때문에 일하기 상당히 어렵게 느껴지는 사람일 수도 있다. 어떤 리더는 고의로 회사 내에서 이런 사람을 찾으려고 하고 그들의 생각을 좀 더 잘 이해하기 위해 그들과 시간을 보낸다. 능력 있는 리더는 사내에 있는 압도적인 문화가 그와 같은 사람들을 배척하고 그들이 하고 싶은 이야기를 액면 그대로 받아들이지 않고 있다는 사실을 이해하고 있다. 어떤 경우에 그들의 생각은 거의 또는 전혀 영향력을 미치지 못한다. 왜냐하면 현재 흘러가고 있는 사고방식에 도전하고, 이와 같은 생각을 갖고 있는 사람들에게 도전하고 있기 때문이다. 또 그들은 자신들이 너무 당혹스럽기 때문에 회사를 떠나기도 한다. 완전히 외부적인 인사의 생각은 틀림없이 도움이 되지만 어떤 경우에 그들은 다른 사람들이 오히려 무시하려는 기회, 위험부담을 항상 표면에 떠올리는 사람들이다.

목표로 하는 분야에 깊이 잠수하라

조직에 관한 잘못된 데이터를 수집하는 다른 종류는 '딥-다이브Deep-Dive' 방법을 실행하는 일이다. 노바티스Novartis: 스위스 다국적 제약 회사의 전 CEO 댄 바젤라Dan Vasella는 모든 리더는 직원들의 신뢰를 받을 수 있고 또 언제 더 많은 정보가 필요한지 알아야 한다고 언급했다. 이것은 딥-다이브의 필요성을 대변한다. "리더는 사람을 알아야 하고, 또 그들에게 언제 일을 시켜야 하는지 그리고 언제 눈을 붙이며 언제 깊이 잠들어야 하는지 알아야 하며, 이런 일들이 실제 잘 이루어지고 있는지 알아야 한다. 어쩌면 리더가 할 수 있는 것보다 더 잘 이루어지고 있는지도 모른다. 그리고 당신이 'No'라는 말을 해야 할 때도 어쩌면 일이 더 잘 되고 있는지도 모른다. 이것은 올바른 것 같지 않고 올바른 냄새도 나지 않는다. 나는 이해하고 싶다. 나는 모든 문제에 구체적으로 파고든다."

딥-다이브에는 두 가지 형태가 있다. 첫째는 위에서 언급한 바와 같이 리더가 모든 일이 정상대로 되지 않는 이유를 알고자 할 때 발생한다. 이런 환경에서 리더는 결점이 어떻게 발생하며 누구에 의해서 발생하는지 알고자 할 것이다. 그 일이 어떻게 발생했으며 어떻게 개선하는지에 대해서는 묻지 마라. 그렇게 하기보다 어떤 사람이나 단체가 결정을 주도하고 있을 때 사람들이 무엇을 생각하고 있는지 물어라. 여러 개의 새로 합병된 기업체를 가지고 있지만 총 예상 매출을 달성하지 못하는 리더를 예로 들어 보자. 이 사업체들은 회사의 핵심 사업에 비해 크지는 않지만 미래 성장 축으로서 중요하다. 고위 리더는 이 부서를 이끌어가는 사람과 다른 부서 사람들에게 설명을 요청하지만 보고받은 결과에 만족하지 않는다. 그는 현재 진행 상황을 좀 더 잘 이해하기 위해 딥-다이브의 필요성을 느낀다. 그래서 그는 각 사업 현황을 들여다보고 주요 임직원을 만나며 합병에 영향받는 고객에게 이 회사를 설명한다. 고위 리더는 문제의 주원인에 관해 결론을 내리고, 새로 합병된 부서의 리더들을 만나고, 여러 가지 확인한 내용과 인수와 모든 부서 합병 그리고 새로운 사업체 운영 정책에 필요한 개선점을 의논한다.

지금 언급되고 있는 일을 자세히 관찰할 뿐만 아니라 무엇이 개선되지 않고 있는지 무엇이 언급되지 않고 있는지 연구하는 일은 딥-다이브를 하는 데 중요하다. 맥스 베이저만Max Bazerman, 앤 텐브룬셀Ann Tenbrunsel은 미국 아서 앤더슨Arthur Andersen 회계 법인에 의해 미국 대기업 엔론에서 발생한 모든 사건을 깊이 들여다본 사람이라면 모두 돈 만드는 방법에 대해서 많이 이야기하는 모습을 보았을 것이다. 그러나 윤리적 방법으로 행동함으로써 앤더슨(내부고발자)의 명성을 보호해주는 중요성에 대해서는 아무도 이야기하지 않고 있다. 가장 피해가 컸던 사건에서 리더나 그룹의 변화가 필요한데 그 변화를 만들지 못할 때, 일부 경우에 있어서 나는 조직 내 낮은 계층에서 발생하고 있는 여러 상황을 일부러 회피하는 리더를 보았다. 왜냐하면 만약 일이 잘못되면 그들은 주원인에 대해 불안하게 생각하기 때문이다. 어떤 사건이 발생했을 때 그 리더는 충분히 거리감을 두고 그룹이나 부서에서 일어난 일을 전혀 몰랐다고 주장한다. 어쩌면 딥-다이브하는 고위 리더는 발생한 사건이 고의적으로 언급되지 않은 이유에서 기인한 것인지 찾아내기 위해 상황을 정밀하게 이해하려고 들 것이다.

딥-다이브의 두 번째 형태는 리더가 조직 내 위계 질서를 무시하고 혁신적인 프로젝트를 추진할 때 발생한다. 이는 일반적으로 회사의 성공에 주요한 요소라고 리더가 믿는 성장 프로젝트의 경우에 생긴다. 그 결과 리더는 개인적으로 자기 권위와 시간을 투자하게 되고 또 성공 가능성을 더 늘린다. 스티브 잡스는 애플이 새로운 기기를 개발하고 콘텐츠를 공급하기 위한 기록적인 상품을 개발할 때 개인적으로 참여했다. 그는 소매를 걷어붙이고 스스로 세심하게 상품 디자인에 그리고 음악 회사와의 어려운 협상에 완전히 몰입했다. 이런 형태의 딥-다이브는 고위 리더가 다른 요구에도 직면하기 때문에 극히 일부로 제한된다. 그러나 잡스와 다른 사람들이 보여준 바와 같이 그 영향은 주요한 프로젝트에서 발생하는 일들을 리더가 보다 잘 이해하고 그 프로젝트의 성공 확률을 높이는 두 가지 면에서 긍정적이 될 수 있다.

발전에 대한 단기 검토를 하라

잘못된 데이터를 수집하는 또 하나의 기술은 목표 분야의 발전 상황을 수시로 점검하는 일이다. 그렇게 되면 어떤 것이 빨리 실패하는지 알 수 있다. 어떤 회사의 리더는 회사 성공을 위해 가장 중요한 분야를 일주일에 한 번 정도 검토한다. 스티브 잡스가 애플 CEO였을 때 바로 이렇게 했다. 그는 월요일마다 핵심 팀들과 만나고 개발 중인 주요 상품 하나하나의 진행 과정을 검토했다. 잡스가 이 회사의 모든 상품 종목을 일렬로 나란히 진열했기 때문에 가능했다. 또 그는 상품 디자인에 대한 정열을 가지고 있었고, 그 팀은 새로운 상품이 그들 기준에 달할 수 있는 준비가 되어 있다고 믿었다. 잡스는 회사의 모든 리더들이 각 상품의 현재 진행 상황을 충분히 이해하기를 원했고 빨리 자주 정보를 제공해 주기를 원했다. 다른 사례이 회사에서는 이런 잦은 주기의 검토가 더욱 자주 진행된다. 픽사는 전체 프로젝트 팀이 하루 일과가 끝날 때 그날 한 일 중 가장 활력을 주었던 부분을 검토해야 한다고 주장한다. 이것은 '라이브 액션 영화'를 찍을 때 흔히 있는 일이다. 픽사 사장 에드 캣멀은 이 과정을 다음과 같이 설명한다.

> 직원들에게 불완전한 상태의 상품 전체 애니메이션을 보여준다. 결정은 감독이 내리겠지만 각자 자기 의견을 제시하도록 권고한다. 여기에는 여러 장점이 있다. 첫째, 진행 중인 작품을 내보이면서 당혹스러움을 일단 극복하면 그들은 더 창의적이 된다. 둘째, 감독이나 검토 과정을 이끄는 창의적인 선임자들이 전체 직원들과 중요한 부분에 대해 일일이 대화한다. 셋째, 사람들은 서로에게서 배우고 마음의 감명을 받으며, 대단히 창의적인 애니메이션 작품은 사람들에게 그들의 게임을 성공시키도록 자극을 줄 것이다. 마지막으로, 끝에 가서는 놀라움이 없다. 당신이 몰두를 끝낼 때 당신 일도 끝난다. 작품이 다른 사람들에게 보여지기 전에 "아! 참 좋다."라는 말을 듣고 싶어 하는 사람들의 마음속에 끓어 오르는 욕망으로 완성된 이 작품은 감독이 원하는 바가 아닐 가능성도 있다. 매일매일의 이 과정은 그와 같은 불필요한 노력을 피하게 해준다.

픽사 역시 전 분야에 걸쳐서 진행되고 있는 대화를 쉽게 할 수 있는 문화를 창출하려고 노력했다. 즉, 정보가 더욱 생산적이고 시기 적절한 방법으로 적용될 수 있는 문화를 창출하고 싶어 했다. 픽사는 회사 내 모든 부서 팀원이 현재 문제점을 해결하거나 또는 기회를 만들기 위해 다른 부서 사람에게 찾아가는 일을 마음 편하게 해야 한다고 언급하며 픽사에서 이런 문화를 부분적으로 창출해 냈다. 나의 느낌으로 이런 기준은 특히 그 회사 리더가 전에 일했던 다른 회사에서 일찍이 보아

왔던 개선점에 대한 반응이다. 이전 회사에서는 모든 일을 정상적인 채널에 따라 처리하는 것이 절대적이었다. 그 회사에서는 다른 부서에 있는 사람에게 도움을 청하기 전이나 또 그들 활동에 해를 줄 위험성이 있는 일을 하기 전에 반드시 허가를 받아야 했다. 존 라세터John Lasseter는 그가 근무 하던 직장 디즈니에서 일찍이 경험했다. 픽사는 조직 내 위계 질서가 계층과 회사 전체에서 정보 흐름을 제한하기를 원하지 않았다.

시장에 관한 잘못된 데이터를 찾아라

리더는 고객이나 시장 경쟁자에 관한 잘못된 데이터를 찾아내기 위해 다양한 기술을 사용할 수 있다. 이 장에서 나는 몇 가지 관련 방법을 소개한다. 앞에서와 마찬가지로 리더는 특정 환경이나 기업 문화에서 어떤 것이 가장 효율적인지 결정해야 한다. 다음과 같이 고려해 볼 만한 방법들을 소개한다.

- 확인하고 감시하라.
- 자기 핵심 추측에 도전하라.
- 사전-사후 검토를 하라.

확인하고 감시하라

조직은 일반적으로 서서히 발생하는 위협을 알고 있다. 그러나 앞서 언급한 바와 같이 이 위협을 자주 과소평가한다. 대개 신입 직원은 전혀 문제되지 않는 것을 위협하는 사람으로 치부되고 소외당한다. 오히려 리더는 감독해야 할 부분을 확인하고 특정 경쟁 상대를 확인해야 한다. 이렇게 할 수 있는 방법은 주목받는 사람을 확인하고, 어떤 경우에는 그들에게 서서히 모습을 드러내고 있는 경쟁사의 행동을 포함해 확인되고 있는 정보를 수집하고 데이터를 분석하는 책임을 질 수 있으며 감시 가능한 사람을 확인하는 것이다. 이 감시 역할은 목표가 되고 있는 이 분야에서 상황을 정확히 파악하고 현재 나타나고 있는 위협을 둘러싼 우려를 변호하는 사람이다.

하나의 사례는 델과 같은 PC회사에서 찾을 수 있다. 델은 모바일에 장착된 계산기의 힘을 인지하는 데 너무 늦었고 결국 사업 모델마저 다 죽여 버렸다. 델은 회사 주위에서 서서히 일어나고 있는 위협에 대한 정보를 가지고 있을 수도 있고 어쩌면 없을 수도 있다. 하지만 델과 그 팀이 잘못 해석한 경고 신호를 보낼 만한 내·외부 그룹이 없었다고 믿기는 어렵다. 더욱이 감시 역할이란 모든 상황이 편안하고 안정된 시기에 적절한 조치가 필요하다고 충고할 수 있는 사람이 되는 일이다. 그것은 다른 사람이 무시해 버릴 수도 있는 미래의 위협에 대비하는 감시견과 같다. 마찬가지로 그들은 산업체 가운데 많은 사람들이 틈새시장으로 볼 수 있는 새로운 경쟁자에게 집중할 수 있다. 일부 회사 전략 그룹은 경쟁사 정보를 수집하려고 하겠지만 이것의 추진에 필요한 일들이 눈에 잘 드러나지 않는다. 일찍이 언급한 것과 같이 일부 회사는 원로 이사를 대형 고객을 위한 전략 기획 매니저로 지정한다. 이와 유사한 방법으로 현재 리더십 팀에 있는 팀원을 경쟁자를 깊이 이해하고 감시하는 직책에 임명할 수 있다. 여기에는 리더십 팀이나 회사가 도입하고 있는 전략과, 회사가 R&D 분야에 이룩하고 있는 발전도 포함된다. 리더는 가능성이 많은 소수 그룹에 빠르게 성장하고 있는 경쟁자를 연구하게 하고, 발전 속도를 확인하게 하며, 어째서 자기 회사보다 커진 경쟁사가 시장을 빼앗아 가는지 연구하게 할 수도 있다. 리더십 팀은 주기적으로 팀 회의에서 경쟁자들을 검토하고 회사 전략과 투자 의미를 의논한다.

　여기에 근거한 또 다른 방법은 만약 리더가 자기 회사의 강점과 약점을 포함해서 모든 것을 알고 있는 상대편 경쟁자라고 가정한다면 그 회사를 어떻게 공략할 것인가를 묻는 일이다. 일부 리더는 회사 외부 또는 사내의 높은 능력을 가진 소규모 그룹에 이 조사의 내용을 분석하게 한 후 결과를 리더십 팀에 제출하도록 요구한다. 그리고 이런 방법을 이용해서 질문한다. "최고 등급 개인 주식회사가 만약 우리 회사를 인수하고 또 그들의 투자 가치를 극대화하기를 희망할 때 그 회사는 어떤 일을 할 것인가?" 이런 식의 질문은 조심스럽게 검토할 필요가 있다. 왜냐하면 이것은 회사 가격을 극대화하기 위해 단기적인 행동을 취하는 결과가 될 수 있기 때문이다. 그러나 좀 더 큰 회사의 사내 부서가 되고 이익을 늘리기 위해 대담한 가격 깎기 조치를 취하여 가격이 오히려 평가절하되는 하나의 부서를 만드는 것처럼 더 토론해야 할 조치를 찾아낼 수도 있다.

자기 핵심 추측에 도전하라

　최고의 리더는 필요할 때 충성스런 동업자가 아니라 보조적인 적으로 일하는 동료를 원한다. 이에 대한 한 가지 방법은 종종 의미가 내포된 추측을 하는 일이다. 예를 들면 어느 기술회사 미팅에서 고위 리더는 전략을 제시하고 그들 회사의 핵심 기술을 다른 경쟁사가 따라오려면 아직도 5년 정도 시간이 있다고 언급했다. 외부 이사가 그에게 어떻게 그런 결론을 내리게 되었는지 물었다. 곧 그것은 확실한 데이터를 근거로 하지 않고 어디까지나 결론 제시자가 그런 일이 발생할 수도 있을 것이라고 생각한 추측임을 알게 되었다. 이와 같은 방법은 리더가 사람들에게 추측 혹은 포함된 의미를 바꾸도록

최고의 리더는 필요할 때 충성스런 동업자가 아니라 보조적인 적으로 일하는 동료를 원한다.
이에 대한 한 가지 방법은 종종 의미가 내포된 추측을 하는 일이다.

요구할 때 좀 더 신중한 방법으로 사용할 수 있다. 어떤 경우에 이것은 그룹의 열망을 바꾸고 그와 같은 열망을 현실로 만드는 데 무엇이 필요한지 결정하기 위해서 이용할 수도 있다. 리더는 팀에 이런 이야기를 할지도 모른다. "당신들은 5년 내에 1,000만 달러 시장을 전망하고 있다. 나는 이 상품이 그것보다 훨씬 더 커질 가능성이 있다고 생각한다. 이 상품이 5,000만 달러 시장이 되도록 만들려면 무엇이 필요한가?"

잘 알려진 어느 이야기에서 GE의 핵심 부서에 있는 여러 리더들이 등장한다. 리더들은 스리마일 섬Three Mile Island: 미국 최악의 핵 사고 이후 한동안 사업 계획을 추진하고 있었다. 그들은 얼마 동안 천천히 그러나 꾸준히 원자력 발전소 개발을 기획했다. 그 당시 CEO 잭 웰치Jack Welch는 그 일을 이야기하면서 향후 수십 년 동안 미국에 어떠한 핵 발전소도 지어서는 안될 것이라고 추측하면서도 그 계획을 수립하는 것이 망상적이었고 또 필요했다고 말했다. 그는 그 계획을 다시 세우게 했다. 이러한 사업 방향의 전환은 사람들에게 사건 발생 이전의 생각을 바꾸어 다른 시나리오를 수용하는 계획을 개발하도록 요구함으로써 이루어질 수 있다. 이것은 '시나리오 기획'이라는 일종의 기술이다. 이것에는 서로 다른 미래가 상상되고 위험부담도 있으며 앞으로 이 회사에 있을 수 있는 위험의 윤곽도 들어있다. 이 시나리오 안에는 가능성은 별로 없지만 만약에 그런 일이 발생하면 엄청난 파괴가 있을 수도 있는, 즉 새로운 기술 도래와 같은 사건이 들어있다. 많은 회사는 그들의 전략적 기획 안에 일종의 위험 평가 방법도 포함한다. 특히 금융 산업의 비즈니스를 하고 있는 일부 회사는 여러 가지 형태의 위험부담 평가를 하기 위해 수석 위험부담 담당 간부를 두고 있다. 이런 사람은 평가를 내리고 팀원에게 또 때에 따라서는 이사진에게 피해 경감 계획을 제안한다.

이런 추측에 도전할 필요성은 인텔Intel의 전 CEO였던 앤디 그로브Andy Grove에 관한 유명한 이야기에서도 나타나듯이 리더 자신의 생각에서 출발한다. 이 회사 리더십 팀은 메모리칩에서 마이크로프로세서로 기술이 옮겨가면서 인텔 핵심 사업의 주요 변화를 토론했다. 무엇을 어떻게 해야 할지 확실히 몰랐던 그로브는 공동 CEO 고든 무어Gordon Moore에게 보낼 가상 질문 하나를 짰다. "만약 우리가 교체되고 새로운 경영 팀이 들어온다면 그들은 어떻게 할까?" 두 사람 모두 같은 생각이었던 그 질문의 답은 그들이 거부하고 있던 사내 정책 변화를 시도하는 일이었을 것이다. 그로브와 무어는 변화를 계속 추진하기로 결정했고 그 결정은 인텔의 놀랄 만한 성장의 역사가 되었다. 그 설명은 다음 장에서 언급한다.

사전-사후 검토를 하라

대부분의 사람은 어떤 계획이 끝났을 때 배운 교훈을 되돌아보고 얻어내는 사후 검토의 장점을 잘 알고 있다. 이 기술의 주요한 점은 리더가 자기 경험으로부터 무엇인가 배우겠다는 마음 자세를 간직하고, 잘 진행된 일과 개선되어야 할 점에서 어떤 교훈을 배웠는가를 밝혀내는 일이다. 사후 검증을 위해 기획과 분야가 선정된다. 그다음 소수 그룹이 기획했던 사항, 실제로 발생한 일들, 이 분야에 있어서 미래 노력에 대한 의미를 철저히 검토한다. 예를 들면 새로운 투자처로 개발 도상 시장에 회사가 기울이는 노력을 검토하는 일이다. 과거 5년 동안의 경험을 자세히 검토하고 그 경험에서 배운 교훈을 객관적인 눈으로 바라본다. 국민적 비극이었던 챌린저호나 컬럼비아 우주왕복선 참사 또는 6년 전 플로리다 멕시코만의 BP 석유 유출 사건 직후에 이루어진 수사가 사전-사후 점검 작업이 어떤 역할을 하는지 알려 주는 가장 생생한 사례다. 이러한 기술은 결과가 성공적인 경우에도 도움이 된다. 리더와 회사는 왜 상황이 잘 이루어지며 또 왜 그들은 미래에도 성공적인 사례를 모방할 수 있는가에 대한 인식이 부족한 경우가 종종 있다.

이와 같은 유형의 검토 모델은 흔히 M&MMorbidity(질병상태) and Mortality(사망율)이라 부르는 의약 부문 직업에서도 발견된다. 이 회의는 대부분의 대학 병원에서 주말마다 진행된다. 병원 직원은 철저한 감독 아래 지난주에 발생한 일들을 수집·검토하고 미래 재발을 막기 위한 개선 방법이 있는지 검토한다. 일부 병원에서는 이런 회의에 의사나 의대 학생들은 물론 수백 명의 사람들이 함께 참석한다. 이 회의 리더는 수석 레지던트를 소개하는데 이들은 각 병원 환자 기록을 검토하는 사람이다. 여기에 토론이 뒤따르고 그동안의 모든 교훈에 대해 같은 의견이 이루어지며 필요한 변화가 있으면 추진한다. 이 미팅의 성공 열쇠는 공개적으로 어떤 사실을 찾아내고 또 그와 같은 실수가 앞으로도 발생할 수 있음을 인정하는 솔직한 대화를 하는 것이다.

미팅의 성공 열쇠는 공개적으로 어떤 사실을 찾아내고 또 그와 같은 실수가 앞으로도 발생할 수 있음을 인정하는 솔직한 대화를 하는 것이다.

나는 상품 개발 능력을 별로 보이지 못한 기록물을 가진 어느 리더십 팀과 같이 일했다. 이 기록물에는 각 상품마다 좀 독특한 어려움이 있었지만 대부분의 경우 오랫동안 기획한 금융 목표액을 달성하지 못한 실패 사례가 들어있었다. 이런 여러 기획을 들여다보면서 팀원은 이 기획 집행을 발전시킬 수 있고 회사의 R&D 상품 시장을 개선할 수 있다는 결론을 내리고 판매 그룹과 협력해서 일했다. 단결된 목표를 가지고 더욱 정기적인 대화를 가지며 지정된 서로의 관계 역할을 했다. 그러나 좀 더 큰 안목으로 보면 그 팀은 언제나 새로운 상품에 대해 가장 긍정적인 전망치를 품고 있었다. 이 상품을 적극적으로 지원하는 사람은 내부적으로 이 상품이 좋다는 것을 고위 단계의 사람들에게 설득했다. 그러면 회사는 이 계획을 받아들였지만, 어떤 사람도 그와 같은 적극적인 성장 목표를 성공적으로 이룩할 수 있는 가능성을 현실적으로 평가하는 임무는 맡지 않았다.

사후 평가 기술은 이것을 '작전 후 재검토'라고 부르는 미 육군을 포함해서 다양한 조직 내에서 효과가 있는 것으로 입증되었다. 하지만 이것은 많은 결점의 가능성도 있다. 첫째, 사람은 객관적으로 실수를 바라지 않는다. 왜냐하면 개인과 그룹의 명예가 상당히 위험을 받을 수 있다고 느끼기 때문이다. 이런 경우에 사람은 자신을 실수로부터 멀리하든지 단점에 대해 비판을 안 하든지 둘 중 하나를 선택한다. 둘째, 잘 훈련되고 데이터에 기반을 둔 경험을 보는 기술이 없을 때 회사는 확실한 데이터보다 느낌이나 의견에 근거하여 결론을 내리기도 한다. 셋째, 일부 리더와 회사는 평가는 하지만 평가에서 얻은 결과는 실제로 도입하지 않는다. 이와 같은 단점은 벤치마킹(모델)을 분석하는 회사에 있는 단점과 유사하다. 벤치마킹을 하지만, 그들이 발견하는 데이터의 결과는 따라 하지 않는다. 오히려 그들은 얻은 데이터에 의해서 행동할 필요가 없고 그들이 하고 있는 영업 방법을 바꿀 필요도 없다는 합당한 이유를 찾는다. 각 리더는 사후 검토 절차를 확실히 도움이 되는 데이터로 보는 방법을 찾아야 하고, 이러한 절차가 더 이상 효과가 없는 것을 확인하면 시간을 두고 수정할 필요성이 있을지도 모른다.

이와 관련된 기술은 사전 검토다. 이것은 어떤 프로젝트가 시작되기 전에 그리고 프로젝트 중에 어떤 것이 잘못될 수 있는지 사전에 생각하는 일이다. 게리 클레인Gary Klein은 이런 방법을 적극 추천하는 사람인데, 사전 검토는 고도의 생산적 방법으로 구체적 사상을 증진한다고 언급한다. "프로젝트가 시작되기 전 우리는 이런 이야기를 해야 한다. 우리는 수정 공 안을 들여다보고 있다. 이 프로젝트는 실패했다. 이것은 대 참패다. 모든 사람은 2분 정도 시간을 가지고 왜 이 프로젝트가 실패했는지 모든 이유를 적어보라."

이와 같은 방법이 성공하기 위한 주요 열쇠는 사람들이 앞으로 회사의 방법이나 문화에 관한 구체적인 면 때문에 직면하게 될지도 모르는 구체적인 도전에 대해 무엇을 알고 있는지 토론하는 일에 집중하는 것이다. 이 그룹은 실패 가능성의 원인에 관하여 전반적인 설명만 내놓아서는 안 된다. 예를 들면 "우리들은 시기 적절하고 효율적인 방법으로 진행 과정을 검토하지 않았다."와 같은 두루뭉술한 설명은 안 된다. 오히려 이 그룹은 사람들이 무엇을 아는지 어떤 두려움이 발생할 것인지에 대해 구체적으로 의견을 제시해야 한다. "우리의 역사는 기다렸고 너무 늦을 때까지 이 프로그램에 대한 검토를 해왔다. 이것은 시간과 자원을 소비하고 또 이 프로젝트에서 일해 왔던 사람들에게 엄청난 좌절감을 주는 결과가 되었다. 이 프로젝트는 우리들이 고위 리더십과 더불어 매달 진행 과정을 검토하지 않았기 때문에 실패했다." "과거에는 우리가 많은 프로젝트의 엄청난 분량을 검토하도록 허용해 왔다. 이번 프로젝트는 여러 가지 특징을 상품에 추가했다. 그리고 이것은 우리의 계획과 가격 목표를 다 망쳐버렸다. 우리는 성공의 한계를 위에 두어야 하고 그곳에서 마음이 이탈해서는 안 된다. 잘못될 수 있는 것을 찾아낸 후에 두 번째 할 일은 그 상품의 실패가 될 수 있는 부분을 최우선 정책으로 삼는 일이다. 모든 손실 위험이 똑같은 것만은 아니다. 그룹은 최고 위험 두세 가지를 골라내 손실 방위 대책을 통해 확인해야 하고 또 시간을 두며 검토할 필요도 있다.

잘못된 데이터를 찾기 위한 조치

다음의 워크시트는 리더로서 자신의 영향력과 팀, 회사, 상품 시장에 관한 확신을 찾아내는 데 도움이 된다.

잘못된 데이터 찾기: 앞으로 해야 하는 조치 요약

인지 영역	자신이 추진하는 분야 (✓ = yes)	자신이 추진하려는 분야에 대한 인식을 높이기 위해 앞으로 해야 할 행동을 설명하거나 다음 단계를 설명하시오.
자신의 리더십 영향에 관한 잘못된 데이터를 찾는다.		
1. 자신의 가정에 도전한다. 주요한 결정에 대해 스스로 엄격한 충고자가 된다.		
2. 시간이 가면서 결정을 점검하고 수정한 결정을 평가한다.		
3. 다른 사람은 자신의 리더십 영향을 어떻게 생각하는지 360도 다양한 평가를 한다.		
4. 그동안 배운 교훈이나 개선 부분을 주기적으로 요약한다.		
팀에 관한 잘못된 데이터를 찾는다.		
5. 팀 전체의 업무 효율성을 공식적으로 평가한다.		
6. 팀원의 능력을 알기 위해 차기 리더십 팀과 간단한 인터뷰를 한다.		
7. 팀원 각각의 능력을 평가한다.		
8. 팀원의 개발 능력을 평가하고 감독한다.		
조직에 관한 잘못된 데이터를 찾는다.		
9. 전략적 능력 수행 기준을 정밀하게 평가한다.		
10. 신입 사원, 퇴직 사원, 외부 인사로부터 기업에 대한 견해를 얻는다.		

11. 목표 분야에 깊이 들어간다.		
12. 단기적 발전을 검토한다.		

시장에 관한 잘못된 데이터를 찾는다.

13. 소수에게 목표가 되는 외부 위험과 기회를 검토하게 하고 보고받는다.		
14. 반대 의견도 받아들이고 회의, 기업 설명 때 내용을 다시 검토한다.		
15. 주요 프로젝트는 사전·사후 관리를 시행한다.		

다른 분야의 활동:

CHAPTER

7

주변 시야를 개발하고
남이 간과하는 것을 보라

Develop Peripheral Vision and See What Others Miss

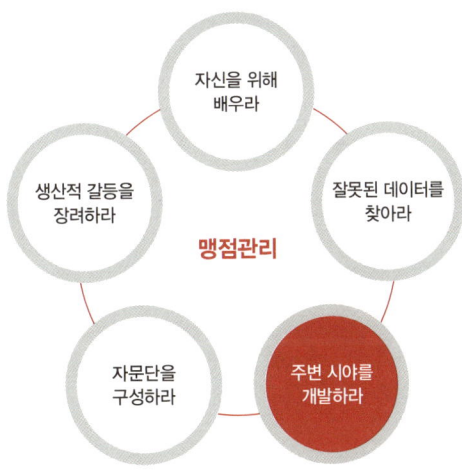

리더십은 흔히 대담한 움직임을 필요로 한다. 말하자면, 산업을 바꾸는 인수, 혁신
적 기술에 대규모 투자, 새로운 지역의 시장 개발, 폭넓은 조직 개편 등이다. 가장
훌륭한 리더는 그와 같은 분야의 결정에서 품질을 개선하기 위한 하드 및 소프트

데이터 두 가지가 모두 필요하다. 이것은 다른 사람의 견해를 이용하고 특정 행동 방향의 결과를 추측하며 리더의 맹점이나 편견을 말해 줄 수 있는 가장 유리한 위치에 있는 사람들의 견해를 이용해야 한다. 그 도전은 관심사를 표명하는 데 분명하고 직접적인 표현이 되도록 만들어 준다. 사람은 다양한 이유로 이해하기 어렵고 심지어는 잘못된 보고를 가끔 상부로 보낸다. 솔직한 대화를 장려하면서도 의견 결정 과정에서는 대화의 미묘한 차이에 관심을 기울이는 문화를 개발하는 능률적인 리더도 있다. 이것은 특히 조직을 지속적으로 발전시키고 결정을 빠르게 내리는 데 주력하며 열심히 노력하는 이사들에게 확실하다.

말하는 사람	말한 내용	고려한 내용
CEO가 팀원에게	대규모 투자로 새로운 글로벌 운영 시스템을 기획하는 데 반드시 성공해야 한다.	이것은 회사의 큰 위험부담이다. 나는 모든 팀이 전부 참여하도록 만들어야겠다.
CEO가 영업 부사장에게	제조 분야 그룹의 모든 리더는 새로운 시스템을 전적으로 지원하고 있는가?	영업 부사장은 상당히 우려하는 모습으로 보이지만, 새로운 기획에 대해 질문을 받았을 때 직접적인 반대 의견은 제시하지 않고 있다.
부사장이 질문에 답하기 전에 잠시 멈춘 후	직원은 책임감이 분담되어 있는 기존 영업 방법에 습관이 들어 변화를 싫어한다.	나는 많은 문제점을 말했다. CEO는 이런 이야기를 들으려고 하지 않았다. 나는 팀 일원이 되고 싶고 이 프로그램을 팀원과 함께 추진하고 싶다.
CEO	좋아요. 나의 지원이 필요하면 알려주세요.	그는 이 프로그램에 찬성한다. 그렇지 않다면 이 프로그램에 반대한다는 표현을 했을 것이다. 그의 우려는 걱정할 만한 것이 없다.
영업 부사장	우리가 하고자 하는 것을 알려 드립니다.	이것은 CEO가 좋아하는 프로젝트다. 내가 이것을 찬성하지 않는다 하더라도 CEO에게 지원할 필요가 있다.

위의 도표는 새로운 글로벌 제조 과정에 문제점이 있는지 찾으려고 노력하는 리더와 영업 부사장의 팀 회의 동안 있었던 대화를 표시하고 있다. 이런 대화 속에서 CEO와 부사장은 서로에 대해 이야기했다. CEO는 결과적으로 그의 새로운 정책에 문제가 되는 것의 심각성을 알지 못했고, 그가 좀 더 집중적으로 이 문제를 파고 들어가 분석했어야만 할 때에도 이런 과정을 밟지 않고 그대로 일을 추진했다. 그 결과 새로운 절차는 제대로 시행도 되지 않고 실패했으며 기대에 대한 결과도 가져오지 못했다. CEO의 견해로 볼 때 부사장에게 우려되는 점이 있으면 그것을 밝힐 수 있는 기회를 주었는데도 부사장은 그렇게 하지 않았다. CEO는 상황에 대해 제대로 보고를 받지 못했다는 생각이 들었다. 부사장의 입장은 CEO에게 문제의 심각성을 말하려고 했지만 사장이 귀 기울이지 않았고 더 이상의 반대 소리를 듣고 싶어 하지 않았다는 것이다. 부사장이 생각하기에 리더는 남의 말을 듣지 않고 밀고 나가는 주의고, 그래서 우려를 표명하는 것은 쓸데없는 노력이라고 느꼈다.

어떤 경우에 조직의 최고 직책에 있는 사람과 낮은 직책에 있는 사람은 서로 충돌을 피하려고 말이 없는 가운데에도 늘 충돌하고 있다. 리더는 보통 다른 사람들에게 올바른 사람으로 보이기를 원하고 자신이 선호하는 행동을 다른 사람들이 받아들이기를 바란다. 대부분의 사람 역시 건전한 자존심을 가지고 있고 자기 능력에 대한 자신감을 가지고 있다. 동시에 차기 경영진은 자신의 위 단계 사람들을 늘 기쁘게 해주려는 욕심을 가지고 있다. 그래서 그들은 리더의 생각이 잘못된 것으로 입증되면 당혹감을 줄 것을 두려워하면서 늘 피하고 영향력을 행사할 수 있는 힘 있는 사람의 마음을 불편하지 않게만 만들려고 한다. 그래서 특정 행동에 대한 관심을 늘 애매모호한 방법으로 표현하게 되고, 고위층에 있는 사람들은 이런 점을 간과하기 쉽다. 좀 더 극단적으로 말하자면 사람은 리더가 무엇을 듣고 싶어 하는지 파악해 바로 그 점만을 말해 준다.

이와 같은 인간관계의 조율을 지켜보는 일은 흥미롭다. 당신이 리더이든 차기 경영진 멤버를 바라보고 있는 사람이든 간에, 일상적으로 일어나는 일에 대해 마치 당신은 관심이 없는 것처럼 보인다. 이와 같은 유형의 왜곡은 흔히 리더가 조직 내에서 점점 더 힘이 많이 생길 때 정보 흐름을 제한하는 조건을 만들거나 효율적인 의사 결정을 제대로 하지 못하게 되면서 증가한다. 이로 인해 힘이 약한 사람은 중요하지만 부정적인 정보를 자기만 보유하고 상위 직책의 사람에게는 제대로 전달하지 않는다. 대부분의 조직에서 이러한 문제가 제대로 의논되지 못하기 때문에 리더는 현재 무엇이 잘못되어 있는지 충분히 알지 못한다. 다른 말로 하면 일반적으로 사람들은 리더에게 잘 가지 않고 이렇게 말한다. "리더는 공개 토론을 원한다. 하지만 행동은 늘 그와 정반대다. 그래서 팀 미팅에서 나는 내가 생각하고 있는 바를 리더에게 말하지 않는다." 그로 인해 리더는 잘못되고 불완전한 정보를 가지고 회사를 운영하고, 더욱 중요한 점은 리더 자신이 이러한 불확실한 정보를 가지고 조직을 이끌고 있다는 사실을 모른다는 것이다. 결국은 맹점 속에서 활동하는 것이다. 이 상황의 움직임은 다음 '전달 왜곡Communication Distortion' 그림에 요약된다.

> **힘이 약한 사람은 중요하지만 부정적인 정보를 자기만 보유하고 상위 직책의 사람에게는 제대로 전달하지 않는다.**

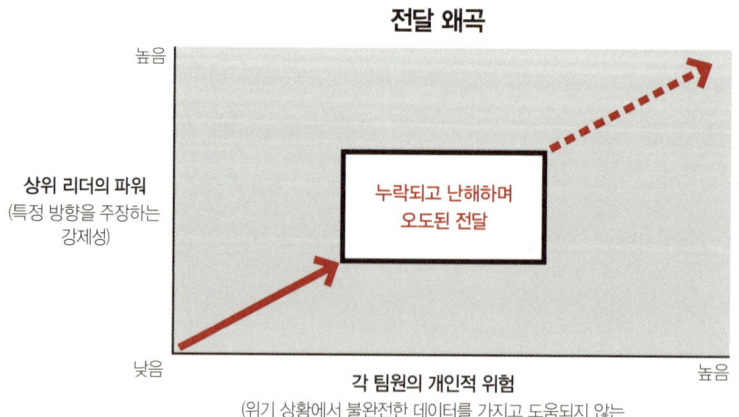

전달 왜곡

높음

상위 리더의 파워
(특정 방향을 주장하는 강제성)

누락되고 난해하며
오도된 전달

낮음

각 팀원의 개인적 위험
(위기 상황에서 불완전한 데이터를 가지고 도움되지 않는
견해를 제시하는 영향)

높음

문제점을 해결하는 일은 때때로 해결해야 할 문제를 찾는 일보다 더 쉽다. 나는 주로 어떤 문제점이 중요 쟁점이 되기 전에 먼저 개선을 요하는 문제에 대한 경고 신호를 인식할 수 있는 리더의 능력을 언급할 때 '주변 사고Peripheral Vision'라는 용어를 사용한다. 문제점에 관한 정보는 대개 이해하기에는 너무 미미해서 리더 앞으로 오는 수많은 데이터나 이슈 정보 속에 쉽게 묻혀 버린다. 어떤 사람은 이 경고 신호를 '취약점 조짐Weak Signal'이라고 부른다. 왜냐하면 이것은 무엇이 잘못되었는지 답을 찾을 때 더욱 분명해지기 때문이다. 결과적으로 실패는 어떤 경우에 있어서는 빠르게 발생하는데, 경고 신호가 이미 와 있는데도 리더는 그것을 보지 못하고 정확하게 해석하지도 못한다. 속이는 중개인의 의심스러웠던 행위를 직원들이 묵인하여 초래된 베링은행Barings Bank의 도산이 바로 그런 사례다. 컬럼비아호 우주 왕복선 참사는 경고 신호를 보고도 별로 중요하지 않다고 판단해 개선 행동을 하지 않았던 또 다른 리더의 예다.

실패는 이보다 더 천천히 나타날 수 있다. 로저 스미스Roger Smith의 임기에 GM에는 일본 제조업체들이 천천히 그리고 조직적으로 GM보다 더 우수한 상품을 가지고 GM 시장을 빼앗고 있다는 많은 경고가 있었다. 그러나 이러한 경고는 도요타, 혼다, 닛산 등의 부상 초기에 스미스와 GM의 지도부 팀에 의해 철저히 무시당했다. 미미한 신호를 볼 수 있는 능력은 사람에 따라 각기 다르다. 나는 다른 사람이 놓쳐버린, 눈에 바로 띄지 않는 경고를 보는 데 능숙했던 한 리더와 일을 했다. 예를 들어 한때 그는 다국적 기업의 고위 리더십 팀에 한 가지 제안을 했다. 그의 건의 사항에 우려를 나타냈던 여자 동료 한 사람은 미팅에서 아무런 이야기도 하지 않았다. 하지만 그는 그녀가 미팅 후 조용히 이야기할 것이라고 짐작했다. 또 그녀의 침묵은 건의에 관심은 갖고 있지만 그룹에 자신의 견해를 의논하고 싶지 않은 것이라고 생각했다. 회의가 끝난 후 그녀는 제안에 문제점이 있지만 그룹과 협력 단체의 정치적 특성 때문에 미팅에서 문제를 표면에 드러내어 토론을 더욱 어렵게 만들고 싶지 않았다는 것을 확실히 밝혔다. 두 사람은 별도 토론에서 함께 그녀의 우려를 해결했고, 마침내 그는 이 일을 추진하는 데 필요한 지원을 얻었다. 그는 회의에서 중요한 동료의 미묘한 행동에 관심을 기울인 덕분에 일을 성공시키는 데 필요한 사내 관계를 잘 관리했다. 기술이 서툰 리더는 그녀의 행동을 무시하거나 아니면 제안의 우려점을 회의에서 물었을 것이다.

다음 몇 가지 행동은 주변 시야를 개발하고자 하는 리더에게 중요하다.

- **팀원을 알라**
- **그들의 행동에 주목하라**
- **반대 의견자에게도 말할 기회를 주라**
- **삼진 아웃 규정을 도입하라**
- **서로 다른 각도로 들어라**

팀원을 알라

선임 리더는 문제를 잘 해결하기 위해 팀원을 잘 알아야 한다. 팀원의 의사 결정과 영향력 형태의 차이점은 특히 중요하다. 어떤 팀원은 사건을 다른 사람에게 알리는 것을 편안하게 생각하지만, 또 다른 팀원은 문제를 빨리 해결하는 것을 더 좋아한다. 일부는 의사 결정 전에 많은 데이터를 수집·분석하는 것을 좋아하는 한편 또 다른 팀은 자신들의 느낌에 더 많이 의존한다. 팀원들은 특히 공공 장소에서 권위직의 의견에 도전하는 마음이 각기 다르다. 어떤 사람은 공개적이거나 강제적으로 일을 하고자 하는가 하면, 다른 사람들은 주저하면서 그룹 회의 밖에서 그 일을 하려고 한다.

팀원의 마음을 읽기 위해서는 서로 마음의 경향을 알아야 하고 사람들의 동기도 알아야 한다. 어떤 팀원은 결정을 하기 전에 문제점을 일일이 세부 검토하는 경향이 있다. 하지만 소수의 사람은 단지 논쟁의 한 면만 보는 경우도 있다. 이런 일이 발생할 때 리더는 왜 팀원의 태도가 평소의 방법과 다른지 이해할 필요가 있다. 마찬가지로 일부 팀원은 다른 사람보다 위험을 더 안일하게 생각하는 경향이 있다. 위험에 능숙한 팀원은 새로운 아이디어를 다른 사람이 지지하고 있더라도 반대 의견을 제시하는데, 이때 리더는 반대하는 우려점을 주목하고 이해하도록 노력해야 한다. 이런 일을 하기 위해 리더는 반드시 해야 하는 결정에 계속 관심을 기울여야 하고 동시에 토론의 열기에 쉽게 묻혀 버릴 수 있는 사소한 문제에도 관심을 기울여야 한다.

리더는 반드시 해야 하는 결정에 계속 관심을 기울여야 하고 동시에 토론의 열기에 쉽게 묻혀 버릴 수 있는 사소한 문제에도 관심을 기울여야 한다.

리더는 자신이 주로 실행하는 리더십 스타일을 알고 있어야 하고 이것이 팀 의사 결정에 어떤 영향을 주는지 알아야 한다. 효율성에 가치를 두고 세련된 태도로 회의를 주도하는 리더를 생각해 보자. 그 리더는 사람들이 확실한 분석과 데이터에 의해 입증되지 않은 견해를 피력하는 것을 싫어한다. 팀 분위기로 볼 때 사람들은 데이터나 분석에 의해 충분히 입증되지 않은 문제점을 토론 주제로 가져오는 일을 꺼려할 것이다. 미팅을 계속 유지할 수 있는 리더의 파워가 사람들의 의견 피력을 소극적으로 만든다면 이것은 오히려 약점이 될 수 있다. 리더는 자신의 스타일이 주위에 끼치는 영향을 알아야 하고, 여러 종류의 견해가 토론의 제목이 되어 토론될 수 있도록 조치를 취해야 한다. 리더는 특정 제목의 토론에 더 많은 시간을 할당하고 싶어 하거나, 의견을 토론 제목으로 이끌어 내는 구체적인 미팅 기술(각각에게 차례대로 현재 토론되고 있는 문제를 깊이 생각해 보도록 하는 기술)을 사용하고 싶어 할 것이다. 리더 역시 팀 회의가 끝난 후 그들이 가지고 있을지도 모르는 문제점을 좀 더 충분히 토론하기 위해 각 개인의 의견을 참작해 보는 것도 좋다.

핵심은 리더가 성공에 영향을 줄 수 있는 능력을 가진 사람의 장점을 잘 알고 있어야 한다는 것이다. 미시간 주에 있는 의료 장비 공급 업체 스트라이커Stryker의 CEO였던 스티브 맥밀란Steve MacMillan의 예를 들어보자. 그는 41세의 나이에 대단히 성공적이었던 이 회사를 다음 단계의 성장으로 이끌어 가기 위해 채용되었다. 7년 만에 회사 수입을 세 배로 올렸고 업계 전체가 불황을 겪고 있을 때에도 능력 있게 회사를 운영했다. 맥밀란 역시 의료 사업계에서 영향력 있는 전국적인 언론 대변인으로 점점 더 주목 받았다. 또 존슨앤존슨Johnson & Johnson과 같은 더 큰 회사의 CEO 후보로도 거론되었다. 하지만 그의 개인 생활은 혼란 속에 빠져 있었다. 맥밀란은 부인을 잘 알고 있는 이사 몇 사람에게 자신은 이혼 상태라고 말했고, 회사 자가용 비행기의 승무원 여성과 사귀고 싶다고 말했다. 그는 앞으로 문제점이 될 수 있다고 생각한 인간관계에 대해 이사들의 승인을 원했다. 그 후 이사들은 맥밀란의 상황 처리를 지켜보고 큰 마음의 혼란을 느꼈기 때문에 그를 회사에서 밀어냈다. 실제로 맥밀란의 새로운 관계가 시작되었을 때 이사들은 그가 솔직하지 못했다고 믿었다. 이때를 되돌아보면서 맥밀란은 이렇게 말했다. "스트라이커 회사에서 이사진을 관리하는 일은 내 권한 영역이 아니었고 지금도 여전히 마음이 아프다." 그의 몰락에 대해 주목할 만한 점은 대단히 현명한 사람도 CEO 시절부터 잘 알고 있던 비판적인 이사진이 자신의 행동에 어떤 반응을 보일지 전혀 예측하지 못한다는 것이다. 자신의 행동이 신뢰도에 어떻게 피해를 끼칠 것인지, 그리고 밝혀진 바와 같이 그의 경력에 어떤 영향을 미칠 것인지 왜 보지 못한 것인가?

그들의 행동 신호에 주목하라

리더는 의사 결정 과정에 참여하는 개인에 대해 이해해야 할 뿐만 아니라 다양한 분위기 속에서 발생할 수 있는 섬세한 태도를 파악해야만 한다. 다음은 조심해야 할 경고 신호나 어쩌면 좀 더 연구해 보아야 할 일들이다.

- 비언어적 행동: 리더는 한 팀이 다른 팀과 열띤 논쟁을 할 때 팀원의 제스처를 조심스럽게 지켜볼 필요가 있다. 옳다는 주장을 펼 때 눈동자를 굴리는 행위나 상대방의 눈을 직접 쳐다보지 않는 경우 그 의미를 파악하기 어렵다. 추가로 고려해야 할 몇 가지는 회의 때 상대편에 대한 충분한 이해와 솔직함의 정도를 행동으로 전달받는다는 점이다. 리더는 회의 때 비언어적 행동이나 제스처에 반드시 답할 필요는 없다. 그러나 탐구되어야 할 문제점을 제안하는 사람은 반드시 주목해야 한다.

- 침묵: 리더십 팀 내에서 결정을 지지하지 않는 사람은 흔히 단체 토론을 기피하고, 리더가 결정을 밀고 나가려 하거나 그룹이 결정을 빨리 끝내고 싶은 경우에는 반대 의견을 제시하기보다 침묵을 택한다. 선임 리더는 누가 그룹 토론에 도움이 되고 방해가 되는지 늘 감시해야 한다. 종종 이런 사람들은 회의장 밖에서만 불만의 목소리를 낸다.

- 무응답: 사람들은 리더와 의견이 같지 않을 때 겉으로는 리더의 의견에 동조하는 것 같은 선택을 한다. 이런 일이 발생할 것이라는 신호는 질문에 직접 대답을 꺼리고 오히려 토론을 다른 방향으로 이끌어서 회피적인 답을 주로 내놓으려는 경향으로 나타난다. 나는 사람들이 "이것이 올바른 결정이라고 생각한다면 나도 좋다."나, "이것이 내 책임 분야가 아니기 때문에 전문가 의

견에 따른다."와 같은 편향적인 언급을 주로 이용한다는 것을 알게 되었다. 그들은 현재 토의되고 있는 쟁점을 교묘히 잘 피하거나, 마음속에 숨겨 놓고 싶은 견해를 어쩔 수 없이 밝힌다. 내가 한 리더에게 자기 임무에 관해서 덜 솔직했던 점이 있었는지 물었을 때 그는 다소 풍자하는 식으로 말했다. "나는 목표에 대해 덜 솔직하게 행동할 수 있는 능력을 몇 년간 개발해 왔다. 이것은 무엇보다 값비싼 나의 기술 중 하나다."

- **생략**: 이것은 리더가 결정을 위해 가장 중요한 쟁점을 토론하는 과정에서 문제점이 될 수 있는 부분을 언급하지 않는 것이다. 나는 기업 인수를 적극적으로 추진했던 한 팀과 같이 일을 했는데, 그러는 동안 두 회사 사이의 문화적 충돌 가능성이 있다는 것에 대해 누구도 언급한 적이 없었다. 심지어는 사업 추진 방법도 달랐는데도 말이다. 사람들은 기업 인수 협상이 성공한다면 무엇이 가장 중요한 쟁점이 될 것인가를 분명히 인식하고 있었고, 인수하는 회사 문화가 인수 후 영업의 주도적 방향이 될 것이라고 추측했다. 리더가 두 회사를 하나로 통합하는 데 걱정이라고 보았던 문제에 대해 충분한 토론이 없었다는 것을 알았을 때 이러한 추측은 보다 분명해 졌다.

- **특정 언어**: 사람들은 미묘한 수백 가지 방법으로 그들의 감정을 표출한다. 리더는 더 많은 토론, 그에 대한 사후 대책이 필요하다는 것을 시사하는 레드 플래그red flag: 적색 조짐와 같은 구체적인 단어 사용에 특별한 관심을 기울여야 한다. 팀원은 제한된 방안이 큰 위험이 될 수 있고, 또 제한된 사내 관행이 그 회사에 오랫동안 유지되어 온 원칙 위반이 된다고 언급할 수도 있다. 팀원 역시 그들이 우려를 표명하기 위해 사용하는 구체적인 문구를 가지고 있을 수도 있다. 예를 들면 한 팀원은 팀이 너무 빨리 행동해 확실한 결정을 내릴 수 없다는 것을 걱정했을 때 팀은 이미 위험 상태에 진입하고 있다

는 것을 말할 수도 있다. 선임 리더가 판단을 믿는 팀원들로부터 이 말을 들었을 때 문제를 더욱 깊게 조명할 필요가 있고 직면하고 있는 위험이 어떤 것인지 결정할 필요가 있다는 것을 알게 되었다.

- <u>입장 바꿔 보기</u>: 많은 그룹에서 팀원은 추측 가능한 방법으로 서로의 생각을 지원하거나 또는 특정 문제에 반대 의견을 제시할 것이다. 한 기업의 CFO는 경비 관리에 있어서 리더의 영업 방침에 주로 반대 의견을 내놓기도 한다. 이러한 의견 차이는 일반적으로 팀에 존재하는 구체적인 쟁점에 관해 제휴하도록 할 수 있다. 사람들은 지금 계획하는 기업 인수 협상에 대해 타당성이 있거나 비판적 견해를 가진 다른 사람보다, 투자를 통해 발생할 성장에 더 낙관적인 지지를 할지도 모른다. 이와 같은 제휴는 리더가 기대했던 바와 틀릴 때에 더 특별한 관심을 기울이고 싶어 한다. 왜냐하면 생각했던 것과 기업 제휴 후 기대의 차이점은 특정 문제에 대한 의미를 더 깊이 이해해야 알 수 있기 때문이다. 일반적인 팀원은 천천히 계획을 추진하는 반면, 빠르게 계획을 추진하기 원하는 팀원은 주로 리더가 알고 싶어 하는 것에 대해서만 대답을 한다. 이것은 일반적으로 서로를 지원하고 싶지 않은 두 사람 (서로 반대 생각을 가진 사이)의 의사 결정 과정에 있어서 연대가 이루어 질 때도 똑같이 적용된다.

- <u>오프라인 정보</u>: 흔히 사람들이 미팅 중 잠시 쉬는 동안에 리더에게 가져오는 정보나 비공식적으로 사내 복도에서 주고받는 대화가 공식 토론에서 이야기 되는 것보다 더욱 중요하다. 그런 대화의 모든 것이 중요한 건 아니지만, 주제에 대해서 실제로 믿고 있는 생각이나 최선의 정책 방향에 대한 사람들의 속마음을 리더에게 전달해 준다. 현명한 리더는 이런 비공식적인 대화에 주목하고, 의견 또는 사업에 관해서 리더의 맹점을 밝혀주기 때문에 상당히 중

요한 의미를 가질 수 있다.

- 이메일 통신: 많은 회사에서 이메일은 리더의 관심을 끌 수 있는 쟁점을 충분히 알게 해준다. 지나칠 정도로 공식 이메일을 보내는 것은, 다양한 사람들이 정보를 보고 있는 것에 대해 보안의 우려를 가지고 있는 직원이나 또는 팀의 다른 이를 신뢰하지 못하는 사람에 의해 취해지는 보호 행동이다. 일대일 상호 작용이 필요한 복잡하고 예민한 문제점에 관한 다른 신호는 팀이 보내온 이메일이다. 특정 이메일에 대한 기준은 회사 문화에 따라 다르므로, 한 회사의 경고 깃발이 되는 것은 다른 회사에게는 큰 관심사가 아닐 수도 있다. 현명한 리더는 자기 조직 문화를 잘 알고, 이미 받아들여지고 있는 기준을 어기는 행위에 대해 관심을 기울이고, 그것을 차후 대책이 필요한 경고 신호로 본다.

위에 언급한 각 신호는 선임 리더가 다음의 두 가지 질문에 답하게 한다. 첫째, 추가적 분석이나 토론을 필요로 하는 내용인가? 아니면 무시해도 좋은 쓸데없는 이야기인가? 둘째, 만약에 그 쟁점이 중요하다면 필요한 데이터와 정보를 얻을 수 있는 최선의 방법은 무엇인가? 이 질문에 답할 수 있는 정해진 지침서는 없다. 그리고 한 사람의 리더는 어떤 것이 중요하며 어떤 것이 잡음이냐를 결정하기 위해 자기 직관을 사용하는 수밖에 없다.

이 신호들은 조직 내에서 리더의 성공에 영향을 줄 수 있는 다양한 이해 관계자로부터 나올 수 있다. 대부분의 경우에 그 신호는 주로 사내에서 나오며 추가적인 데이터의 필요성을 지적한다. 또는 이사진 같은 다른 곳에서도 나올 수 있다. 젯블루JetBlue 항공사 설립자 데이비드 닐만David Neeleman은 심한 우박을 동반한 폭풍에서 발생한 항공기 사고를 잘못 처리한 후 이사진으로부터 CEO 직에서 밀려났다.

그는 이사진이 회사에 관한 지식이 극히 제한적이었다는 사실을 알지 못했다. 그들은 3개월에 한 번씩 네 시간 정도 만났기 때문이다. 이사진은 회사에 대해 더 많이 관련할 필요가 있었고 이 사업이 어떻게 운영되는지 더 잘 이해해야 한다는 미묘한 신호가 있었다. 닐만은 이사진에게 그때그때 상황을 알리기 위해 더 많은 시간을 할애해야 했다고 생각했다. 왜냐하면 다른 사람들은 자신의 이익과는 관계없는 태도로 그때그때 갭만 메우는 사람들이었기 때문이다.

반대자도 개입할 수 있도록 개방하라

대부분의 기업은 주어진 문제에 관해 주류를 이루는 견해나 회사 문화와 다른 생각도 장려하기 위해 공식·비공식적 사내 메커니즘을 필요로 한다. 리더 자신의 생각도 포함해서 리더는 특히 중요한 결정이나 사업 분야에 관한 여러 충분한 견해를 검토할 때 이를 장려해야 한다. 전 구글 CEO 에릭 슈미트는 그가 하는 절차를 다음과 같이 설명한다. "자신이 정책을 피력할 때 반대 여론이 없다면 그때 한 사람의 왕을 가지게 된다. 즉, 미팅에서 내가 노력하는 것은 말하지 않으려는 사람이나 솔직하게 말하는 것을 두려워하는 사람을 찾고, 또한 반대 의견을 가지고 있는 사람도 찾는다. 나는 그런 사람들이 실제 생각하는 것을 말하게 하고, 토론을 조장하고, 올바른 일들이 일어나게 한다."

각 조직 문화는 가장 효율적인 방법을 가르쳐 줄 것이다. 자신의 조직 내 팀을 위해 다음 견해를 고려해 보라.

- 리더는 팀의 관심사를 찾아내기 위해 원탁 토론을 이용할 수 있다. 리더는

다음의 쟁점을 확인한다. "사람들은 기업 인수 건에 대해 어떻게 생각하는가? 우리가 그런 협상을 추진할 때 어떤 위험부담을 안게 되는가?" 이에 대해 직원들이 활발하게 의견을 주고받아서 전반적 토론을 가져와야 한다. 또 다른 방법은 다른 팀원을 언급하지 말고, 서로 반대 의견에 대해 논쟁하지 말고, 각 팀원이 문제 해결에 집중하면서 교대로 자기 의견을 표현하도록 하는 일이다. 각 팀원의 의견 피력 후 리더는 대화를 구체적인 화제로 이끌고 각 사람을 토론과 논쟁으로 유도한다. 중요한 점은 올바른 질문을 하는 일이고 "인수 대상과 관련된 당신의 우려는 무엇인가? 왜 당신은 우리 사내 문화가 형편없다고 생각하는가?"와 같은 후속 토론으로 좀 더 자세한 면을 찾아내는 일이다.

• 리더십의 여러 가지 다른 견해를 찾아내는 가장 좋은 방법은 사람들과 일대일 만남이나 그룹 회의 중에도 대화 이후 가끔 침묵을 허용하는 일이다. 대부분의 리더는 그들이 할 수 있는 한 빨리 쟁점을 추진해야 한다고 믿는다. 그래서 그들은 어려운 화제가 토론 제목이 되는 것을 별로 원하지 않는다. 만약에 리더가 침묵 동안 느껴지는 어색함을 메우기 위해 처음 순간을 건너뛰지 않는다면 사람들은 언젠가 그들의 마음속에 갖고 있는 생각을 리더에게 말하게 될 것이다. 사람들에게 직접적으로 무엇을 생각하는지 물어보라. 그런 후 그들에게 침묵을 때울 수 있는 시간을 주라.

• 리더는 특정 사람과 일대일 토론 형태의 팀 미팅을 할 필요가 있다. 많은 리더가 리더십 팀 회의 후에 이런 회의를 하지 않는 것이 확실하다. 리더는 사람들이 회의에서 의견을 피력하기 때문에 회의 후 추가 토론은 불필요하고 단지 시간 낭비일 뿐이라고 생각한다. 하지만 대부분의 경우 사람들은 그룹 미팅 때보다 선임 리더를 사적으로 만날 때 더욱 솔직해진다. 이것은 선임

리더가 자기 임무를 수행하기 위해 노력할 때, 비공식적으로 필요한 정보를 구할 때, 그리고 미팅에 대한 추가적 생각이나 더욱 구체적으로 논란이 되는 의제를 얻으려고 노력할 때 특히 도움이 된다. 그렇다고 해서 이 방법이 솔직한 토론이 모두 회의장 밖에서 이루어진다는 의미는 절대 아니다. 하지만 회의 후 추가 미팅도 때때로 필요하다는 것을 분명히 알아야 한다.

- 각 조직에는 신뢰를 쌓는 사람도 있지만, 또 어떤 사람은 리더와 그룹 회의에서 공유하지 않은 정보를 다른 사람에게 말하기도 한다. 이런 사람을 '정보의 허브'라고 한다. 그들은 팀이나 그룹 사람들이 어떤 결정이나 위험의 가능성에 관해 어떻게 생각하는지 가장 잘 알고 있는 사람이다. 리더는 이 사람이 조직에서 맡는 중요 역할을 알고 어떤 쟁점을 더 많이 탐구해야 하는지 알기 위해 이들의 정보를 사용하는 방법도 알아야 한다. 리더가 얻고 싶은 정보나, 사람들이 리더에게 선호하는 행동 방향이나 결정에 대한 원하는 정보를 일대일 비공식 면담으로 간단히 얻을 수 있다.

사람들은 리더가 실제적으로 듣고 싶어 하는 반대 의견이나 다른 사람에게 영향을 받고 싶어 하는 의견을 빠르게 만들어 낸다. 나는 새로운 리더가 좋은 결정을 내리는 데 필요하다면 자신의 의견도 포함해서 반대할 수 있기를 원했다는 팀에 대해 알고 있다. 하지만 한 팀원이 실제로 그렇게 했을 때 그는 새 리더에게 완전히 배척당했다. 이 리더는 실제로 토론을 통제하고 자신이 선호하는 방향으로 밀고 나갔다. 이런 형태의 여러 가지 상호 작용 이후에 대부분의 팀원은 회의에서 수동적이 되었고 자기의 생각이 최선의 이해 관계에 합당하다고 믿을 때도 리더의 의견에 맞서려고 하지 않았다.

리더 역시 분명하지 않을 수도 있는 우려에 대해서는 다른 사람에게 손을 뻗

리더 역시 분명하지 않을 수도 있는 우려에 대해서는 다른 사람에게 손을 뻗거나 표면에 떠올려야 한다.

거나 표면에 떠올려야 한다. 나는 판매 마케팅 부서의 한 리더와 함께 일했는데 그녀는 회사 고객의 그룹 분포도를 수정해야겠다는 안건을 갖고 CEO를 찾아갔다. 이 안건이 만약 받아들여진다면 고객에 대한 보상 문제와 더불어 다양한 판매 마케팅 수정도 해야 할 것이다. CEO는 그 아이디어를 좋아했고 그녀에게 다음 리더십 팀 회의 때 그 안건을 가져오도록 했다. 리더가 그 아이디어를 제시했지만 일부 팀원이 그 아이디어에 반기를 들었을 때 그녀는 놀랐다(그녀 마음속에서는 확실한 분석을 바탕으로 한 생각이었다.). 팀 토론에서 CEO는 이 안건에 대해 좀 더 시간을 갖고 검토하라고 말했고 제안된 회사 관행을 수정할지 안 할지 나중에 결정할 것을 지시하면서 토론을 마쳤다. 여기에 당황한 판매 리더는 회의 종료 후 CEO를 만나서 왜 이 안건을 승인하지 않았느냐고 물었다. 그녀는 CEO가 회의 전 사적인 대화에서 자기 생각을 지지했기 때문에 더욱 혼란스러웠다. 그 CEO는 판매 리더에게 이렇게 말했다.

관행 수정을 추진하기 전에 당신이 어디에 서 있는지 확실히 알아야만 한다. 만약 우리가 이 안건을 추진한다면 당신은 회의 전에 먼저 지원받아야 할 동료들로부터 사전 정보를 얻어야만 했다. 그런데 당신은 그들이 우려를 표명하고 수비적으로 행동할 때 놀랐다. 나는 당신이 이 안건을 주요한 멤버들과 같이 검토할 것이라 기대했고 그 안건을 제출하기 전에 동료들이 어떤 생각을 하고 있을지 미리 파악할 것이라 생각했다. 당신이 해야 할 일을 하지 않는데 내가 왜 당신 생각을 승인해야 하는가?

삼진 아웃 규정을 수립하라

BAE 시스템 회사의 전 CEO 마크 로날드Mark Ronald는 어떤 결정을 내리는 데 있어서 사람들에게 건의 사항 추진을 대단히 신중하도록 격려하는 삼진 아웃 규정을 생각했다. 사업 쟁점이 즉시 해결되는 것이 아니고, 더 많은 시간을 내어야 입장을 분명히 하고 새로운 견해나 데이터를 토론에 붙일 수 있다. 이 문제에 있어서 리더는 이 신호들의 장점을 늘릴 수 있도록 미묘한 단순 신호를 파악하는 것 이상으로 행동한다. 이와 같은 방법에서는 선임 리더가 그 기업의 성공을 위협할 수도 있는 쟁점이나 관심사를 조직원의 책임으로 돌려야 한다(심지어 그와 같은 일을 하기 어려울 때나 어느 정도 개인적인 위험부담이 포함되는 경우에 있어서도 마찬가지다.).

좀 더 큰 대기업에 영향을 줄 수 있는 관심 분야에서는 자신이나 팀원이 들을 수 있는 세 번의 기회가 주어져야 한다고 리더는 강조한다. 추가 조치도 받아들여야 하지만, 이것이 세 번 거절되면 더 이상 토론되어서는 안 될 것이다. 이와 같은 방법을 추진할 때 리더는 조직의 성공을 위해 주의를 집중시키는 결정에 최종선은 자신이 아니라고 말한다. 매번 같은 쟁점이 토론 제목이 될 때 이와 같은 입장을 변호하는 사람은 새로운 아이디어를 내놓든지 아니면 이전에 한 번도 들어보지 못한 분석을 내놓아야 하는 책임을 진다. 또는 이전 토론에서 나오지도 참석하지도 지지하지도 않았던 사람들로부터 추가적인 지원을 얻어내야 한다. 이와 같은 조건은 사람들이 이전 토론 때 비효율적이었던 똑같은 논란을 다시 꺼내지 못하게 만든다(그런 이유로 토론 때 리더나 그룹의 눈치를 보는 것은 이전 논란을 되풀이하는 비생산적 방법이다.).

삼진 아웃 규정은 중간관리 매니저들이 기업 인수 협상이 꼭 이루어져야 한다는 거의를 고위 리더십 팀에 다시 주목시킬 때 분명 효과가 있었다. 하지만 CEO 자신은 목표로 하는 회사 기술에는 관심이 없고 상품 분야에서 주목할 만한 성장 기회를 포착하지 못했다고 언급했다. 세 번의 스트라이크 중 하나는 제거되었다.

중간관리 매니저들은 주장을 굽히지 않았다. 그는 이 거래가 성립되면 수입을 올릴 가능성이 있는 더 많은 데이터를 수집했고, 새로운 성장 분야에 인수 대상 회사의 기술을 적용할 수 있는 가능성에 대해 더 많은 것을 알게 되었다. 이런 아이디어가 고위 리더에게 제출되었지만 CEO는 그 안을 별로 달가워하지 않았다. 그리고 두 번에 걸쳐 새로운 데이터를 토론 절차에 붙였지만 두 번째도 거절했다.

그 중간관리 매니저는 다시 CFO와 CTO최고 기술 책임자를 찾아가서 그가 생각한 가능성을 다시 설명하고 그들의 지원을 부탁했다. 매니저는 오늘날 사업 환경이 바뀌고 있다는 결론으로 이 안건에 대한 부정적 시각이 잘못되었다고 설명했다. 그들도 이 아이디어가 확실한 장점을 가지고 있다는 점에 동의하고 세 사람이 함께 이 인수 계약을 추진하기 위해 비공식적 제휴자로서 CEO를 찾아갔다. CEO는 그가 몹시 신임하고 있었던 CFO와 CTO의 지지 정도를 보고 자신의 생각을 재고했고, 이 문제를 추진하기 위한 다음 단계 분석을 허용했다. 세 번째는 거절하지 않았다. 이 인수 협상은 최종 마무리되었고 회사를 위해서 지금까지 대단히 성공적이다. 그 매니저는 처음부터 CEO를 포함한 다른 사람들이 모두 반대한 아이디어를 끝까지 포기하지 않고 추진하는 장점을 가지고 있었다. CEO 역시 새로운 데이터나 견해가 포함된 안건은 여러 차례 토론할 때마다 토론 주제로 삼아준다는 조건으로 검토하는 마음이 있었던 점은 칭찬받을 만하다.

삼진 아웃 규정의 또 다른 장점은 다른 사람의 마음을 바꾸고자 시도하는 세 차례에 걸친 의도에 대해 의견을 달리하는 직원들도 같이 합류할 필요가 있다는 것을 인정하는 것이다. 이러한 삼진 아웃 기준이 존재하지 않는 경우에도 팀은 과거에 했던 결정을 되돌리고 번복하도록 계속 간청함으로써 다른 사람들을 믿게 할 수 있다. 이것은 팀의 시간을 많이 낭비하고, 대부분의 경우에 완전한 시행 결정을 마음 내켜 하지 않는 결과가 된다.

다른 각도로 들어라

르노 닛산Renault and Nissan의 CEO 카를로스 곤Carlos Ghosn은 최고 리더란 자신감이 있고, 특히 조직 운영 방법에 필요한 수정 사항을 밀고 나갈 때 단호한 용기가 있어야 한다고 생각한다. 그는 리더가 다른 사람에게 솔직해야 하며, 다른 사람의 마음을 이해해야 하고, 견해를 충분히 고려할 줄 알아야 한다고 믿는다. 또한 리더는 결정을 내리기 전 많은 사람에게 의견을 들어야 하고, 일단 결정이 내려진 후에는 결과를 추진하는 중심인물이 되어야 한다고 생각한다. 하지만 그는 이 두 가지 조건을 같은 사람에게 찾아보기는 드물다고 말한다. 즉, 어떤 지도자는 너무 강하고 다른 사람의 말을 듣지 않는다. 특히 팀 실적이 부진할 때 더욱 그렇다. 또 다른 일부 지도자는 사람들이 한 단계 높은 수준에서 일을 집행하도록 추진하기 위해 공개적으로 직책의 힘을 이용하지 않는다.

　　많은 리더가 충분히 이기주의를 가지고 있고, 확실하다고 생각하는 곳에 투자한다. 그들이 실제로 놓치거나, 또는 다른 사람들이 하고 있거나 하기 원하는 중요한 점을 잘못 해석할 때도 그들은 다른 사람의 이야기에 귀를 기울인다고 생각한다. 많은 리더는 가장 분석적인 사상가이고 행동 주도적인 사람들이다. 그들은 항상 분명하고, 문제 핵심을 이해하는 데 오래 걸리는 사람들에 대해 인내심의 한계를 가지고 있다. 그리고 그들은 그런 사람을 잘라 버리고 그들과의 모든 관계를 끊어버린다. 하지만 어

리더는 가장 분석적인 사상가이고 행동 주도적인 사람들이다.

떤 사람은 이러한 방법에는 조직에서 승진할 때나 복잡한 문제를 해결할 때 위험부담이 항상 존재한다는 사실을 알고 있다. 암젠Amgen의 CEO 케빈 셰어러Kevin Sharer는 다음과 같이 말한다.

지금까지 남의 말에 귀를 기울이고 내 자신의 방법을 바꾸게 한 최고의 충고는 리더 팀과 이야기할 때 샘 팔미사노에게서 나왔다. 어떤 사람이 그에게 일본에서 일한 경험이 왜 그의 리더십 개발에 중요했는지 물었다. 그때 그는 "내가 듣는 방법을 배웠기 때문이다."라고 말했다. 그리고 "그것은 정말 놀라운 일이었다."고 했다. "나는 단 한 가지 목표를 가지고 듣는 법을 배웠다. 그것은 이해력이다. 나는 그 사람이 무엇을 나에게 전달하려고 하는지 이해하기 위해서 노력했다. 나는 비난한다든지 반대한다든지 하는 설득 목적으로 듣고 있지 않았다."

이러한 남의 말을 듣는 방법은 수사 정신이나 문제 분석의 결론 자체보다 진단에 더 의미를 둔다. 사람은 무언가를 요구하는 어떤 상황에서 결론을 내리기 전에 다른 사람의 견해를 확실히 이해해야만 한다. 어떤 경우에 사람은 이슈의 흐름을 이해할 수도 있다. 그러나 리더는 자신의 추측을 결정짓는 정보를 찾지 않도록 조심해야 한다. 이와 같은 데이터 수집 기간에는 편견을 피하고 단순히 자신이 원하는 답을 얻도록 노력해야 한다. 동시에 그런 노력을 꾸준히 해야 하고 만약 사람들이 회피적인 답을 자꾸 내놓는다면 반복해서 같은 질문을 계속 해야 한다. 이것은 자신의 말로 정확히 이해할 수 있도록 만들기 위해, 그들로부터 들은 것을 그들에게 다시 되풀이하는 것도 도움이 된다. "내가 듣기에 우리에게 당신이 비즈니스를 하는 데 필요한 데이터를 주기 위해 필요한 시스템이 없다는 소리를 하는데 사실인가?"라고 물어서 자신의 말의 정확성을 파악할 수 있고 또 상대방이 질문에 대답할 때 더 많은 세부 정보를 얻을 수도 있을 것이다.

　　일부 리더는 팀과의 대화 시간을 다양한 의견을 얻기 위한 방법으로 사용한다. 선임 팀과 식사하며 때로는 술의 힘을 빌려 행해지는 비공식적인 토론에서는 주로 폭넓은 전략적, 영업적인 주제에 집중한다. 한 리더십 팀은 회사가 확대되면서 어떻게 사내 문화가 진화하는지 토론할 수도 있다. 또는 새로운 경쟁자에 관해 시장에서 어떤 일이 일어나고 있는지 의논할 수도 있을 것이다. 나 역시 이 팀이 경영 문제부터 직장이나 집의 요구 조건에 균형을 맞추는 더욱 사적인 것까지 이야기하는 것을 보았다. 선임 리더는 반드시 토론에 참석하는 것이 좋다. 다만 팀원으로서 또는 토론의 진행자로서 문제를 해결하는 방법을 묻고 사람들이 더욱 동참하게 만드는 자격으로 참석해야 한다. 목표는 다른 여러 가지 의견을 찾아내는 데 있고, 또 많은 기업체 미팅과 달리 이런 회의는 어떤 해결책을 내놓기 위한 것이 아니고 어떤 주제를 행동으로 옮기기 위한 것도 아니다. 직원들을 능률적으로 만들기 위한 핵심 과제는 올바른 토론 제목을 선정하고 이것에 대한 참석 팀의 의견을 알아낼 수 있는 올바른 분위기를 조성하는 일이다. 일부 팀은 차기 경영진에 오를 몇몇 사람들을 팀 회식에 초청하는데, 토론을 위해 선정된 제목을 비밀로 해서는 안 되며 그들 역시 예민한 토론이 아닐 것으로 추측할 것이다.

　　잘 듣는다는 것은 대기업에서 리더가 매일 직면하는 다양한 의제이므로 쉬운 일이 절대 아니다. 리더는 수많은 쟁점으로 홍수가 지고 이들 중 많은 쟁점이 그렇게 중요한 것으로 보이지도 않지만, 이것은 심각한 문제로 사람들을 끌어들일 수 있는 가능성을 항상 내포하고 있다. 컬럼비아호 우주왕복선 참사는 우주선 발사 당시 입은 손상을 무시했던 경우로, 그 프로젝트 매니저가 관심을 가져야 할 수백 개의 다른 비행 중 발생할 수 있는 문제를 능숙하게 처리하고 있었다는 점에서 하나의 예가 된다. 뛰어난 리더는 눈에 보이지 않는 신호도 잘 보아야 하고, 포함된 위험 정도를 결정하기 위해 이런 신호를 잘 평가하는 공식·비공식적 연습을 개발해야 한다. 이와 같은 분야의 실패에 대해 가장 잘 평가한 보고서에서, 40회에 달하는 왕복 임무선의 한 고위 과장 웨인 헤일Wayne Hale은 컬럼비아호 우주왕복선 참사에서 자기가 담당했던 역할을 이렇게 말했다.

나는 기회도 있었고 정보도 있었지만 그것을 잘 이용하지 못했다. 나는 조사나 법원이 어떤 결론을 내릴지 모른다. 그러나 컬럼비아호 우주왕복선 참사를 막지 못한 데 대해 내 자신의 양심에서 유죄라는 비난을 한다. 우리는 특수 사항을 토론할 수 있었다. 그런데 그것에 관심을 기울이지 못했고, 무능력했으며, 생각이 다른 데 있었고, 신념과 이해와 핵심이 부족한 나태한 일이었다. 가장 중요한 점은 내가 다른 사람들이 이야기하는 것을 충실히 이행하지 못했다는 것이다. 신념을 밝히지 못했고 설득하지 못했다. 그래서 더 이상 사건을 들여다보지 못했다. 컬럼비아호 우주왕복선이 이렇게 추락하게 한 데 대해 나는 유죄다.

주변의 시각들을 개발하기 위한 행동

다음의 설문지는 관심을 필요로 하는 맹점의 가능성을 말해 주는 '허약한 신호'를 알아볼 수 있는 리더의 능력을 강화하는 데 도움이 된다.

주변 시각 개발: 일 추진을 위한 행위 요약

인지 영역	자신이 추진하는 분야 (✓ = yes)	자신이 추진하려는 분야에 대한 인식을 높이기 위해 앞으로 해야 할 행동을 설명하거나 다음 단계를 설명하시오.
팀원을 안다.		
1. 팀원과 정기적인 일대일 면담을 계획하고 개인적인 차원에서 그들과 대화한다.		
2. 팀원의 동기를 이해하고 특히 서로 간의 갈등을 어떻게 처리하는지 듣는다.		
행동 변화에 주목한다.		
3. 회의 때나 일대일 면담 때 감지되는 미묘한 행동 조짐을 주목한다.		
반대 의견도 경청하는 분위기를 조성한다.		
4. 반대 의견을 가진 사람에게 견해를 발표하도록 격려하기 위해 공식적, 비공식적 방법을 준비한다.		
삼진 아웃의 규정을 둔다.		
5. 사람들이 발견한 우려가 상당히 중요할 때 새로운 데이터를 찾고 각각 지속적인 토론을 한다는 기준을 세운다.		
다른 각도에서 듣는다.		
6. 사람들이 어려운 문제를 찾아낼 때 그것이 중요하다면 새로운 데이터를 제시하고 세 번 연속 토론으로 문제를 거론하는 기준을 세운다.		

CHAPTER

8

중요한 분야에 신뢰하는
자문단을 형성하라

Build A Network Of Trusted Advisors In Critical Areas

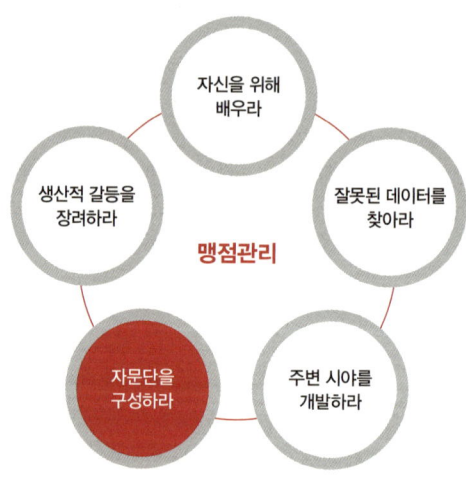

일부 사람들은 고위직 리더로 승진하자마자 스스로 결정을 내려야 하는 명확한 기분을 경험한다. 그들은 자신뿐만 아니라 동료, 고객, 주주들과 관련된 회사나 그룹의 운명을 결정하는 책임을 지게 된다. 나는 자기 회사에 수십억 달러를 투자

하게 만들어 상황을 완전히 바꾸는 기업 인수를 감행한 리더와 일한 적이 있다. 그는 개발 팀, 은행 관련 전문가 그리고 회사 인수에 관한 충고를 해주는 법률 고문을 갖추고 있었다. 하지만 인수 협상이 마무리되어 축하를 받았을 때 그는 불안감이 잔뜩 담긴 말투로 말했다. "우리는 3년 내에 내가 올바른 판단을 했는지 아닌지 알게 될 것이다." 모든 충고를 받고 지원 이사진으로부터 승인을 받았음에도 불구하고 그 결정은 결국엔 혼자 내려야만 한다는 것을 느꼈다. 그의 개인적 명예도 중요했지만 회사의 미래도 중요했다. 그의 업적은 이번 일의 결과로 결정될 것이다.

　지도자는 중요한 결정에 충고를 해주는 주변 사람들도 해결해야 할 자기 의제를 가지고 있다는 것을 알고 있다. 어떤 경우에 그 의제란 권력 강화 욕망과 회사 내 지위 같은 것이다. 사람이란 결국 자신의 이익만을 추구한다고 말하려는 것은 절대 아니다. 하지만 그들의 견해는 같은 상황을 그들 직위의 입장에서 어떻게 바라보는지, 또 하는 행동에 따라 얻는 것이 무엇인지에 영향을 받는다. 성공적인 리더는 자신이 받는 충고가 충고자의 지식이나 동기에 따라 어느 정도 제한적이 된다는 사실을 안다. 한 고위 이사가 나에게 자기가 믿는 사람은 극히 몇 사람밖에 없다고 말했다. 왜냐하면 대부분의 사람이 그 이사가 직면한 어려운 일에 극히 제한적 지식만을 가지고 오거나(그들은 어려운 일을 오직 자신의 역할과 소속 그룹의 유리한 관점에서만 바라본다.) 또는 자신의 문제를 자신이나 그룹에 도움이 되는 특별한 결과만을 바라고 찾아오기 때문이다. 그는 많은 사람에게서 정보를 입수했지만, 언제나 영향을 주는 요소를 찾기 위해 그들이 가지고 온 충고를 정밀하게 심사했다. 예를 들면 그는 효과적인 업무를 위해선 내부 직원보다 전문적인 역할을 하는 대형 상담 회사를 이용하는 것이 훨씬 유리하다는 것을 알았다. 하지만 상담회사도 단지 자신들의 지속적인 미래 수입을 보장하고 싶어 하기 때문에 고객에게 제공하는 충고에 편견이 있다. 특히 그들은 될 수 있는 대로 고위직 이사와 사이가 멀어지는 것을 피하려고 할 것이며, 앞으로도 계속 자신들에게 주어질 일거리를 놓치고 싶지 않기 때문에 그들이 주는 충고는 정직성이 많이 떨어진다고 그 이사는 생각했다.

대부분의 경우에 리더는 회사에서 지위가 높아질 때 이전보다 신뢰성이 적은 여론의 충고를 받게 된다. 예를 들면 회장은 주로 이사 회의에서 CEO를 만난다. 회장은 CEO가 자기 팀과 같이 일하는지 회사 내 다른 팀과 일하고 있는지 확인할 수 있는 기회가 별로 없다. 로버트 캐플란Robert Kaplan이라는 한 이사 코치는 한때 이런 이야기를 했다. "당신이 다른 이사 또는 직속 책임자로부터 감독을 받고 있는 동안에 당신의 직속 책임자들은 더 이상 당신의 일상생활을 주의 깊게 관찰하지 않을 것이다. 오히려 직속 책임자들은 당신이 제출하는 공식적 보고나 부하 직원의 간접 보고를 바탕으로 당신의 의견을 평가할 것이다. 결과적으로 많은 이사는 좀 더 높은 직책에 오를 때 타인에게 감독을 받지 못하고 점점 더 그들의 능력 개발 필요성에 대해 혼란을 느끼게 된다."

한 이사 코치인 댄 시암파Dan Ciampa는 고문을 현명하게 뽑고 이용하는 것이 훌륭한 지도자의 장점이라고 제안한다. 냉철한 지도자는 고문을 유리하게 활용하는 방법과 그에 따른 위험부담을 이해하고 있으며, 지식을 가지고서 유용하고 좋은 평가를 하는 충고자가 되는 데 필요한 기술을 가지고 있는 사람들로 주위를 채운다. 그들 역시 리더가 잘못 판단할 때 용감하게 이야기할 수 있는 사람이 주변에 있기를 원한다. 리더는 주의 깊게 선발된 다른 사람이 자신의 맹점과 약점을 보충하게 된다는 것을 안다. 반면 능률적이지 못한 리더는 보조적이기는 하지만 리더의 잘못을 지적하지 않고 필요할 때 리더의 행동에 전혀 신경을 쓰지 않는 사람들을 주위

냉철한 지도자는 고문을 유리하게 활용하는 방법과 그에 따른 위험부담을 이해하고 있으며, 지식을 가지고서 유용하고 좋은 평가를 하는 충고자가 되는 데 필요한 기술을 가지고 있는 사람들로 주위를 채운다.

에 둔다.

강력한 충고 집단을 가지지 못할 때 벌어지는 생생한 예가 HP의 전 회장 패티 던Patty Dunn의 사례다. 이사실의 기밀이 밖으로 유출되는 장소를 찾으려고 노력하는 과정에서 던 회장은 외부에 있는 보안 팀이 운영하는 감독 프로그램을 승인했다. 던 회장은 내부에 있는 인사가 기밀 정보를 기자들에게 제공하고 있다고 믿었다. 보안 회사는 HP 이사진의 개인 정보를 수집했고 또 HP 전략 기사를 쓰던 기자들의 정보를 같이 수집했다. 던 회장은 기밀 유출 사건이 회사 신뢰도를 떨어뜨리고 개인적으로는 회장인 자신을 대단히 난처하게 만드는 일이라고 보았다. 하지만 회장이 기밀 사건을 수사하도록 채용한 보안회사가 전화번호를 입수하고 불법적인 행위를 이용해 다른 개인 정보를 입수하고 있다는 사실이 밝혀지는 과정에서 불만이 터져 나왔다. 던 회장은 그 사실을 몰랐다고 주장했지만 결국 이 조사에 직접 관련되었기 때문에 사임해야만 했다.

던 회장은 이러한 위험한 길을 밟는 것을 막을 수 있는 판단력이나 힘을 가진 사람을 주위에 두지 못했다. 회장과 그의 팀은 회사의 위험이라고 보았던 것이나 그들의 권력에 도전하는 위험을 처리하려고 하는 소용돌이 속에 빠졌다. 어쩌면 그의 팀은 위험을 감지하기는 했지만 그때까지 여전히 다른 선택이 없었다. 좀 더 폭넓은 견해에서 볼 때 던 회장의 실수는 자신의 권위에 도전하는 이사진의 행태를 보고 일어나는 분노를 대신 막아줄 수 있는 고문 그룹을 가지지 못한 데 있었다.

리더가 자신에게 정보를 제공하고 조직에서 자신의 편을 들어 행동하는 사람을 잘못 뽑으면 똑같은 문제에 처하게 된다. 잘못된 사람에 의해 포로가 되는 것은 부임해서 아직 주위 팀의 능력을 평가하지 못하고 있는 새로운 리더에게 자주 생기는 실수다. 자기와 가장 가까운 측근을 뽑는 데 실수한 CEO를 생각해 보라. 그 측근은 바로 회사 리더십 팀 내에 유해하고 고도로 정치적인 분위기를 조성한

HR 지도자였다. 그 CEO는 측근에게 팀 내 변화 주도에 관한 모든 권한을 주었다. 이 CEO가 실수를 알게 되었을 때는 이미 때가 늦었다. 리더십 팀의 주요 임원들은 CEO에게 준 모든 지원을 중단하고 회사를 떠나 버렸다. 잘못된 사람을 측근으로 선택한 것은 결국 이 회사와 이사진에게서 자기 신뢰도를 훼손하고 최종적으로는 회사로부터 자신도 떠나야 하는 이유가 된 것이다.

리더는 신뢰할 수 있는 고문 팀을 만들기 위해 노력할 때 다음과 같은 방법을 생각해야 할 것이다.

- **리더가 필요한 충고 부분을 목표로 삼아라.**
- **리더가 필요한 충고자 유형을 맞춰라.**
- **리더가 받게 될 충고를 최대화하라.**

리더가 필요한 충고 부분을 목표로 삼아라

전 노바티스Novartis CEO 댄 바셀라Dan Vasella는 모든 지도자에게는 자기 관심사를 들어 주는 가까운 측근이 필요하다고 말했다. 즉, 리더가 존경할 수 있고 솔직하게 대화할 수 있는 이사 또는 정책 고문이 필요하다고 제안한다. 이런 사람은 리더의 장점과 약점뿐만 아니라 리더가 직면한 어려운 점을 깊이 이해하고 있다. 그들은 좋은 판단력을 가지고 있고 또 대화의 비밀을 지켜주는 신뢰도 있다. 예를 들면 리더가 이사진의 지나친 개입이나 이사 팀 간의 내부 싸움에 대해 내뱉는 지친 이야기 또는 리더가 6~7년 동안 이 일을 해왔기 때문에 이제는 싫증이 나고 완전히 기진맥진한 심정을 들어 주는 사람이 필요하다. 이 사람은 지도자가 극히 소수에게만 털어놓을 수 있는 이야기를 듣는 중요한 역할을 한다. 하지만 지도자는 다양한 분야에 또 다른 적절한 고문이 필요하고, 그들의 장점과 배경으로 각 분야에서 가치관을 제공하는 사람을 찾으면 리더는 충분한 보필을 받게 된다. 다음은 리더십 역할자에게 필요한 충고 분야다.

- **시장과 전략**
- **기술 혁신**
- **조직과 인재**
- **정치적 활력**
- **위기 관리**
- **개인적 영향력**

시장과 전략

많은 이사가 영업 관리 면에서 다른 사람이 개발해 놓은 우수한 전략을 이용해서 회사에서 승진하며 명성을 얻는다. 장기적인 성장 기회와 위험을 잘 생각하는 리더는 갈수록 더 적어진다. 이것은 내가 최고 기업체에서 볼 수 있는 유일한 결점이다. 지도자는 이 분야에서 자신의 능력을 평가해야 하고 어느 정도 지원을 필요로 하는지 결정해야 한다. 이런 지원은 회사 내 개인이나 사회에 있는 자원(상담 회사, 학술계, 산업체 전문가)으로부터 나올 수 있다. 이상적으로 말해 리더는 자기 사업을 어느 정도 깊이 이해할 수 있는 사람으로부터 도움을 원한다. 또한 과거에는 사실이었으나 미래에는 반드시 사실이라고 할 수 없는 경쟁자들과 시장에 대해 어느 정도 전망을 가지고 능력이 제한되지 않은 사람의 지원을 원한다. 다른 말로 해서 고문들은 회사의 현재 사업 모델을 이해해야 하고, 회사가 나아갈 수 있는 앞으로의 기회와 직면할 수도 있는 위험에 관한 창의적인 생각이 필요하다.

전략적 지원을 생각하며 회사 내부를 깊이 들여다볼 때 자신의 팀과 미래에 대해 전략적으로 생각할 수 있는 사람을 차기 단계의 책임자로 선정하고 싶어 할 것이다. 전략적인 기회를 강화하는 임무는 회사의 미래 방향을 제시하는 역할을 할 수 있는 개인 능력과 개인 발전 모두를 시험할 수 있다. 리더는 전략적인 회사의 정책을 연구할 수 있는 고도의 잠재력을 갖춘 리더십 실무 팀과 같은 좀 더 창의적인 방법을 이용할 수도 있다. 이들은 회사 사업을 들여다보고 사업 형태에 관한 공개 질문을 해야 한다. "오늘부터 여러분이 처음부터 회사를 새로 시작해야 한다면 우리는 어떤 시장에 부응해야 하는가? 현재 당신의 충고를 바탕으로 어떤 변화를 가져와야 하는가?" 다른 질문은 "우리가 좀 더 도전적인 방법으로 인도에 진출하기를 원한다면 어떤 성공적인 요소가 그 시장에서 필요한 점유율을 얻게 해주는가?"

회사가 그들의 제안을 모두 채택하지 않을지 모르지만 리더는 그들의 견해와 건의 사항을 듣고 싶어 한다고 설명해야만 한다.

와 같은 구체적인 질문이 될 수 있다. 회사가 그들의 제안을 모두 채택하지 않을지 모르지만 리더는 그들의 견해와 건의 사항을 듣고 싶어 한다고 설명해야만 한다.

외부 고문은 전략적 선택을 하는 데 도움을 줄 수 있다. 하지만 리더가 외부 사람이 제공할 수 있는 정보로부터 얼마나 많은 것을 유출할 수 있는지에 대한 고문의 능력을 평가하는 데는 일정한 시간이 필요하다. 그러나 일부 리더는 이 사람이 무엇을 제공하는지 또는 제공하는 것이 없는지를 파악하는 데 우수하기 때문에 이들과 같이 일해서 가치관을 더욱 강화하려고 한다. 예를 들면 어떤 리더는 전략 상담 회사가 적극적으로 리더와 같이 한 팀이 되어 새로운 경쟁 전략을 도입할 수 있기를 희망한다. 이것은 일견 논리적으로 들리지만, 많은 전략 그룹은 경영 방법을 바꾸기보다는 분석하는 데 능력이 더 뛰어나다. 추가로 말하자면 그들은 고위 리더에게 관심을 집중하고 이 전략을 실제 집행하는 차기 경영진 단계에 있는 사람들과는 같이 파트너가 되는 데 서툴다. 이것은 리더가 시장 상황과 조건에 대한 분석적인 그들의 능력에 전혀 도움되지 않는 방법으로 상담 회사를 이용하려고 할 때 문제가 된다.

기술 혁신

기술은 산업체와 특정 회사의 역사에 따라 역할이 달라진다. 대부분의 리더는 기술이 어떻게 변하며 회사의 경쟁적 기회와 위험에 어떤 잠재적 영향을 미치는지를 잘 이해해야 한다. 새로운 기술에 대한 미래 진화를 예측하는 것은 대단히 어렵고, 내부와 외부의 다양한 소식통으로부터 정보를 받아야 한다. 리더 역시 보다 새로운 기술에 대한 이해를 강화해야 한다. GE의 전 CEO 잭 웰치는 인터넷이 앞으로 회사 성공에 중요한 역할을 하리라는 것을 몇 년 전에 이미 알았다. 자신 역시 이 분야에 지식이 별로 없다는 것을 알았기 때문에 자기에게 인터넷을 지도해 줄 25세 아래의 개인 선생을 골랐다. 그리고 상위 500명의 경영진도 자신과 똑같이 지도해 주기를 장려했다. 기술 고문 역할은 최고 정보통신 책임자CIO: chief information officer뿐만 아니라 IBM, SAS, 오라클Oracle과 같은 회사나 그보다 좀 더 작은 기술 상담 회사에 전적으로 의존하는 외부 기술 고문을 포함한 다양한 사람들로 채워질 수 있다.

조직과 인재

리더는 회사와 그룹이 어떻게 잘 운영될 것인지 특히 중요한 회사 정책의 발전 규모에 대해 개인적 의견을 내놓을 수 있는 소수의 사람이 필요하다. 리더는 매우 낙관적이므로 회사의 전략이 어떻게 진행될 것인지에 대한 정직한 이야기를 리더에게 해 줄 수 있는 누군가가 필요하다. 일반적으로 말하자면 리더는 회사의 구조와 사내 문화가 어떤 역할을 하는지에 대한 정보가 필요하고, 올바르게 수정이 필요한 분야와 잘못된 인식에 대한 정보도 얻어야 한다. 제4장에서 언급한 바와 같이 리더는 이 일을 직접 할 수 있고, 발생하고 있는 상황에 대해 한 번 더 점검할 수 있는 핵심 책임자도 필요하다. 리더가 개인적 견해를 필요로 하는 분야는 팀 내 능력 있는 사람이 회사의 최고 지도부 아래에 있는 분야다. 리더가 내리게 될 가장 중요한 몇 가지 결정 중 하나는 책임자의 배치 문제다. 리더는 특정 개인에 대해 잘못 인식하기 쉽다. 또한 고위 리더는 조직 내 하부 기관에서 일하고 있는 높은 잠재력을 가지고 있는 책임 리더를 찾아내는 데 도움이 필요하다. 흔히 능력 있는 사람에 대해 충고해 주는 사람은 사내 고위급 인력 개발 연구소의 리더이지만 다른 사람도 같은 역할을 할 수 있다. 리더가 갖추어야 할 중요한 일은 조직 내 업무 면에서 잠재 능력이 있는 리더십 팀에 속하는 사람들의 행동과 더불어 조직의 차기 리더 급에 관해 정직한 정보를 제공할 수 있는 사람이나 인물의 능력에 대해 정확한 판단 능력을 소지한 인물을 찾는 일이다.

> *리더가 갖추어야 할 중요한 일은 조직 내 업무 면에서 잠재 능력이 있는 리더십 팀에 속하는 사람들의 행동과 더불어 조직의 차기 리더 급에 관해 정직한 정보를 제공할 수 있는 사람이나 인물의 능력에 대해 정확한 판단 능력을 소지한 인물을 찾는 일이다.*

정치적 동력(기능) 역학 관계

리더가 고위급 역할로 옮겨갈 때 정치적인 역할은 더욱 분명해진다. 핵심 사례는 HP에서 이사들과 불화가 있었던 패티 던Patty Dunn이다. 앞서 언급된 이 사건은 너무나 심각해서 던이 사임까지 하게 되었다. 또 다른 사례는 리더가 승진을 위해 또는 사내에서 알력으로 인한 불화가 있을 때 이사진에 있는 일부 리더 사이에서 파괴적 행동을 하는 경우가 있다. 리더는 사내 정치적인 내홍을 가장 잘 처리할 수 있는 방법에 대해 자문을 구할 수 있는 사람이 필요하다. 이 싸움은 회사에 피해를 주고 자신의 직장 경력마저 파괴할 정도로 확대되기도 한다. 대부분의 경영 팀에서 팀원 간에 때때로 누가 차기 CEO가 되어야 하는지에 대해 서로 경쟁을 벌인다 (특히 현 CEO의 퇴직이 가까워질 때 더욱 그렇다.). 일부 경영 팀원은 그들이 좋아하는 후보가 이사진과 현 CEO의 눈에 더 잘 보이도록 만들기 위해 노력한다. 어떤 사람들은 은근하지만 분명한 의도로 같은 팀의 책임 리더가 CEO가 되어야 한다고 믿는 사람을 지지하도록 영향력을 행사하려고 한다. 그 CEO는 이러한 사내 역학 관계를 잘 관리할 수 있는 정보가 필요하며 정치적 영향력이 이 회사에 피해를 주는 단계까지 확대되는 것을 막는 데 필요한 모든 역할에 대한 정보가 필요하다.

위기 관리

지도자는 내부와 외부에서 위기에 직면할 때 충고를 구할 수 있는 소수의 사람이 필요하다. 예를 들어 오래전에 펩시 콜라Pepsi Cola는 몇 개의 병 속에서 주사 바늘이 발견되었다는 의혹을 받았다. 일부 사람들은 펩시 콜라의 CEO 크레이그 웨더럽Craig Weatherup에게 이 문제를 확인할 때까지 상품을 시장에서 수거할 것을 요청했다. 그들은 존슨앤존슨이 타이레놀 포장지에 독극물을 도포한 사건 후에도 똑같은 일을 한 예가 있다고 했다. 웨더럽 CEO는 내부 홍보 책임자와 의논한 후 펩시 콜라 내 최고 지도부와 이 사건을 의논했다. 그는 이 사건을 해결할 수 있는 그들의 충고를 받아들였다. 웨더럽은 회사의 제조 절차에 99.9퍼센트 이상이 없었으며 어떤 외부적 물체도 음료에서 검출되지 않았다는 것을 알고 전량 수거하지 않기로 결정했다. 오히려 그는 개인적으로 회사가 독극물 주장에 대해 알고 있으며 소비자들도 안전하다는 자신감을 공개적으로 설명했다. 시간이 지난 후 음료수 안에 주사 바늘이 들었다는 수백 명의 보고서 중 어느 하나도 사실로 드러난 것이 없었다.

위기는 한 리더 주위에 있는 여러 고문들의 장점을 평가할 수 있는 기회다. 기업 인수를 간절히 원했던 CEO의 예를 들어보자. 이 사람은 수많은 규제와 경제적인 장애로 실패 위기에 있었다. 기업 인수 사건이 밝혀졌을 때 수년 전부터 알고 있던 팀원 몇 사람이 기업 인수 사건을 마무리 짓는 데 필요했던 행동에 대해 자기에게 올바른 충고를 해주는 사람이 별로 없었다. 그는 이 협상에서 받은 심적 부담으로 일찍이 본 적 없는 행동을 했으며, 이 위기 동안 도움이 되는 부하 직원들의 능력에 대한 생각을 완전히 바꾸어 버렸다. 제이미 다이먼은 런던 고래 위기에서 발생한 충격파를 다시 생각하며 비슷한 방법으로 언급했다. 이 거래가 대중에게 알려진 후 그는 자기 팀의 일부가 어린아이처럼 행동하는 것을 목격했다. 도움이 되기는커녕 오히려 그들의 머리는 어디에 두고 다니는지 그저 맹목적으로 뛰어다니기만 했다. "개인적으로 이런 것이 무슨 도움이 됐을까? 내 명성은 어떻게 되었을까?" 이런 환경 속에서 당신은 직원들의 좋은 점과 나쁜 점 그리고 누구를 믿을지 알게 된다고 언급했다.

개인적 영향력

충고가 도움이 될 수 있는 마지막 분야는 리더의 영향력이다. 리더는 여러 분야에 영향을 미치지만 자신이 직면한 문제점에 대한 처리는 상당히 개인적이다. 많은 상황에서 리더의 배우자도 리더의 인격, 특히 장점과 약점을 알고 있다는 의미에서 도움이 될 수 있다. 이들은 더욱 개인적인 어려움에 관해 잘 알고 리더에게 이야기해 줄 수 있다. 하지만 배우자가 사업에 관한 완전한 지식과 능력이 없이 충고해 줄 때 문제점이 발생한다. 배우자는 필요한 정보도 없이 충고하거나 어떤 경우에는 아무런 사업의 경험도 없이 충고를 한다. 배우자는 리더에게 다른 해결책보다 상황에 직접 도움이 안 될 수도 있다. 360명의 리더를 단계별로 평가했을 때 때때로 나는 리더에게 결과에 대해 배우자와 의논할 것을 제안했다. 그들은 제삼자를 평가해 줄 수 있는 또 다른 제삼자의 의견을 원한다. 특히 가장 중요한 문제에 관해서는 더욱 그렇다. 이런 일이 발생하면 두 가지 결과가 가능하다. 첫째, 배우자는 발전이 필요한 분야를 확인하는 데 도움된다. 배우자는 "당신이 존경하지 않는 사람을 올바르지 않게 평가하는 데는 나도 동의한다." 또는 "여론이 정확하다. 즉, 당신은 사람들이 견해를 끝내기 전에 그들 이야기에 뛰어들고 자신의 결론을 내려버린다." 등의 언급을 할 수 있다. 둘째, 일반적으로 배우자는 리더에게 보호 의식이 있고, 리더는 변화가 필요하다고 제안하는 사람에 대해 흠을 잡는다. 이런 환경에서 배우자는 지도자가 자기 맹점이 무엇인지 또 어떤 분야를 바꾸어야 할지 이해하는 것을 오히려 어렵게 만든다. 그 결과 리더는 조직을 이끌어 나가는 어려움에 대해 좀 더 객관적인 정보를 줄 수 있는 사람이 필요하다. 언제나 충돌을 원치 않는 정보만을 받아들이는 리더의 경우를 예로 들어 보자. 이 리더는 상황에 대한 의견, 유효성 문제 해결에 대한 선택을 의논할 수 있는 사람이 필요하다. 외부 고문일 수도 있고 멘토일 수도 있는 이 사람은 리더에게 유리한 견해를 줄 수 있고 또 고칠 필요가 있는 분야에 올바른 충고도 할 수 있다.

> *리더는 상황에 대한 의견, 유효성 문제 해결에 대한 선택을 의논할 수 있는 사람이 필요하다. 외부 고문일 수도 있고 멘토일 수도 있는 이 사람은 리더에게 유리한 견해를 줄 수 있고 또 고칠 필요가 있는 분야에 올바른 충고도 할 수 있다.*

리더가 필요한 충고자 유형을 맞춰라

회사 내 고위직으로 승진하는 부담 중 하나는 리더가 가지고 있는 취약점을 줄일 수 있는 능력과 동시에 직면하는 여러 가지 복잡한 결정을 앞에 놓고 있다는 것이다. 일반적으로 리더가 속마음을 완전히 털어놓을 수 있는 사람은 단 몇 사람밖에 없다. 하지만 리더는 부하 직원에게 개인적 견해 또는 개인적 정보를 누출할 위험이 있고, 또 부하 직원은 이 정보를 다른 사람에게 전달하고 지도자가 의도하지 않았던 방법으로 이용할 수도 있다. 앞서 언급한 바와 같이 리더는 솔직하게 의견을 피력할 수 있는 한두 사람이 누군지 조심스럽게 찾아야 하고, 그 사람은 리더를 잘 알고 있고 올바른 판단력을 가지고 있는 사람이어야 한다. 리더는 앞서 언급한 전략 개발과 같은 분야에 여러 형태의 고문을 둘 필요가 있다. 이들은 전문가, 코치, 멘토, 스폰서, 후원자 등 리더를 위해 다양한 역할을 채워줄 수 있는 사람들이다.

전문가

전문가는 전략 또는 기술과 같은 분야에 깊은 지식을 가진 개인이다. 그들은 정보를 제공하고 경험 지식을 바탕으로 한 충고를 해 준다는 의미에서 중요하다. 상담 회사는 중국 정부와 생산적인 관계를 구축하는 데 폭넓은 경험을 가지고 있을 수 있다. 그래서 중국으로 진출할 기회를 찾는 CEO에게 올바른 충고를 할 수 있다. 전문가의 충고를 찾는 또 하나의 사례는 노바티스Novartis의 현 CEO 조셉 지메네스Joseph Jimenez다. 그는 한 제약 회사의 제약부서 부장으로 승진한 당시를 기억하고 있다. 그가 받은 임무는 신선한 아이디어를 기업체에서 가져오는 일이었다. 그러나 그는 과학자도 물리학자도 아니어서 이끌고 있는 사람들과 신뢰성에서 차이가 있었다. 업무에 더욱 속도를 내기 위해 지메네스는 자신에게 과학과 기술에 관해 알아야 할 부분을 가르쳐 줄 수 있는 부서 내 하위직 과학자를 찾았다. 두 사람은 매주 만나서 부서의 약품 종류와 R&D 분야의 중요 물질을 의논했다.

코치

코치는 리더가 활동할 때 이를 지켜보고 조직과 리더 행동에 있어 최선의 태도에 대한 지식을 가지고 있는 개인이다. 그들은 리더의 장점과 개발 분야에 관한 의견을 제공한다. 그들은 지도자가 자기 효율성을 발전시키기 위해 할 수 있는 행동이 어떤 것인지 구체적으로 제안해 준다. 슐버거Schlumberger의 전 CEO 앤드류 굴드Andrew Gould는 리더가 행동할 때 그를 지켜보고 어떤 분야를 수정해야 하는지 솔직하게 이야기해 주는 코치가 필요했다고 말했다.

내가 고위급 이사진에게 묻고 싶은 첫 번째 질문은 "당신의 코치는 누구입니까?"라는 것이다. 많은 사람은 사외 멘토 리스트와 사내 이사진 리스트를 가지고 답을 한다. 그들이 직접적으로 이사를 목격하지 않았기 때문에 이사들을 멘토이자 코치라고 하는 것이다. 이사들의 충고는 단지 구두적인 면에서 좋은 대화일 수 있지만, 불행하게도 그들은 맹점에 대해 맞추지도 못하고 경영에 대해 전문적인 지식을 가지고 있지도 않다. 나의 추가 질문은 "실제로 누가 정규적으로 당신의 행동을 관찰합니까?" 그리고 "당신이 듣고 싶지 않은 이야기를 해 줄 사람은 누구입니까?"라는 것이었다. 그런데 이 질문에 대해서는 침묵으로 일관되었다.

멘토

멘토는 이미 리더가 하고 있는 역할과 비슷한 역할을 해온 사람이거나 리더의 희망을 갖고 있는 역할이다. 그들은 보통 리더보다 5~10살 정도 나이가 많고, 지도자가 개발할 필요가 있는 것보다 더 많은 경험을 가지고 있는 사람이다. 어떤 경우에 그들은 다른 회사에서 일하고 있지만, 보통은 같은 회사 내에 있는 사람이다. 멘토는 일반적인 충고가 필요한 분야에 지원을 해준다. 멘토는 자신을 리더가 진행하고 있는 사업을 개인적으로 지원하는 사람이라고 생각한다.

후원자

후원자는 리더의 잠재력을 볼 수 있는 사람이고, 또 리더의 경력 발전을 지원해 주는 사람이다. 그들은 필요할 때는 지원하지만 계속적으로 지원 또는 코치를 하지는 않는다. 그들은 위에서 설명한 멘토는 아니지만, 회사나 기업체에서 한 리더가 높은 자리에 오를 때 도움이 된다. 예를 들면 후원자는 능력 있는 개인을 어떤 회사에서 더 고위직 역할로 끌어들이는 데 지원해 줄 수 있는 이사일 수도 있다.

리더가 받게 될 충고를 최대화하라

강력한 고문 집단을 구축하는 것은 당신의 맹점을 찾아내고 관리하는 데 중요한 첫 번째 단계다. 이와 관련된 단계는 효율적으로 충고를 검토하고 이용하며 또 토론하는 일이다. 가장 우수한 리더는 그들이 받아들이는 충고의 질을 결정하기 위해 올바른 질문을 던진다. 그것은 불확실할 수도 있고, 또 그들이 듣고 있는 충고의 확실성을 기하는 데 필요한 다음 단계의 정확한 내용을 입수하는 노력을 할 수도 있다. 가장 훌륭한 리더는 충고를 주는 데 능숙한 방법으로 다른 사람들과 같이 활동한다. 특히 나는 오랫동안 나와 같이 일하며 나를 더 훌륭한 상담자로 만드는 고위직 리더에게 수년간 기업 상담을 해 주면서 지켜보았다. 어느 날 나는 서너 사람의 고객을 만났는데 그들과 일하는 방법에서 차이가 있음을 느꼈다. 나의 일은 그들의 스타일과, 그들과 내가 같이 일하는 스타일을 가치관 향상에 적절하게 적응시키는 것이다. 그러나 어떤 경우에 그들은 내가 제출하는 충고를 효율적으로 사용하는 데 중요한 사람들이다. 어떤 리더는 내가 가치관을 부여하고 있는 그들의 필요를 위해 내 장점을 이용하는 식으로 나를 이용한다. 이것은 내가 충고하는 것을 받아들이는 것이 아니고 내 충고로부터 최대치를 얻어내는 것이다. 다음은 당신이 받아들이는 충고의 값어치를 어떻게 극대화하는지에 대한 지침서다.

- 지원 조직의 폭과 질을 평가하라. 고문단을 이용하는 것은 성공의 중요 부분에 자신이 가지고 있는 인간관계의 정확성을 평가하는 방법이다. 각 분야에서 자신이 올바른 판단력을 가지고 있는지, 정직한 행동을 하는 사람이 함께 있는지 아닌지를 결정하고 싶을 것이다. 자신은 또한 각 분야에서 지나치게 충고에 의존적이 되지 않도록 의견을 줄 수 있는 많은 사람을 원할지도 모른다. 리더는 기업의 중요한 관심사를 놓칠 수도 있는 가능성을 줄이기 위해 자신에게 충고하는 사람의 충분하고도 다양한 견해를 필요로 한다. 고문이 필요하지만 한 사람도 없는 분야에서 리더는 필요한 인간관계를 확인하고 구축할 수 있는 계획을 수립하고자 할 것이다. 가장 유용한 것은 전략, 기술 등의 필요한 분야와 이 분야에서 충고를 제공하는 개인이나 그룹을 구축하는 것을 집중적 목표로 하는 12~18개월 계획이다.
- 고문 선정을 위한 기준을 정하라. 충고자는 필요한 대로 목적이 정해져야 하고, 자신의 구체적인 요구 또는 장점, 단점에 따라 달라질 수 있다. 어떠한 충고가 필요한지에 따라 달라질 수 있는 충고자의 유형을 분명히 하는 것이 좋다. 즉, 자신은 전문가, 코치, 멘토, 후원자 중 어떤 종류를 찾는지 확실히 해야 한다. 다시 말해서 대부분의 환경에서는 여러 가지 고문의 성격이 중요하다. 첫째, 자신이 충고를 원하는 분야에 적절한 전문성이나 깊은 경험(전략, 기술 등)을 가진 사람일 수도 있다. 둘째, 회사에 대해 잘 이해하고 회사의

전략 우선순위를 잘 아는 사람일 수도 있다. 셋째, 자신의 구체적인 쟁점을 잘 듣고, 속단하지 않으며 이해관계에 치우치지 않고 행동하는 사람이 필요하다. 만약 갈등 여지가 있다면 이익을 먼저 추구해야 한다. 넷째, 자신과 충고자 사이에 깊은 이해관계가 있는 사람이다. 비록 그것이 반드시 당신의 대화에 긴장이 없다는 것을 의미하지는 않겠지만, 둘 사이는 깊은 이해의 관계이다. 앞서 언급한 바와 같이 많은 리더가 자신의 의견에 전적인 지원만 하는 사람을 옆에 두는 실수를 한다. 이들은 구체적 쟁점에 매달리지 않고 필요할 때 중요한 의견을 제시하지 않는 사람들이다. 이런 충고자는 주어진 환경에서 리더가 듣고 싶어 하는 이야기만 한다. 충고자는 리더의 능력과 버릇까지 깊이 잘 이해하고 좋은 의견을 주어야 할 것이다.

- **자신의 마음을 구축하는 데 투자하라.** 현명한 리더는 충고와 지원의 필요성을 느끼기 전에 먼저 충고자의 그룹을 형성하는 데 시간을 들인다. 사전에 이 일을 할 필요성은 회사와 회사 상품을 선전하는 TV 광고를 하고 싶은 고객과 어떤 협상을 하는 스포츠 프로모터의 이야기에서 분명히 설명된다. 그 고객은 자기가 원하는 것, 즉 스포츠 프로모터 서비스를 제공하고 어느 정도의 비용을 청구할지 묻게 된다. 이 프로모터는 요금이 수백만 달러 정도 될 것이라고 말했다. 고객은 이 조건에 동의했다. 그 후 프로모터는 전화를 들고 이러한 협정을 처리하는 데 필요한 지원을 요청하기 위해 파트너에게 단지 두 통의 전화만을 걸었다. 그는 다시 고객에게 돌아가서 모든 것이 이상 없이 준비되었다고 말했다. 협상이 얼마나 빨리 이루어졌는지 놀란 고객은 그 프로모터가 두 번의 통화로 모든 것을 이루어 낸 것을 보고 방금 동의한 요금에 불만을 터뜨렸다. 그 프로모터는 고객에게 전화를 넘겨주며 이런 말을 했다. "그렇다면 당신이 전화해 보세요." 이 이야기의 핵심은 그들이 필

요로 하기 전에 한 사람이 구축해 놓은 모든 인간관계는 값으로 따질 수 없으며 다른 사람이 쉽게 모방할 수 없는 경쟁력이 있는 특혜라는 것이다.

- <u>자신의 고문 능력을 시험하라.</u> 강력한 고문 집단을 형성하는 일은 분석과 건의 사항을 위해 자신이 의존하고 있는 사람의 판단을 시험하는 일이다. 리더는 그들이 자신에게 올리는 건의 사항에 대한 편견이나 의제와 마찬가지로 능력도 평가하고 싶어 할 것이다. 많은 리더는 실수를 최소 한 번 이상 한 후에 이 일을 한다. 1961년 케네디 정부 시절 쿠바의 피그만Bay of Pigs 침공 후 처참한 실패를 했을 때도 이 일이 일어났다. 케네디 대통령은 정부에 있는 다양한 사람(CIA지도부, 정치 고문 등)의 의견을 들었다. 이들은 작전 전에 쿠바의 피델 카스트로Fidel Castro 정부를 축출하기 위한 목적이었던 군사 작전이 실패할 경우에 어떤 위험부담이 따르는지 대통령에게 올바르게 충고하지 못했다. 그의 아버지 조셉 케네디Joseph Kennedy는 이 작전 실패를 자기 아들에게 사람이 어떤 위기에 부딪쳤을 때 올바른 충고를 해 주는 사람을 어떻게 잘 이용하는지 가르쳐준 사건이라고 말하며, 이것은 축복이었다고 말했다. 이것의 목표는 기회를 찾는 일이고, 중요한 실수가 일어나기 전에 깊은 임무, 깊은 토론 등 통찰력을 주는 기회를 찾는 것이다.

- <u>자신의 전체적 효율성에 관한 의견을 구하라.</u> 리더는 주기적으로 충고자에게 효율성을 어떻게 향상시킬 것인지 일반적인 지식을 요구하여 목적을 잘 달성할 수 있다. 어떤 리더는 매년 자기를 잘 알고 있는 4~5명의 사람을 찾아간다. 그리고 질문한다. "나의 전반적인 수행 능력을 향상시키기 위해 무슨 일을 하면 되는가?" 핵심은 리더를 직접 알고 있는 사람을 선별하여 자신이 부족한 점과 필요한 점에 대한 구체적 예를 구하는 일이다. 예를 들어 리더는 팀 회의에서 중요한 문제에 대해 사람들에게 목소리를 낼 수 있는 더

많은 기회를 허용하고, 의사 결정 과정에 공식적인 권위를 행사하는 일을 줄여야 한다는 이야기를 들을지도 모른다. 그 리더는 이렇게 물을 것이다. "내가 이해할 수 있게 과거 6개월간 내가 이 일을 했을 때와 안 했을 때 결과의 예를 달라." 그리고 그 리더는 입을 다물고 위에서 언급된 행동에 대한 설명도 변명도 할 필요 없이 그저 상대 의견에 귀를 기울여야만 할 필요가 있다.

- 구체적인 도전에 대한 사람들의 의견을 구하라. 충고자의 가치를 극대화할 수 있는 또 하나의 방법은 목표로 하는 분야의 의견을 묻고 건의를 행동으로 옮기는 일이다. 예를 들어 나는 이사 한 사람이 "현 CEO는 좀 더 분명히 회사 정책을 밝혀야 하고, 전략적 토론에 이사들을 더 많이 참석시켜야 한다."고 말하는 것을 다른 팀원을 통해 전해 들은 한 CEO와 같이 일했다. 그 CEO는 내게 이러한 사람들의 견해를 자기도 알고 있는데, 어떤 근거가 있느냐고 물었다. 나는 그와 같이 일하는 동안 그가 매 분기마다 실적을 달성한 것이 자랑스러우며 이사진 중 몇몇이 정확하게 이 사업을 이해하지 못하는 것이 걱정된다고 조언했다. 그래서 이사진 중 몇 사람이 CEO를 자기 정책에 있어 전략적이기보다는 좀 더 영업적인 사람이라고 생각한다 해도, 그리고 CEO가 생각하고 있는 것보다 큰 정책 구상에서 이사진이 충실히 노력하는 기분이 들지 않는다 하더라도 나는 결코 놀라지 않을 것이다. 그 CEO와 함께 일한 그간의 경험은 그가 이 상황을 어떻게 처리할지 결정할 때 내 경험이 그에게 충분히 유용했다는 느낌을 주었다.

- 결정을 소유하라. 대부분의 리더는 편안하게 결정을 내리고 이것에 책임을 져야 한다. 어떤 경우에 CEO는 결정을 최대한 미루고 가능한 모든 선택을 열어 두며 시간을 가지고 생각한다. 다른 사람들이 대신 결정을 내려 주기를 원하는 리더도 있다. 펩시 콜라 독극물 조작 사건은 그 당시 이 사건이 사실

로 판명된다면 회사에 치명적이 될지도 모르는 사건을 두고 적절한 최종 결정을 내린 크레이그에 의해 잘 처리되었다. 이와 같은 경우에 처하면 어떤 리더는 회사 내 홍보 관련 담당자에게 도움을 청했을지도 모른다. 그리고 이런 이야기를 했을지도 모른다. 당신이 결정을 내리면 내가 그 결정을 뒷받침하겠다. 리더는 가능할 때는 아랫사람에게 결정을 내리도록 시켜도 되지만, 그 결정이 한 회사의 성공에 대단히 막중한 영향을 끼칠 때는 절대로 그렇게 해서는 안 된다. 정책 충고자는 충고를 하고 지도자는 결정을 내린다.

성공적인 리더는 능력에 대해 강력한 확신을 갖고, 이것에 버금가는 고집 센 성격을 가지고 있기도 하다. 가장 훌륭하고 장래성 있는 리더 자기 확신보다 다른 것을 따르는 일은 어리석다고 쉽게 믿는다. 전 뉴욕 시장이자 언론 제국 설립자 마이클 블룸버그는 이렇게 말했다. "엄격함은 내 자신을 묘사하기 위해 내가 사용하는 단어는 아니다. 차라리 고집이 더욱 적절한 표현이다. 나와 같은 반대자에게 어떤 일을 하지 말라는 *꾸준한 충고*는 한결같이 나를 위험하고 인기 없는 방향으로 가게 만든다. 대부분의 리더는 자신이 무시했던 충고나 자신의 견해를 수정하지 않은 것이 옳았다는 상황을 기억한다. 또한 많은 사람이 충고를 따르지 않았거나 다른 사람들로부터 충고를 들었다가 나쁜 실패를 한 경험이 있다.

리더는 흔히 앞에서 들은 예가 그들의 우수한 판단력의 증거이며 모든 일에 자신의 직관을 따르는 것이 가장 좋다고 생각한다. 이것의 문제는 많은 사람이 자신의 직관을 믿었다가 실패하는 경우를 잊어버리는 경향이 있다는 것이다. 오히려 그들은 다른 사람을 비난하거나 자기의 능력으로는 어쩔 수 없는 일이었다고 상황적

성공적인 리더는 능력에 대해 강력한 확신을 갖고, 이것에 버금가는 고집 센 성격을 가지고 있기도 하다.

인 요소를 비난한다. 이것은 실수가 만들어진 것이지 자신이 실수를 저지른 것이 아니라는 생각을 갖게 한다. 이러한 많은 경우에 있어 리더는 결정을 사유화했다. 그리고 자기가 좋아하는 방향으로 상황을 몰고 나가며 객관적인 모든 능력을 잃어 버린다.

마이클 맥코비Michael Maccoby는 일부 리더를 생산적인 나르시스라고 부른다. 이들은 자기 자신의 믿음과 이 세계를 바꾸겠다는 정열이 회사에 큰 도움을 줄 수 있다고 생각한다. 그러나 이들은 분명히 회사에 위험을 줄 수 있는 리더이기도 하다. 충고에 관해 나르시스 지도자들은 감정적으로 다른 사람과 같이 할 수 없는 경우가 많고, 다른 사람이 주는 충고를 불신하는 경향이 있다. 결과적으로 의식적이든 아니든 그는 조직 내 팀과의 토론이 서로 다른 선택을 찾아내는 노력이라고 보지 않는다. 오히려 그들은 이런 토론 절차를 자신의 아이디어 실험 방법으로 보고 필요할 때 수정한다. 그들이 마음을 결정할 때 어떤 지도자는 새로 받아들인 아이디어를 그들의 최초 생각에 들어 있던 생각이라고 믿는다. 이는 그 모습을 처음으로 보고 있는 사람들에게는 불신을 일으킬 수 있다. 이처럼 리더들이 겪을 수 있는 위험은 자신의 능력 이상으로 행동하고 리더의 말을 들어 줄 수 있는, 사람들의 약점에 균형을 잡아주고 리더가 중요한 실수를 저지르려고 할 때 리더에게 올바른 충고를 해줄 수 있는 사람들을 개발하지 못하게 한다.

신뢰받는 자문단을 구성하기 위한 조치

다음 설문지는 자신의 맹점을 찾아내고 고칠 수 있는 자문단 그룹을 개발하기 위해 만든 것이다.

신뢰받는 자문단 구성: 추진해야 할 조치에 대한 요약

인지 영역	자신이 추진하는 분야 (✓ = yes)	자신이 추진하려는 분야에 대한 인식을 높이기 위해 앞으로 해야 할 행동을 설명하거나 다음 단계를 설명하시오.
신뢰하는 충고자 확보		
1. 시장과 전략에 관한 충고자를 확보한다.		
2. 기술 혁신에 관한 충고자를 확보한다.		
3. 조직과 능력 있는 인사에 관한 충고자를 확보한다.		
4. 정치적 동력에 관한 충고자를 확보한다.		
5. 위기 관리에 관한 충고자를 확보한다.		
6. 자신의 개인적 영향력에 관한 충고자를 확보한다.		
충고 따르기		
7. 중요한 결정에 대해 (자신의 추측을 확인하는 정보 대신) 자신의 의견과 다른 건의안을 충분히 고려한다.		
8. (필요하다고 생각하는 계획을 급히 추진하는 대신) 자신 앞에 놓인 여러 선택을 평가하는 데 필요한 시간을 갖는다.		

다음 표는 각 분야에서 자신에게 어떤 조언자가 필요한지 자세히 설명하기 위해 사용할 수 있다. 한 사람이 다양한 도표에 나타나고 또 이 도표 안에 있는 다른 항목은 비어 있다. 예를 들면 후원자는 각 분야에서 다 필요한 것은 아니다. 조언자는 리더의 회사 내에 있는 사람일 수도 있고 외부 인사가 될 수도 있다.

충고자 명단

충고자 유형	충고가 필요한 분야: 필요하다면 각 분야에 1~2명의 충고자 이름을 적는다. (표의 각 분야는 빈칸으로 둘 수도 있다. 이 표의 여러 공란에 여러 사람의 이름을 적어도 좋다.)					
	시장과 전략	기술	조직과 사람	정치적 동력	위기 관리	개인적 영향력
전문가						
코치						
멘토						
후원자						

CHAPTER

CHAPTER
9

중요한 우선 과제에
생산적인 갈등을 장려하라

Promote Productive Team Fights On The Vital Few Priorities

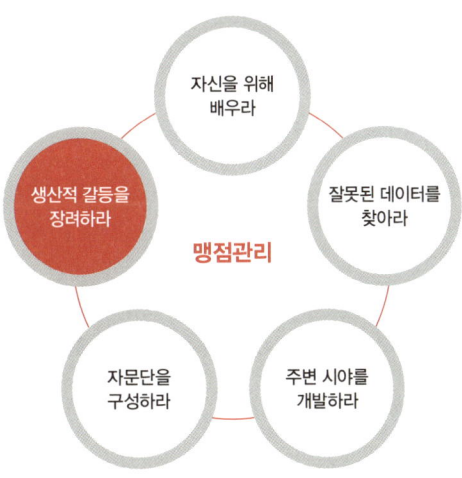

강력한 팀을 구성하는 일은 리더가 자신의 맹점을 찾아내고 관리하기 위한 가장
중요한 행위다. 다방면에서 지도자는 팀을 구성하고 훌륭한 리더를 만든다. 여론과
조언의 최초 발생지인 팀은 리더의 생각과 행동에 중요한 영향을 끼친다. 잘 조직된

팀은 리더의 장점을 극대화하며 취약점을 찾아내어 반감한다. 가장 훌륭한 팀은 리더가 상황을 부정확하고 불안정한 방법으로 바라볼 때 반대 의견을 제시할 수 있는 기술과 자신감을 가진다. 수년 동안 리더와 같이 일하며 그가 어떤 결정을 어떻게 생각하고 어떻게 결정을 내리는지 잘 알고 있는 팀원도 있다. 이들 중 가장 현명한 사람은 리더의 관심을 사로잡는 방법으로 논란 중인 문제를 해결할 방법을 찾아낸다. 이것이 바로 새로운 임무를 받은 리더들이 언제나 과거에 같이 일해 온 사람을 동반하고 부임하는 이유다. 새 리더가 동반한 사람은 현재의 여론과 충고뿐만 아니라 더 깊은 수준의 도움을 줄 수 있는 사람으로, 신뢰하고 능력에 관해서도 믿는다.

　　스티브 잡스가 루카스필름Lucasfilm이라는 컴퓨터 부서를 인수했을 때 우수한 리더십을 갖춘 팀을 물려받았다. 그 팀은 곧 픽사 애니메이션 스튜디오의 핵을 구성했다. 잡스는 에드 캣멀, 존 라세터와 같은 리더의 능력과 추진력이 있는 사람을 존경했다. 그들 역시 잡스를 믿었다. 그리고 픽사에 대해 생각하는 잡스의 능력을 비전 있는 어휘로 극찬했다. 잡스는 수년 동안 픽사가 애니메이션 영화에 혁명을 일으킨 새로운 방법을 개발했을 때 재정적·감정적으로 수년 동안 이 팀을 지원했다. 캣멀과 라세터는 필요할 때는 잡스가 잘못된 결정을 내리지 못하도록 막기 위해 반대 의견을 제시하고, 잡스가 가진 리더십 스타일의 부정적 면을 많이 완화하면서 함께 일했다. 세 사람은 대단한 영화 상품을 하나둘씩 지속적으로 생산해 내는 회사를 설립했으며, 그 상품 중에는 '토이스토리Toy Story', '니모를 찾아서Finding Nemo'와 같은 영화도 있었다. 잡스는 위대한 팀이 하는 역할은 어떤 개인적 분야보다 더 위대한 무엇인가를 집약적으로 창조하는 일이라고 믿었다. 즉, 팀원들 가운데 있을 수 있는 부정적인 성격을 줄여서 이런 일을 할 수 있었다. 음악을 사랑했던 잡스는 자신의 생각을 설명하기 위해 비틀즈를 이용했으며, 비틀즈에 의해 창조된 음악의 질은 솔로 가수가 만든 음악보다 더 우수하다고 의견을 제시했다. 이 맴버들의 상호 협력 관계가 각 개인의 약점이나 과실을 외부에 나타나지 않게 만들었기 때문에 이런 일을 할 수 있었다. 잡스는 픽사의 엄청난 성공이 그 회사의 최고 리더들 사이에 서로 협력하는 관계 덕분이었다고 믿고 있다. 잡스가 애플로 돌아왔을 때 그는 픽사의 경험을 애플에 다시 재현하려고 노력했다. 대단히 능력 있는 사람을 뽑아서 팀이 되도록 했고, 그들 사이에 가까운 실무 협력 관계를 형성하게 했다.

잡스는 픽사의 엄청난 성공이 그 회사의 최고 리더들 사이에 서로 협력하는 관계 덕분이었다고 믿고 있다.

　　리더는 언제나 자신을 정직하게 만들어 주는 팀, 맹점을 알아차리게 도와주는 팀이 필요하다. 내가 저스틴Justin이라 부르는 한 리더의 경우를 생각해 보자. 소규모이면서 빠르게 성장한 제약 회사의 사장인 그는 성장을 주도하기 위해 도전적인 시장 판촉 운동을 벌였다는 명성을 가지고 있는 탁월한 전략가였다. 회사의 마케팅 직원은 새로운 상품을 시장에 내놓고 회사에 낙관적인 수입을 가져다줄 수 있는 약품 목록을 만들고자 했다. 회사의 R&D 리더는 그 상품이 어쩌면 엄청난 부작용을 가져올 수 있다고 믿었기 때문에 문제가 있다고 염려했다. 더욱이 저스틴은 이 상품의 표지와 선전에 더욱 제한적인 방법을 사용할 것을 제안했다. 한 주요한 리더십 팀 회의에서 R&D 리더는 자신의 우려를 표명했지만 회사 마케팅 리더로부터 공격적인 질문을 받자 곧 자신의 목소리를 줄여 버렸다. 이 회의가 끝날 때까지 R&D 리더는 침묵을 지켰고 저스틴이 원했던 것에 반대 의견을 내놓으려는 마음이 없어졌다. 만약에 그가 반대하더라도 저스틴이 트집을 잡고 결국 회사의 수입 전망을 더 낮추는 이 논란을 받아들이지 않을 것이라고 결론을 내렸다. R&D 리더는 확실하게 반대할 신념도 가지지 못했고 저스틴을 막을 수 있는 기술도 없었다. 그 상품은 출시됐지만 결국 R&D 리더가 두려워했던 바로 그 문제와 또 다른 상품의 부작용 때문에 처음의 활력을 유지하지 못했다.

어떤 팀원은 그룹 미팅에 참석했을 때 서로 충돌을 피하려고 노력한다.

어떤 팀원은 그룹 미팅에 참석했을 때 서로 충돌을 피하려고 노력한다. 그들은 자신들보다 더 높은 상위직 사람과 서로 의견이 다르면 자신의 생각을 주장하지 않을 것이다. 이것은 내가 얼브Irv라고 부르는 한 리더의 예인데, 이 사람은 한 금융회사의 글로벌 통신회사를 위한 재정 부서에서 수십 년간 일한 경험을 가지고 있었다. 이 팀의 월례 회의에서 회사 전반의 실적 재고가 있었다. 영업부는 그 해 목표 미달이었고 실적이 계속 떨어지고 있다고 지적당했다. 영업부 리더는 실적이 떨어지는 이유를 설명했으며 목표액에 달하지 못한 수치는 다음 몇 개월 동안 보충될 것이라고 확신했다. 하지만 얼브는 그것이 불가능하다고 믿었고, CEO가 월례 회의에서 이 영업부 리더에게 강경책을 써주기를 원했다. 특히 왜 영업부가 기대 이하의 실적인지를 알고 이를 바로잡기 위한 구체적 방법에 대해 자세히 토의하도록 했다. CEO는 그룹 회의에서 영업 실적 문제를 다루어 본 적이 없었다. 얼브는 실적 미달에 관해 해당 그룹에서 공개적으로 거론하는 것이 중요하다고 믿었고, 앞으로 실적을 발전시키는 데 필요하고 도움이 되는 정보를 팀이 내놓을 수 있으리라고 생각했다. 또한 그는 CEO가 이 영업 실적이 불량한 직원들을 책임지지 못할 것이라고 일부 팀원이 믿고 있다고 생각했다. 팀원들이 실적을 이행하라고 요청받고 있다고 생각하는 영업부 리더와, 다른 사람들은 실적 미달임에도 그냥 통과가 되고 있다고 믿는 영업부 리더 간에 어떤 문제점이 발생하고 있었다. CEO는 자기가 직원들에 대한 모든 책임을 지고 있다고 믿었지만, 다른 사람들이 그를 이런 식으로 바라보고 있다는 것은 전혀 알지 못했다. 얼브는 이런 것을 알고 우려했지만 월례 회의에서 아무 이야기도 하지 않았다. CEO로 하여금 자신이 직원들을 공세적으로 내몰고 있다고 비치고 싶지 않았기 때문이다. 그는 월례 회의에서 그 영업부 리더에 대해 반기를 들고 싶지도 않았다. 단지 그 후 이런 식으로만 말했다. "내가 회의에서 영업부 리더에게 영업부 팀 실적에 대한 질문을 던지면 나와 그의 관계를 훼손하게 될 것이다. 그는 몹시 방어적이고, 나를 우군으로 보고 있다. 즉, 나는 다른 직원과의 관계에 모든 상황이 마비 상태가 되는 것을 원치 않는다." 얼브는 영업부가 단기적인 문제점을 안고는 있지만, 이 영업부 리더는 회사에서 떠오르는 스타 중 한 사람이라고 믿고 있었다. "그는 언젠가 나의 상사가 될지도 모르기 때문에 다른 사람 앞에서 그에게 기분 나쁜 행동은 하지 않을 것이다. 사람의 기억은 오래간다. 그리고 그러한 논쟁의 잘못된 편에 서서 사람을 당혹스럽게 만드는 것도 원치 않고 위험해지는 것을 원치도 않는다. 사람이 수년간 이런 사소한 실수를 기억하고 있는 사례들을 많이 보아 왔다."

맹점을 찾아내고 고칠 수 있는 리더십 팀을 만들고자 노력하는 지도자는 다음 분야에서 조치를 취해야 한다.

- 현명하고 다양하며 정열적인 사람을 그룹에 채용하라.
- 극히 중요한 우선순위에 팀을 집중하라.
- 심한 갈등은 껴안거나 몸을 낮추고 갈등에서 중립을 취하라.
- 생산적인 싸움을 할 수 있는 철저한 규칙을 만들라
- 설득을 원하면 목소리를 분명하게 하라

현명하고 다양하며 정열적인 사람들을 채용하라

코카콜라 전 CEO 로베르토 고이주에타Roberto C. Goizueta는 회의할 때 서로 다른 악센트를 사용하는 팀이 많이 참석해 주기를 원했다고 말했다. 이러한 희망은 글로벌 차이점을 깊이 이해하고 있는 팀이 갖는 의미가 얼마나 중요한지를 강조한 이야기다. 팀이 서로 다른 악센트를 가지고 있다는 것은 팀의 다양한 배경뿐만 아니라 사람들의 다양성과 더불어 가져오는 유익함을 설명하는 상징이다. 하지만 일반적인 맹점은 일부 리더가 자신의 팀이 실제보다 더욱 다양하다고 믿고 있는 것이다. 리더는 흔히 배경, 의견, 결정 스타일 심지어 성격이 자신과 비슷한 사람을 채용한다. 그렇게 함으로써 리더는 그들을 이해하거나 함께 일하는 것이 더 쉬워진다. 단점은 그들 역시 리더와 같은 맹점을 공유할 수 있다는 것이다. 미국인이 주류를 이루는 기업체에서 키워진 리더는 세계 다른 지역 출신 경쟁자의 잠재적 장점을 이해하는 데 어려움을 겪을지도 모른다. 만약 이 리더의 팀이 비슷한 배경을 가진 사람으로만 구성되어 있다면 리더의 맹점은 비非미국계 경쟁자의 잠재적 위험이 거의 다 무시될 것이라는 사실을 별로 중요시하지 않는 것이다.

  팀을 구성할 때 리더는 해야 할 역할을 위해 그룹 내 각 개인의 장점은 보지 않고 전체적으로 능력 있는 사람 명단부터 살피게 된다. 한 팀의 총체적 견해는 리더를 좌초하게 만들 수 있는 맹점을 피하려고 할 때 대단히 중요하다. 가장 우수한 리더는 자신의 부족한 능력을 보완해 줄 수 있는 사람과 팀에 다른 사람의 능력을 골고루 배분해 줄 수 있는 사람을 채용한다. 나는 영업 분야에 극히 제한적인 기술을 가지고 있지만 나에게 많은 관심을 가지고 있었던 고위 리더와 함께 일을 한 적이 있다. 그는 좀 더 전략적인 문제에 주력했고, 그의 회사가 성장할 수 있는 새로운 분야를 찾는 데 도움을 줄 수 있는 사외 인간관계 형성에 주력했다. 하지만 그는 자신과 회사를 보호해야 할 필요성을 잘 알고 있었다. 그는 사내의 모든 영업 업무를 총괄했던 한 능력 있는 최고 영업 책임자를 고용하고 그에게 권한을 부여했다. 그래서 그 고위 리더는 지금까지 최선을 다해 왔던 분야에 계속 시간을 뺏기지 않아도 되었다.

다양성을 확대한다는 것은 다른 배경의 정보를 가지고 싶어 한다는 의미다. 많은 회사는 능력 있는 사람을 채용하기 위해 목표 회사 혹은 대학에서 인재를 유치한다. 제한적이기는 하지만 리더가 다른 회사나 대학으로부터 사람을 채용할 때 그들이 자기 회사에 어떤 것을 가져 올 수 있는지에 대한 좋은 판단력을 가지고 있기 때문에 도움이 될 수 있다. 맹점은 똑같은 인재 풀에서 사람을 채용할 때 약점을 보지 못할 수 있다는 것이다. 그들은 자신들이 선호하는 대학에서 뽑아 온 사람들이 회사에 매우 도움을 줄 수 있는 기구나 기술을 가지고 왔다는 사실도 잘 알고 있다. 하지만 똑같은 곳에서 채용된 사람들은 생각과 행동이 거의 비슷하다는 위험부담이 있다. 특히 그들은 똑같이 비슷한 약점을 갖고 있다. 이것은 폭넓은 생각을 가져오지 못할 뿐만 아니라 사업을 바라보고 문제를 해결하기 위해 한 방향의 방법만 생각하기 쉽기 때문에 파괴적 오만이 될 가능성이 크다.

리더는 회사에 충성스럽지만 필요할 때는 자신에게 무서운 진실도 이야기할 줄 아는 직원이 반드시 필요하다. 논리적으로 말해서 이러한 특징은 부족한 부분을 채워줄 수 있는 보완 역할을 한다. 충성은 기업 문화나 일부 리더에게는 맹목적이 되기 쉽다. 맹점을 찾아내는 것은 언제나 위험이 따른다. 지나칠 정도의 가부장적 방법으로 회사를 운영하는 CEO가 능력이 부족한 직원 문제를 잘 처리하지 못한다는 소리를 들을지도 모른다. 그런데 그는 그런 이야기를 전하는 사람을 기피할 수도 있다. 앞서 언급한 헨리 포드가 그런 인물이다. 즉, 그는 자기 주위에 그가 듣고 싶은 것만 이야기하는 충성파만 두었던 사람이다. 감히 반대 의견을 내놓는 사람은 포드에 의해 따돌림을 당했고 심지어 해고까지 당했다. 잘못하면 리더가 빠질 수 있는 함정은 개인적으로 솔직한 이야기의 필요성을 강조하지만 실제로는 이와 같은 목표를 훼손하는 방법으로 행동한다. 리더는 직원 갈등 문제를 어떻게 처리해야 할지, 리더가 믿고 있는 것과 정반대 의견을 가지고 있을 때도 그것을 듣고 싶은지 아닌지 사람들의 의사소통에 중요한 역할을 해야 한다. 어떤 환경에서 리더는 팀원이 자신의 의견에 옳고 그름을 말해주기 원한다. 그러나 어떤 리더는 권위에 주눅이 든 사람들만 주위에 둔다. 마찬가지로 공개적 토론을 원한다 해도 반대 의견을 내놓는 사람은 철저히 배척하는 리더가 일반적이다. 그런 경우 팀원들은 일의 중요성보다 이 분야에서 리더가 어떻게 행동하는지에 더 관심을 기울여야 한다. 특히 이러한 상황은 규정에 따라야 한다는 압력이 더 강한 팀 회의에서 더 잘 나타난다. 작가이자 연구진인 게리 클라인Gary Klein은 다음과 같이 말한다.

나의 관심사는 당신이 회의에서 당신의 의견에 반대하는 사람을 내치는 경향이 있다는 것이다. 상대방 의견에 이의를 제기할 때 너무 참기 어려워진다. 물론 리더 당신이 올바른 이야기를 할 수도 있다. 예를 들면 모든 사람은 회의에서 그들의 의견을 공유해야 한다. 그러나 사람은 매우 현명해서 그런 일을 하지 않는다. 왜냐하면 그것은 무척 위험하기 때문이다. 사람들이 리더인 당신이 전혀 이해하지 못하는 생각을 내놓았을 때 그에 대해 잘못된 것을 묻기보다 그들이 왜 이런 태도를 취하는지에 대해 대단히 심각하게 반응한다. 호기심은 사람들이 인기 없는 말을 하고 있을 때 멸시를 어느 정도 희석하기 위한 방법이다.

리더가 자기 행동과 걸맞지 않은 말을 할 때 그 뜻을 이해하기 더 어렵다. 리더가 이미 결정을 내려 놓고도 그저 형식적인 참석만 하는 것으로 보일 때 그런 일이 발생한다. 나는 결심을 빨리 하고 결정을 내리는 데 자기 용기를 믿는 리더와 일을 한 적이 있다. 결정에 필요한 새로운 데이터가 없을 때 지나치게 시간을 끌며 분석하는 것보다 빠른 결정이 더 유리하다. 리더는 어떤 쟁점을 그룹 결정 사항으로 정할 때 팀원에게서 많은 정보를 얻었다고 믿는다. 회의에서 그는 팀과 조직의 재구성 문제를 팀과 함께 검토하고 있었다. 이 결정은 사업에 중요한 충격을 주었고 심지어 회의실에 참석한 직원들에게도 충격을 주었다. 새로운 기획에 따라 참석한 일부 직원들의 직책에 영향이 미치기 때문이었다. 리더는 그가 지금은 원하지만 그룹까지 영향을 주기는 원치 않았던 구조적인 모습을 알고 있었다.

핵심적으로 말해 그는 똑같은 결론을 이미 내렸지만, 이것을 직원들 자신의 결론이라고 생각하기를 원했다. 이틀간 팀은 구조적 선택을 검토하고 최종적 결정을 얻으려고 노력하고 있었다. 좀 더 현명한 직원은 리더의 동기를 이미 이해했고 리더가 원한다고 생각한 것을 성공시킬 수 있는 제안을 했다. 예를 들면 "나는 네 개 영업 분야의 조직 변경을 지지합니다. 그러나 우리는 새로운 부서 전역에서 필요한 기회를 찾을 수 있는 중앙 통제 사업 개발 역할이 필요 합니다."와 같은 제안이다. 그 결과 회의는 리더가 이미 최선의 방법을 결론 내렸을 때 그저 팀이 토론에 참석하는 형식이 되었다. 시간이 지나 리더는 결정 방법을 변경하기에 이르렀다. 팀에 그가 진심으로 토론하고 싶은, 심지어 생산적 투쟁에 대해 리더가 이미 마음을 구축하고 있는 문제를 집행하는 데 도움이 필요한 토론 제목에 대해 팀원들과 솔직히 이야기해야겠다는 결론에 이르렀다. 팀은 정말 중요한 분야에 대해서만은 토론에 참석하고 싶었기 때문에, 그리고 이미 내려진 결정을 토론하지 않음으로써 시간을 절약하게 된 것을 기쁘게 생각했기 때문에 리더의 새로운 정직성에 감사했다.

진심으로 사람들이 새로운 문화 창출에 주도적이 되기를 원하고 공개적 문화를 창출하기 위해 같이 일해 주기를 원하는 리더도 있다. 그러나 리더는 팀원이 항상 피해 의식에 사로잡혀 있다는 것을 알게 된다. 그들은 의견 표현에 직접적이지 못하고 토론이나 결정 회의에서 리더가 공개적이고 정직한 대화를 원하고 있을 때도 그들의 속마음을 숨긴다. 그들은 과거에 일해 왔던 경영 스타일을 포함해서 왜 이런 행동을 하는지에 대한 여러 이유가 있다. 일부 회사는 대단히 정치적이기 때문에 직원들이 솔직하지 못하고 심지어 기만적인 행동을 배운다. 그 결과 그들은 기회가 주어졌을 때도 투명하지 못한 방법으로 행동한다. 영화감독 브래드 버드 Brad Bird는 이보다 한 걸음 더 앞섰다. 사람들이 단순히 수동 공격적Passive-Aggressive 이라고 주장한다. 즉, 그들의 성격은 그들이 진심으로 회의에서 하고 싶은 이야기마 저 표현하지 않게 만든다. 오히려 현재 팀이 이룩하고자 노력하는 현장 뒤에서 말로 만 쪼아댄다. 그는 그런 인간은 개방이 필수인 혁신 문화를 창출하는 데 독이 된다 고 믿으며 조직에서 제외한다.

리더가 솔직한 대화를 장려하고 긍정적인 협업 관계를 유지하는 팀 문화를 창 출하는 일은 어렵다. 메드트로닉스Medtronics의 전 CEO 빌 조지Bill George는 젊었을 때 미국 국방부에서 근무했다. 그는 베트남 전쟁 당시 미 국방부에서 일한 경험 때 문에 남은 직장생활 동안 최고 책임 부서까지 올라오는 정보를 늘 사람들이 듣기 좋게 꾸미는 경향을 갖게 되어 항상 경계했다. 그는 사람을 솔직하게 만드는 일은 많은 사람이 갈등을 피하고 싶어 하기 때문에 특히 공개석상에선 어려운 일이라는 사실을 알게 되었다. 조지는 건설적인 갈등이라고 불렀던 갈등 문화를 창조했던 회 사에서 열심히 일했다. 개방적이고 직접 대화를 나눌 수 있는 문화는 일부 팀원들 이 주도할 수 있지만 그들이 단순히 다른 사람의 필요성을 쉽게 무시할 수도 있다 는 의미이기도 하다. 이런 사람들은 일은 성사시키지만 사람들이 계속 같이 일하기 에 상당히 어려운 부차적인 피해를 만든다. 그들은 자기 자신을 낮출 수도 있고("여 러분은 우리가 처한 현실을 보지 못합니다. 그래서 내가 이것을 설명할 것입니다."), 타격을 줄 수도 있고("이것이 존중할 가치가 있다고 분석되었을 때 내게 다시 오세 요.") 또는 자신을 치하할 수도 있다("내 그룹은 분명히 이 분야에 능력이 있음을 입증했습니다. 그래서 새로운 정책에서도 우리부서가 반드시 선두 직위에 위치해야 합니다."). 이런 갈등을 어쩔 수 없이 받아들이지만 공동 의식을 훼손하는 방식으로 일하게 된다. 그들은 특정 문제에서 다른 사람과 의견을 달리하는 일부터 나중에는 모든 일을 불쾌하게 여기는 상태가 된다.

동시에 이런 어려움은 다른 사람이 목소리를 내지 못할 때 필요한 반대 목소리를 잘 낸다. 어떤 경우에 팀은 비공식적으로 그들에게 부탁해서 사업 성공에 중요하면서 어려운 쟁점을 제기한다. 하지만 그들은 다른 사람이 볼 때는 타인과 잘 연합하지 못하고 훌륭한 팀 주자가 되지 못하는 것으로 보이기 때문에 이런 행동에 대해 비난 받을 수 있다. 그래서 그들은 궁지에 몰리는 기분을 느낄 수 있다. 왜냐하면 모두 솔직해지기를 원하고 다른 이들이 부각하지 못하는 어려운 문제가 회의에 거론되기를 원하면서도 정작 그렇게 한다고 비난하기 때문이다. 특히 리더가 할 일은 이러한 환경에 진정한 역학 관계를 결정하는 일이다. 반대 의견을 제시하려는 사람은 항상 다른 사람이 하려 하지 않는데도 그룹을 위해 어려운 문제를 끌어내는 사람들일까? 이것이 사실이라면 리더는 팀 내 다른 사람도 힘을 내어 이런 일을 하는 데 같이 협력하도록 격려할 필요가 있다. 혹은 반대하는 사람은 과연 총체적으로 일할 수 있는 그룹의 능력을 훼손하고 있는 것일까? 이런 경우 리더는 그런 사람이 조직에 피해를 적게 주고 소기의 목적을 달성하기 위해 일할 수 있도록 그들을 성공적으로 잘 이끌 수 있는지 없는지를 결정해야 한다.

내가 아는 한 리더는 직원을 승진시키기 위해 면접할 때 그 직원이 다른 사람과 협력할 수 있는지, 마음을 읽을 수 있는지, 능력이 있는지를 시험한다. 인터뷰가 끝날 때 그는 후보자에게 이런 말을 한다. "나는 오늘 저녁 이 면접에 관해 나의 아내와 같이 이야기하려고 한다. 내가 무슨 이야기를 할 것이라고 생각하는가?" 후보자들은 "당신은 이 면접이 대단히 좋았다고 말할 것이다." 또는 "내가 당신 회사의 요구에 딱 맞는 사람이라고 말할 것이다."와 같은 답변을 했다. 리더는 많은 피면접자가 회사가 원하는 사람을 그의 부인에게 이야기하리라고 생각한다는 것을 알았다. 리더는 이 인터뷰를 어떻게 생각했는가? 이 질문에 대한 피면접자의 대응은 바로 피면접자가 생각하는 자신에 대한 제삼자의 반응에 대한 설명으로, 상호 관계를 시험하는 리더의 능력을 보여주는 것이다.

소수의 중요한 우선순위에 팀을 집중하라

많은 사람은 특정 프로젝트나 정책에 대한 영업을 검토하는 데 시간을 보낸다. 팀원은 이러한 검토에 가치를 부여하지만 팀 의논에 올릴 필요가 있는 의제는 잘 검토하지 않는다. 기업 상담 회사 맥킨지McKinsey의 연구에 의하면 지금까지 설문 조사를 한 600여 명의 기업 이사들 중 35퍼센트만이 시간이 필요하거나 관심이 필요했던 분야에 그들의 팀이 노력을 집중한다고 믿고 있는 것으로 밝혀졌다. 대부분의 사람은 자신의 팀이 전략과 같은 주요 의제로 올렸던 토론 제목에 대해 필요한 만큼 시간을 할애하지 못했다고 지적했다. 이와 비교해서 높은 실적을 올리는 팀은 매우 핵심적인 일에 정신을 쏟고, 주변의 관심사 때문에 정신이 빼앗기는 것을 원치 않는다. 이 팀의 잠재적인 역할을 '종의 곡선Bell Curve: 미국 생활의 지성과 계층 구조'에 골고루 분배한다고 생각해 보자. 회사가 직면한 영업의 어려움 대부분은 곡선의 중간 지점을 차지한다. 대부분의 주요 성장 기회는 이 곡선의 한쪽 끝부분을 차지하고, 가장 눈에 띄는 위험부담이 다른 반대쪽 끝부분을 차지한다. 대부분의 팀은 이 곡선 중간 지점에서 그들의 시간을 소비하며 영업 행정 문제를 해결한다. 이와 비교해서 대부분의 팀 주요 업무는 이 곡선의 양쪽 끝에 자리 잡고 있다. 팀은 미래 성장을 주도하고 회사 활력에 위협이 될 수 있는 상황을 바로잡아야 한다. 각 팀 리더에게 다음과 같은 질문이 필요하다. 그들의 중요한 쟁점이 실제로 없어서는 안 될 것을 추진하고 있는가? 그렇다면 어느 정도인가? 리더십 팀은 회사의 전반적인 기회와 위험부담을 생각할 수 있는, 영업이나 기능적인 면에서 완전히 분리될 수 있는 회사의 최소 단위다. 회계 회사 아서 앤더슨Arthur Andersen의 리더십 팀은 엔론과 적당히 일한 결과 서서히 나타난 위험부담을 정확히 이해하지 못했다. 앤더슨 회사의 고위 지도부는 엔론에서 벌어들이는 수임료에 눈이 멀었고, 앤더슨이 명예 문제와 관련해 겪고 있던 위험부담을 충분히 이해하지 못했다. 결국 이것이 회사를 도산 상태로 몰아간 큰 실수였다.

　　많은 지도부 팀이 이 영업 곡선 끝에 소비해야 할 시간이 별로 없고, 혁신과 위험부담을 가장 잘 운영할 수 있는 방법을 고려하는 데 드는 시간을 낼 수도 없다. 그 결과 많은 팀이 시간의 대부분을 회사 성공에 그다지 중요하지도 않은 토론에다 허비하고 결정을 내린다. 예를 들면 나는 전략 토론과 리더십 토론 내 재검토가 기껏해야 산발적이고, 크게 보면 그저 형식적이라는 사실을 발견했다. 전략 회의의 공식은 1년에 한 번씩, 그것도 그해 남아 있는 기간에 별로 관심도 기울이지 않은 채 그저 예산 집행 토론이 되고 만다는 것이다. 이것은 주로 많은 영업 팀들이 영업의 곤란한 점을 다루는 데 안일하기 때문에 일어난다. 많은 리더십 팀은 잠재적 위험부담에 대해 극히 제한적인 관심만 기울이고 있는 것이 사실이다. 팀은 필요한 부분에 관심을 주기보다 가장 안일한 부분에만 자꾸 마음을 기울인다. 위험부담을 의논하는 것은 그룹 내 불안을 야기할 수 있고 직원에게 그들의 선호도를 더 떨어뜨리게 할 수도 있다.

　　9.11 테러사건이 항공 산업에 끼친 피해를 생각해 보자. 그때 항공 비행 여행은 또 다른 테러에 대한 불안 요인으로 곤두박질쳤다. 수많은 논쟁 중 한 이론에서 항공기는 그런 무서운 테러 행위를

> 팀은 필요한 부분에 관심을 주기보다 가장 안일한 부분에만 자꾸 마음을 기울인다. 위험부담을 의논하는 것은 그룹 내 불안을 야기할 수 있고 직원에게 그들의 선호도를 더 떨어뜨리게 할 수도 있다.

사전에 예측할 수 없고 그 때문에 이 산업에 끼치게 된 피해는 막을 수도 없었다고 말했다. 하지만 9.11 비극의 중요한 요소는 비행기 조종실 문에 적절한 보안이 주어지지 못했다는 점이다. 이 문제는 9.11 테러 사건 이후 고쳐졌다. 미래 지향적인 생각을 가진 산업 또는 이 산업체의 주요 회사는 그런 위험부담을 충분히 예측할 수 있었고, 비행기 납치 가능성을 줄이는 조종실 보안을 수정하는 문제를 지지할 수도 있었을 것이다. 9.11 이전 몇 해 동안 항공기 사고는 분명히 이 비행기를 장악하고자 원하는 사람에게 조종실이 이용될 수 있다는 것을 분명히 보여줬다. 이 실수는 주위에 있는 위험을 보지 못한 데 있었다. 그래서 이전에 얼마든지 고칠 수 있었던 조치를 생각하지도 못했던 것이다. 나는 9.11 이전 항공 회사 리더십 그룹은 주로 회사 생산 기준치나 수입 목표에 집중했다고 추측한다. 분명히 말해서 그것이 중요한 쟁점이기는 하지만, 그들이 비행기를 운영하고 있다는 점을 생각할 때 항공 산업에서 발생할 수 있는 잠재적 위험부담 평가를 무시할 정도로 더 중요하지는 않았다.

별로 중요하지 않은 문제에 모든 노력을 기울이는 것은 조직 내 많은 계층 팀에서 발생한다. 예를 들어 나는 글로벌 소비자 상품 회사의 연차 리더십 총회에 참석했다. 그 총회 마지막 날 각 기능별 멤버와 별도로 만났다. 이는 중요한 사업적 문제와 다음 해 목표를 재검토하려는 의도였다. 인사부 회의의 토론 의제에는 회사의 렌터카 정책에 관한 토론도 있었다. 회의 진행자는 현재 정책을 소개했고 또 회사의 직원들이 빌릴 수 있는 자동차 종류를 포함해 바람직한 정책 수정 문제도 제시했다. 참석자 중 한 사람이 내게 돌아서서 말했다. "우리가 토라스 자동차와 포커스 자동차의 금액 차이점을 토론하고 있다면 믿을 수 있겠는가? 우리는 거대한 사업체를 가지고 있고 우리 앞에 조직적인 어려움이 있다. 그리고 이것이 바로 오늘 시간을 소비하고자 하는 토론 제목의 형태다."

높은 수준의 갈등은 받아들이고 낮은 수준의 갈등은 피하라

능력 있는 팀은 결정을 내릴 때 복잡한 동력과 거래를 이해하기 위해 필요한 상호 간 활동에서 어느 정도 열정을 끌어 올려야 한다. 이 세 가지 유형의 그룹은 공개적으로 자신의 견해를 피력하고 그들이 반대하는 사람에 대해서는 도전할 것이다. 이와 비교해서 많은 팀원이 당혹감을 피하는 데 있어 서로 다른 목적을 가지고 행동한다는 것을 나는 알고 있다. 구체적으로 말해 팀원은 자신과 다른 쟁점을 처리할 때는 당혹감을 피하기 위해 노력한다. 목표는 팀 분위기를 위해서 다른 사람과 활동할 때 체면을 깎지 않는 일이다. 다른 사람이 자신을 난처하게 만들지만 않는다면 그들 역시 그렇게 하지 않겠다는 무언의 합의가 이루어진다. 갈등이란 오히려 팀원들 사이에서나 고위층 리더 사이에서 일대일 로비 활동 노력을 통해 팀 밖에서 조정된다. 이와 같은 방법은 때때로 적당하기는 하지만 갈등이 표면에 떠오르지 않거나 팀 회의에서 공개적으로 토론되지 않으면 이 팀은 더 이상 활동할 수 없게 된다.

물론 모든 갈등이 다 생산적이지는 않다. 많은 팀이 사소한 영업적 문제나 인격 간의 차이점 때문에 싸우는 등 별로 중요하지 않은 문제를 놓고 낮은 수준의 갈등이 있다. 낮은 수준의 갈등을 겪고 있는 팀은 회사의 좀 더 중요하고도 어려운 다른 문제와 비교해 별로 가치가 없는 문제로 귀중한 시간을 소비한다. 어떤 팀원은 사적인 감정 문제로 피곤을 느끼게 되고, 그래서 팀 회의 때 소비한 시간은 조직에 쓸모없는 불편함을 주는 것이라 생각할 수 있다. 또 어떤 사람은 개인 간의 감정 문제는 될 수 있는 대로 갈등이 커지기 전에 해결해야만 한다고 주장할 것이다. 그렇지만 나는 감정적인 문제는 해결되지 않으면 안 되는 좀 더 큰 전략적 문제와는 별개라고 생각한다.

개인 간의 인간관계는 팀을 어떻게 운영해 나가는지에 영향을 미친다. 하지만 나는 개인과 개인의 관심사를 팀의 진정한 가치관을 얻기 위해 필요한 좀 더 큰 전략적 논쟁과 같은 비중으로 생각한 실수를 이곳에서 강조하려고 한다. 이런 실수가 발생하는 이유의 대부분은 고차원적인 갈등이 낮은 수준의 갈등보다 더 어렵고 위협적이기 때문이다. 이 경우 만약에 팀원이 다른 팀원과 사이가 불편한 문제를 해결하지 못하면 회사가 마비 상태가 된다. 오히려 위험이 따르는 사업 투자가 유리한지를 결정하는 일이 훨씬 더 쉬워진다. 나는 정부가 어떤 핵심 사업에 개입하려 하고 혁신적 경쟁자들에게 시장 점유율을 많이 뺏길 수도 있는 등 다양한 위협에 처한 한 영업 팀과 함께 일한 적이 있다. 이와 같은 어려움을 강력하게 잘 훈련받은 태도로 처리하기보다 오히려 우선 회사 가치관에 대해 행동이 일관적이지 못하고 상당히 다스리기 어려운 팀원에게 더 많은 노력을 기울이려고 했다(극한 상태는 아니지만 이들을 그룹에서 제외하려고 한다.). 핵심적으로 말해 회사 사업 모델은 공격 대상이 되고, 많은 직원들이 한 팀원의 단점에 대해서만 말하며 팀 문화를 어떻게 파괴하는지 이야기했다. 이는 팀이 앞날의 어려움을 전략적으로 해결하지 못하게 만들고, 좀 더 중요한 문제에 관심을 집중해야 할 때 그저 사소한 문제점만 해결하려고 노력하게 만든다. 일부 리더십 그룹 내에서 큰 문제를 놓고 생기는 초초함은 좀 더 관리할 수 있지만 중요도가 덜하기 때문에 팀의 시간만 소비하게 만든다. 구체적으로 말해 대부분의 조직 내 문제는 사람들이 화합하지 않는다는 것이 아니라 좀 더 전략적 토론에 필요한 활력을 가지고 행하지 않고 있다는 것이다.

갈등이 발생할 때 어떻게 관리하는가? 리더십 팀 내 자주 일어나는 또 하나의 사건으로 고위 직책에 있는 사람들 간의 경쟁이 있다. 최고 경영진 자문인 데이비드 내들러David Nadler는 이것을 언제나 없어지지 않는 돌출부라고 설명한다. 이 경쟁은 정직한 대화를 어렵게 만드는 팀 내 감정적 저류, 조직 내 의견 감정이 드러나

지 않고 밑에 깔려있는 현상을 형성한다. 나는 팀원 간 정치적 내홍에 몹시 놀란 CEO와 같이 일했는데, 팀원 두 사람이 CEO 직을 맡으려고 서로 경쟁하고 있었다. 확실치는 않지만 수년 전 CEO가 같은 위치에 있었을 때 했던 것과 같은 행동을 팀원이 한다고 짐작했다. 그도 CEO가 되고는 싶었지만 회사의 이익 앞에서 개인 욕심만 챙길 수는 없었다. 이와 반대로 팀원은 회사에서 연대 관계를 만들고 사람들이 자기 진영에 합세하도록 주력했다. 그들은 CEO 경쟁에서 승리하기 위해 많은 갈등을 일으켰다. CEO의 맹점은 팀의 모든 행동이 회사에 얼마나 손해를 주며, 사내에서 자기 명예를 얼마나 더럽히는지 충분히 이해하지 못했다는 것이다.

대부분의 조직 내 문제는 사람들이 화합하지 않는다는 것이 아니라 좀 더 전략적 토론에 필요한 활력을 가지고 행하지 않고 있다는 것이다.

모든 반대 의견은 동일하지 않다: 팀 시간을 쏟아야 할 대상

약한 반대는 피한다.	강한 반대는 받아들인다.
적극적 토론은 하지 않는다.	**적극적 토론은 권장한다.**
• 행정적 혹은 중간관리의 영업적 토론 의제 • 업무 정책과 계획에 대한 구체적 내용 • 팀원에게 위임되는 전략적 계획에 대한 개요 • 차기 단계의 조직적 구성과 직원에 대한 구체적 개요 • 팀원 간의 성격 차이와 의견 불일치 • 업무 수행 과정에서 팀원의 스타일 차이 • 일반 직원이나 중간관리 직원들의 결정	• 경쟁적 기업 분위기와 새로운 위험 요소 • 회사나 팀원을 위한 거시 목표 • 성장과 성취 과정을 추진하기 위한 전략 • 경쟁력을 개발하기 위해 필요한 핵심 능력과 행동 • 혁신적 기술이나 시장에 관한 투자 결정 문제 • 가장 적절한 기업 인수 목표와 투자 • 능력 개발과 고위급 인사 결정 • 필요한 조직 문화 강화에 필요한 행동 • 회사의 업무 능력과 명성에 있어서 현재 또는 잠재적 위험부담 문제

생산적인 싸움을 할 수 있는 기준 규칙을 설립하라

리더의 역할은 올바른 전략적 문제를 토론 테이블 위에 올려놓고 동시에 팀 내 생산적 싸움을 허용하는 분위기를 조성하는 일이다. 이와 같은 분위기는 갈등에 대한 그룹의 기준을 더욱 명확히 만들면서 조성된다. 한 예는 제록스의 초기 연구 실험실에서 찾아볼 수 있다. 이 부서는 정보기술 산업을 주도한 수많은 기술을 개발한 부서다. 특히 R&D 그룹 팀장 밥 테일러Bob Taylor는 팀원 사이에 생산적 싸움을 장려하기 위해 혁신적인 조치를 취했다. "각 참석자에게 한 시간 이상 자기가 하는 일을 설명하게 했다. 그리고 늑대 무리에 스테이크 한 조각을 던져주듯이, 이 법정에서 한 자리에 모여 평가하기 위해 참석자가 내던져지곤 했다. 나는 그들이 서로 치열하게 논쟁을 벌이도록 했다." 테일러는 부끄러움 없는 희열을 가지고 그 당시의 모습을 기억했다. "이들은 자기 일에 몹시 신경을 쓰는 사람들이었다. 만약 기술적 취약점이 있었다면, 그들은 거의 항상 이런 환경에서 그 취약점을 토론 제목으로 끌어내었을 것이다. 이는 물론 대단히 건전한 일이다."

이 리더는 그가 한 자리에 모은 우수한 팀원이 서로의 의견에 찬반을 논하고, 직접적 방법으로 리더 자신까지 포함해 모든 문제에 대해 반대 의견을 가장 솔직한 방법으로 내놓을 수 있는 분위기를 조성했다. 그 역시 긴장된 분위기를 조성할 때 어떤 위험이 따르는지 이해했고, 그래서 모든 아이디어를 스스럼없이 토론하고 비판할 수 있는 팀을 형성하는 데 있을 수도 있는 단점은 최소화하려 했다. 그는 사람들이 자기 생각이 검토될 때 다소 대담하게 생각하기를 원했다. 하지만 그는 팀원들의 개인적 성격이나 팀에 기여할 수 있는 능력에 문제가 생길 때는 역시 확실한 선을 긋기 원했다.

대니얼 카너먼Daniel Kahneman은 반대 의견을 표면화할 방법은 리더가 무슨 일을 원하는지 듣기 전에 사람들에게 자기 입장을 밝히도록 만드는 것이라고 말했다. 그는 정보의 출처가 그가 늘 관련된 실수라고 부르는 것과 서로 일치할 때 사람들이 어려움에 빠진다고 말한다. 중요한 문제에 대한 다양한 견해를 표출하기 위해 사용하는 기술은 회의 전 각 팀에 필요한 깊이로 이 문제를 검토하도록 요청하는 일이고, 또 서면으로 자기 견해를 요약하고 자기 건의안에 대해 찬성이나 반대를 명시하도록 요청하는 일이다. 이 회의에서 리더는 각 팀원에게 그룹을 위해 각자의 요약문을 재검토해 줄 것을 요구하고, 다음에 그것을 그룹 전체가 토론하도록 한다. 나는 회사를 위한 새로운 조직 구성을 찾아내기 위해 이 방법을 사용한 한 그룹과 일한 적이 있다. 이런 방법은 다양한 선택을 찾아내고 팀원 사이에 합의점과 더불어 차이점을 분명히 밝히는 데 성공적이었다. 그다음 이 그룹은 두 가지 최선의 선택을 골라냈고, 어떤 것이 회사 발전에 최선의 선택이었는지 결정하기 전에 각자의 의견을 발전시키도록 노력했다. 최종 결과는 최선의 선택적 특징을 종합적으로 모아 놓은 두 가지 구성의 합성물을 내놓았다.

여러 가지 일반적인 기준 규칙이나 리더십 기술은 팀원 사이에 생산적인 싸움을 발전시키는 데 도움을 준다. 위에 언급한 바와 같이 중요한 점은 대결과 협력 사이에 올바른 중립을 찾아내는 일이다. 각 회사 즉, 주어진 문화적 차이점에 따라 이 두 개 사이의 혼합은 각각 달라진다. 이러한 생산적 균형을 어떻게 이룩하는지 결정하는 것이 지도자가 할 일이다.

- 당신이 건설적인 대립에 가치를 두는 생각을 강화하고, 중요한 쟁점을 표면화힐 때 다른 사람의 의견도 참작해야 한다는 생각을 가져야 한다, 중요 쟁

점에 관해 침묵을 지키는 것은 받아들일 수 없다는 기준을 세워라. 팀 회의 때 이와 같은 기준을 정하고 각 팀원에게 의견을 물어라. 회의장에 나온 사람들이 교대로 의견을 발표하고, 다른 사람은 듣게 하라. 또는 회의 동안 침묵을 지킨 사람들에게 전화해 토론되고 있는 의제에 관한 그들의 의견을 들어라.

- 팀이 반드시 결정을 내려야 할 문제에 관해 신경 쓰게 만들어라. 또 사람들이 토론할 때 자신의 개인적 견해에만 치중하는 일이 없도록 하라. 다른 말로 하자면 아이디어에 대해 객관적이 되고 각자의 생각에 대해서는 주관적이 되지 않도록 하라. 리더와 일부 팀원이 기준을 깨뜨리면서까지 격렬한 토론을 할 때는 이렇게 하기 어려울 수 있다. 그런 일이 있으면 좀 더 냉철한 직원이 토론에 뛰어들어 인간관계를 파괴할 수 있는 행동을 저지해야 한다.

- 사람들이 선택에 따라 생각하고, 또 각자의 선택에 장점이 있으면 그것을 평가하게 하라. 고위 팀에 건의를 하는 사람들은 적어도 둘 또는 세 가지 선택을 하고, 각 선택에 관한 장단점 분석을 해야 한다. 더욱이 어떤 특수한 문제에 대한 해답을 너무 급히 답하지 마라. 많은 팀이 자세한 대체안을 찾아내지 못해 어려움에 빠진다. 일부 리더는 그러한 건의안에 동의할 때조차 반대 견해를 제시하며 대체안을 찾는다. 즉, 그들은 사람들에게 필요한 데이터 분석을 준비하고 건의안을 충분히 생각하도록 한다.

- 각 팀에 그들이 생각하는 추측을 발표하도록 하고, 또 구체적인 견해를 입증하기 위한 데이터가 있는지 알아보도록 한다. 예를 들어 새롭고 불확실한 시장에 진출할 때 논쟁하는 팀을 생각해 보라. 팀원 중 한 사람이 매우 보수적인, 천천히 접근하는 방식에 찬성한다. 이 사람은 글로벌 불황이 닥

쳐오고 있고 회사는 앞으로 몇 년 동안 자본 소비를 신중히 할 필요가 있다고 믿고 있다. 이것은 정확한 전망일 수도 있고 아닐 수도 있지만, 이러한 가정을 일단 고려하는 일은 중요하다. 또한 다른 시장에 진출하는 속도에 관한 자기 견해에 영향을 줄 수 있는 방법을 분명히 하는 것 역시 중요하다.

- 가능할 때는 언제나 데이터를 사용하지만 지나치게 올바른 판단을 몰아내는 행동은 하지 마라. 데이터를 무시하거나, 객관적인 데이터보다 자신들의 견해를 더 믿을 때 팀의 결정을 통보하기가 상당히 어려워진다. 결정을 지나치게 분석하거나 일반적 지식과 다른 데이터를 이용하는 또 다른 팀의 경우에는 이와 반대의 실수를 저지르게 된다. 리더는 데이터 사용을 어느 정도 적절히 조절해야 하고, 구체적 결정에도 데이터를 적당히 참고해야 한다.

- 팀의 다양한 견해를 막지 않기 위해 리더의 의견 표출은 잠시 보류해야 한다. 흔히 팀은 올바른 답을 찾을 때 그것이 애매하든 아니든 리더에게서 단서를 얻고 답을 구하려고 한다. 토론 초기에는 리더가 듣는 입장이 되어 좀 더 회의를 진행하는 역할을 할 수 있다.

- 팀에 적용하는 절차에서는 리더가 결정권을 잡아야 한다. 하지만 이는 팀을 의도하는 결과로 모는 것과는 분명히 다르고, 그런 일은 피해야 한다. 예를 들면 리더는 고려하고 있는 기업 인수에 대해 실제 추진하는 데 유리한 점을 의논한 후 결정을 내리려 한다고 팀에 이야기할지 모른다. 그리고 리더는 자기가 제안한 거래를 평가하기 위해 여러 사람들이 하게 될 역할과 그에 따라 적용할 의견 결정 절차를 설명한다.

- 활발한 팀 토론 후에는 팀의 견해를 요약하고 다음 단계로 나아가라. 회의 종료 후 팀이 토론 내용에 대해 확실히 모르는 경우가 자주 있는데, 특히 열

띤 토론에서 더욱 그렇다. 어떤 때는 사람들이 선호하는 결과로 토론을 해석하기도 한다. 이것은 리더가 언제나 결정을 내려야 하고 차이를 해결해야 한다는 의미는 아니지만, 토론 상황을 요약하면 결정을 내리는 다음 과정에 도움이 된다.

- <u>참석하는 사람들에게 토론이 어떻게 영향을 미치는지 평가하고, 필요하다면 의견이 충분히 고려되지 않았다고 느꼈을 수도 있는 사람들의 견해를 청취하라.</u> 특히 그룹 회의에서 자기 의견이 거절당한 사람들의 의견을 한 번 생각해 보는 일은 더욱 필요하다. 왜냐하면 그들은 자신의 의견에 반대한 사람들에게 당혹감이나 배신감을 느낄 수도 있기 때문이다. 잘 처리되어야 하는 막후의 주제는 개인과 주제에 따라 다를 수도 있다. 그러나 팀 내에서 정직한 토론이 앞으로도 계속 일어나도록 하는 데는 리더의 역할이 중요하다.

회사 문화가 각기 다르기 때문에 의견 대립의 원칙은 특정 회사 내 팀의 필요에 맞게 만들어져야 한다. 내가 스티브라고 부르는 가상 리더에 대해 생각해 보자. 그는 경쟁자에게 시장 점유율과 고객을 빼앗기고 있던 중소 제조 회사의 사장이다. 스티브는 자기 정책에 열성적이었는데, 말 그대로 회의에서 흥분하며 테이블을 손으로 치고 팀에 노력을 더 많이 하도록 권하곤 했다. 그는 어느 회의에서 만약 앞으로 회사 실적과 명성에 방해되는 실수를 또 한다면 모두를 해고하겠다고 위협했다. 그의 목소리가 높아질수록 위협도 강해졌고, 팀은 사장에게 올바른 충고를 하려던 마음이 사라지고 이 분노 뒤에 닥치게 될 위험으로부터 몸을 사리기에 급급했다.

스티브는 결국 자기 스타일이 직원들한테 먹혀들지 않는다는 사실을 알게 되었다. 그는 자기가 희망하는 것이 무엇인지 분명히 밝히고 사람들을 벌주는 일을 중단해야겠다고 생각했다. 스티브는 회사 지도부가 사업을 이끄는 데 필요하다고 생각하는 자신의 견해를 전달하기 위해 모든 팀을 전체 토론회에 참석하게 했다. 특히 직원 간의 모든 충돌을 잘 처리할 수 있는 방법을 설명했다. 예를 들어 그는 직원들이 현재 책임 분야에 대한 문제점이나 전체 사업에 영향을 주는 문제에 대해 분명한 의견을 가지고 회의에 참석해 주기를 원한다고 말했다. 또한 앞으로 발생할 모든 영업 분야의 문제점을 그에게 계속 보고하도록 하는 일도 포함되었다. 그는 마지막 순간에 놀라는 일은 원치 않았다. 문제점이 발생했을 때 문제 해결의 자원으로 사람들을 이용해야 된다고 언급했다. 또한 문제가 통제 불가능할 때 절대로 자기에게 가져오는 시간을 기다리지 말라고 했다. 그는 직원들에게 팀에 무슨 문제나 걱정이 생기면 자기에게 해결을 요청하기보다 다른 팀에 도움을 청하라고 했다. 스티브는 직원들과 이런 생각을 의논했고 팀의 의논 결과 추가 견해를 얻을 수 있었다. 특히 리더의 처벌 스타일은 대부분 직원이 리더에게 마음을 닫게 만들었다고 팀원들은 말했다. 스티브는 자신의 이전 스타일이 팀으로부터 얻게 되는 모든 것을 다 훼손했다는 사실을 깨달았다.

　스티브는 추가로 두 가지 행동을 취했다. 첫째, 팀 의논이 끝난 후 직원들이 다른 팀과 생산적인 충돌을 하고 있는 정도에 따라 각 팀의 능력을 평가했다. 그 후 각 직원의 평가를 재검토했고 또 발전해야 할 장점을 강조했다. 둘째, 첫 번째 토론 일 년 후 회사가 성공하는 데 필요하다고 믿었던 엄정한 팀 분위기 속에서 제대로 행동할 수 없던 직원 두 사람을 다른 데로 보내고, 그 자리를 회사 성공에 필수라고 믿었던 환경 속에서 잘 행동할 수 있는 사람으로 대체했다.

의견을 반드시 실행하라

가장 일반적인 팀 내 문제 두 가지는 문제를 결정하는 데 솔직함과 그것을 집행할 때 사후 처리 방법이 부족하다는 점이다. 여러 명의 미국 대통령 정책 고문이었던 리처드 홀브룩Richard Holbrook은 오랜 공직생활 동안 지켜본 리더십에 대해 이렇게 언급했다. "당신은 상부에 올리는 정보, 견해, 제안에 관해 개방적이고 솔직한 분위기를 원한다. 그러나 정책이 일단 결정되면 강력하고 조율이 잘 된 정책 실행을 원한다. 너무나 자주 정반대의 사건이 발생한다. 사람들은 실내에 앉아 실제적인 차이점을 감지하지 못한다. 밑바닥에 깔려 있는 차이점에 관해 거짓 여론이 담긴 서류뿐이다. 그들은 사무실에 돌아가서 각자의 목적만을 위해 계속 일하고 심지어 상대를 공격한다."

가장 훌륭한 회사는 의견에 대한 강력한 조율과 결정이 이루어지기 전에 활발한 토론이 먼저 전개된다. 토론과 조율을 할 수 있다는 것은 리더십 팀의 힘을 표시하는 것이다. 짐 콜린스Jim Collins가 고도성장을 이룩한 회사에 관해 조사한 내용을 들여다보면 가장 훌륭한 답을 찾고, 불일치 의견은 일단 옆으로 제쳐놓고 토론하며, 기업 성공을 위해 같이 일할 수 있는 올바른 사람을 가지는 데서 이런 성공의 힘이 시작된다. 여론은 의견 일치가 목표가 아니다. 오히려 의견 충돌은 더 좋은 의견을 창출할 수 있는 방법으로 장려되어야 한다. 팀원은 지적인 수준에서 이런 것을 이해한다. 하지만 이런 종류의 행동을 하는 것은 양질의 결정보다 관계 유지를 우선하는 많은 회사에서는 기준에 도전하는 일이다.

마이클 로베르토Michael Roberto는 자신의 저서 『위대한 지도자는 왜 대답을 얻기 위해 예스를 원치 않는가Why Great Leaders Don't Take Yes for an Answer』라는 책에서 일부 팀은 결정을 내리는 데 너무 태만해서 활발한 토론을 하지 않는데, 이것은 이미 내려진 결정을 집행하는 능력을 훼손한다고 말한다. 일부 팀원은 적절하다고 생각하는 것보다 토론을 잘 하지 않고 팀원이 지원할 수 있는 것도 신속하게 결정을 내려 버린다. 그들이 해야 하는 절차보다 좀 더 빠르게 사람들의 동의를 얻고 있다는 말이다. 리더는 일단 내려진 결정을 지원하지 못했거나 효율적으로 실행하지 못했다는 변명이 없도록 토론 수행 중인 팀과 명백히 의논해야 한다. 제록스의 전 회장이자 CEO인 앤 멀케이Anne Mulcahy는 다음과 같이 말했다.

나의 경영스타일은 지난 20년 동안 조금도 바뀌지 않았다. 그러나 나는 최근 약점 중 몇 가지를 보완해 줄 수 있는 팀을 구성해서 이것에 대해 충분한 보상을 받았다는 사실을 알게 되었다. 당신은 조직 내에 비판자가 필요하다. 당신이 가지고 있는 영향력이 어떠하며 그것에 관한 의견을 줄 수 있는 용기를 갖고 있는 사람이 필요하다. 나는 이런 비판자를 어떻게 키우는지 그 방법을 배웠다. 그것은 실제로 큰 도움이 되었다. 하지만 대결에 대해 어느 정도 편안함을 느낄 수 있어야 한다. 그래서 이것은 개발되어야 할 기술이다. 직원들이 서로 다른 다양한 견해를 가질 수 있도록 만드는 결정은 흔히 여론 결정에서 얻을 수 있는 것보다 받아들이기가 더욱 어렵지만 더 좋은 것이다.

어떤 경우에 팀원은 결정을 지지하지만 그들이 더 좋아하는 결과가 아니라면 적극적으로 집행하지는 못할 것이라고 말한다. 또는 어떤 리더십 팀은 분명히 행동 지침에 동의할 것이라 말하지만 자기 팀으로 돌아가서 이 결과를 지지하지 않는다고 말하고 실행을 연기해야 한다는 의견을 내놓는다. 이런 일이 발생하면 고위직 리더는 이 결정을 충분히 따르지 않는 사람들을 불러내어, 그런 행동은 리더십 팀의 신뢰도를 훼손할 것이 분명하기 때문에 용납할 수 없는 일이라고 분명히 밝혀야 한다. 하지만 어떤 경우에 리더는 자기 팀원에게 그룹 차원의 합의는 따르지 말라고 하고, 특히 회사 전체의 정책을 충실히 수행하지 못하게 내버려 둔다.

　　일부 리더는 대부분의 결정에 진정한 여론 일치를 이끌어내기 위해 열심히 노력해서 이와 같은 결과를 피하려고 한다. 이 방법의 문제점은 수많은 결정이 반드시 여론 일치를 필요로 하는 것이 아니고, 팀이 이것을 달성하려고 노력하면서 시간과 에너지를 너무 많이 소모하고 있다는 점이다. 팀은 달성하기 어려운 여론 일치나 달성하기 쉬운 여론 일치 중 하나를 얻으려고 할지도 모른다. 어려운 여론 일치는 팀의 모든 사람이 추진하기 전에 결정에 동의해야 하는 것이고, 쉬운 여론 일치는 일단 여론이 결정되면 이 결정 지원을 반드시 해야 하는 것이다. 리더는 팀의 정보를 바탕으로 결정을 내리는 일에서부터 강온 여론 중 하나를 이용하여 결정을 내리는 방법에 이르기까지 어떤 결정 규칙을 적용하는지 분명히 밝혀야 한다. 그리고 나서 결정이 이루어진 후에 리더는 팀원이 각 그룹에서 정책을 수정하는 데 어느 정도 자치권을 가져야 하며, 이 결정을 집행하기 위한 리더의 희망사항에 대해서도 분명히 밝혀야 한다. 어떤 경우에 리더는 회사 전역에 수없이 많이 발생하는 실적 조치와 같은 여러 종류의 정책을 원하지 않는다. 팀원은 그룹에 알맞게 일부 항목을 수정할 수 있어야 할 것이다. 예를 들어 그들은 회사 전체의 정책을 시행하기 위해 사용되는 구체적 전략을 결정할 수 있어야만 할 것이다.

리더는 팀의 정보를 바탕으로 결정을 내리는 일에서부터 강온 여론 중 하나를 이용하여 결정을 내리는 방법에 이르기까지 어떤 결정 규칙을 적용하는지 분명히 밝혀야 한다.

생산적인 팀 갈등을 조장하는 조치

생산적인 팀 갈등 장려: 추진하고자 하는 분야 요약

인지 영역	자신이 추진하는 분야 (✓ = yes)	자신이 추진하려는 분야에 대한 인식을 높이기 위해 앞으로 해야 할 행동을 설명하거나 다음 단계를 설명하시오.
지혜롭고 정열적인 사람으로 팀원을 채용한다.		
1. 서로 다른 배경과 사업적 사고방식을 가진 다양한 분야의 사람들로 팀을 구성한다.		
2. 핵심적 의제에 관해 자신의 의견에 맞서거나 필요하면 반대하는 태도를 취하는 사람들로 팀을 구성한다.		
주요한 몇 개의 우선 정책에 팀을 집중한다.		
3. 회사와 그룹의 성공을 결정하는 둘 또는 세 개 정도의 주요한 쟁점에 자신의 시간 대부분을 사용한다.		
수준 높은 반대 의견을 수용한다.		
4. 중요도가 낮은 의견 갈등은 피한다. 사업에 항상 따르는 주요한 몇 개의 쟁점에 관해 팀 간에 건설적인 의견을 교환한다.		
생산적 논쟁을 위한 기준을 정한다.		
5. 반대 의견에 대해 공개적인 표현과 의논을 장려하는 근본적인 규칙을 설정한다.		
정책 실행 때 한목소리가 나오도록 한다.		
6. 일단 정해진 결정에 대해서는 팀원이 전적으로 지원하는 잘 훈련된 방법으로 기업 정책을 추진한다.		

CONCLUSION

—

결론

아메리칸 익스프레스American Express의 CEO 켄 셔놀트Ken Chenault는 리더가 두 가지의 기본적 역할을 갖는다고 믿는다. 첫째는 현실 정의다. 그는 현실 정의란 리더가 조직과 시장에서 실거래를 지켜보는 것이라고 말한다. 이는 기업체의 크기와 규모 그리고 고도로 경쟁적인 산업체의 변화 속도 탓에 어려운 일일 수도 있다. 리더십 역할을 맡는 사람은 자신이 듣고 싶어 하는 정보가 고의든 고의가 아니든 간에 유리한 결과를 내기 위해 왜곡된다고 믿고 있다. 둘째, 리더십의 역할은 희망을 주는 일이다. 이것은 사람에게 동기를 부여하여 스스로 가능하다고 생각하는 것보다 더 큰일을 할 수 있게 만드는 비전을 주는 일이다. 희망을 심어주는 것은 사람들에게 큰 기업을 이끌어 가면서 만나는 장애물을 극복할 수 있게 도와준다. 리더는 앞에 있는 도전에도 불구하고 다른 사람에게 객관적인 평가보다 적극적으로 더 확실한 성공을 심어준다. 그 때문에 리더는 결국 희망을 파는 사람이다. 어떤 리더는 현실을 정의하거나 희망을 부여하는 일을 다른 사람보다 더 잘한다. 켄 셔놀트는 위의 두 가지 역할이 성공하는 데 필수 조건이라고 주장한다.

이 책의 핵심 주제는 리더의 맹점에 관해 '환상의 적절한 중도'가 필요하다는 것이다. 리더는 희망을 창출하기 위한 충분한 환상이 필요하고 자신이나 자신을 따르는 사람에게 확신을 심어줄 수 있어야 한다. 현실적인 사람은 리더보다 매니저에 더 적합하다. 동시에 리더는 상황을 명확하게 봐야 하고 희망을 바라보고 있는 현실에 자신의 눈을 멀게 내버려 두어서는 안 된다. 어떤 위험부담은 가장 적절한 선을 넘어서고, 중요한 부분에서 현실 이탈이 생기며, 그로 인해 자신과 회사에 적합하지 않은 현실과 왜곡된 정보 사이의 간격을 보지 못한다. 그들이 성공하기 위해 필요한 자신감은 남에게 모욕을 주는 오만으로 자랄 수 있고 허세와 특권의식이 자리 잡으며 주요한 실수의 위험부담을 더욱 확대할 수 있다. 개인과 회사 차원의 성공은 지도자 자신의 최초 성공에 눈이 멀어 버린 리더가 보여주는 것처럼 위험을 더욱 확대한다. 헨리 포드의 경우는 자신이 이룩한 세계로부터 점점 더 멀어져 버린 대표적인 예다.

리더는 조직의 내부 인사로서 또 외부 인사로서의 두 가지 면을 모두 생각하여 이와 같은 함정을 피할 수 있다. 즉, 그들은 회사와 기업체 내부에서 어떤 모습으로 운영이 이루어지는지 알고, 좋은 결과를 내는 데 필요한 모든 영향력을 행사한다. 그리고 그들은 사외 인사로서 상황을 볼 필요도 있다. 그렇게 되면 그들은 더욱 객관적이고 때로는 더욱 창의적인 방법을 사업체에 도입할 수 있다. 내·외부 인사에 대한 정신적 모델은 아마존의 CEO 제프 베조스에게 찾아볼 수 있다. 그는 칭찬받을 만한 효율성을 가지고 운영되는 기업체를 만드는 내부 인사다. 그는 아마존이라는 조직을 효율적으로 운영하기 위해 지도부 팀에 다소 폭넓고 다양한 기준을 적용한다. 동시에 그는 고객에게 봉사하는 새로운 방법을 생각하는 데 항상 몰두한다. 그는 수년 전에 아마존을 크게 성공시켜 모든 인터넷 구매를 위해 고객이 선택할 수 있는 업체로 끌어 올렸다. 그는 다양한 부문에서 혁신적이며 고객을 중심으로 하는 상품을 만들었고, 킨들Kindle이나 원클릭 주문 서비스를 창조했다. 베조스는 꾸준히 외부 인사로서 자기 사업을 들여다보고, 회사가 더 많은 가치를 창조하고 고객을 위한 더 좋은 경험을 얻기 위해 어떤 일을 해야 하는지 생각했다.

베조스의 생각을 지난 10여 년 동안 마이크로소프트에서 있었던 일과 비교해 보자. 이 회사는 2013년에 매출 780억 달러, 순수익 220억 달러의 엄청난 경제적 성공을 거두었으며, 역사상 가장 성공적인 두 가지 제품인 마이크로소프트 윈도와 마이크로소프트 오피스를 시중에 판매하고 있다. 하지만 이 회사에서 퇴임하는 CEO 스티브 발머Steve Ballmer는 임기 동안 새로운 상품 몇 가지를 개선할 기회를 놓쳤다. 그는 인터넷 검색, 스마트폰, 태블릿과 같은 분야에서 큰 성공을 거둔 회사를 따라가지 못했다. 한 경쟁자는 이렇게 말했다. "마이크로소프트는 전화와 태블릿을 가지고 있었지만 윈도를 그 안에 장착하려고 노력했다. 그들은 PC 세계를 결코 떠나지 못했다. 변화가 오고 있는 것을 보면서도 말이다. 이와 같은 형태는 재정적, 지적, 감정적으로 현상 유지에 투자하는 많은 성공적인 회사에서 명백하게 나타난다. 마이크로소프트는 제록스의 전례대로 기존의 사업 모델을 지키려고 노력하다 새로운 상품 개발 기회를 잃어버렸고, 그저 미래를 더듬는 위험을 저지르고 있다. 스타벅스의 CEO 하워드 슐츠는 최근 상황을 다음과 같이 보았다. "현상 유지를 영업 기본 원칙으로 삼는 회사는 죽음의 행진을 하는 길밖에 없다." 마이크로소프트의 새 CEO는 내부적으로 뿌리 깊게 자리하고 있는 과거의 성공에만 묶여 있는 사내 문화를 과감하게 고쳐야 하는 임무를 맡아야 할 것이다. 빌 게이츠는 새로운 지도자에게 헨리 포드의 사진을 보여주며 이 회사를 살리기 위해 어떤 일을 해야 하는지 교훈으로 삼아야 한다고 말해야 할지도 모른다.

리더는 자신의 사상과 행동에 반론을 제기하는 능력 있는 사람을 주위에 두어 일을 해 나갈 수 있다고 앞서 언급했다. 동시에 리더는 자신을 존경하는 사람들에게 이야기를 들을 필요가 있다. 한 고위 리더는 제한적이지는 않지만 이사진, 기업 주주, 금융 분석가, 언론 기자, 노조 지도자, 회사 직원을 포함한 다양한 이해 관계자에게 항상 엄격한 심사를 받는다. 많은 리더가 주위에 자신을 적극 지원하는 사람을 두고 싶어 하는 것은 이상한 일이 아니다. 일부 리더는 한걸음 더 나아가 팀을 자신과 비슷한 배경을 가지고 비슷하게 생각하는 사람들로 채우고 싶어 한다. 그들은 그렇게 해서 어떤 면에선 좀 더 쉽게 인생을 살아간다. 동질성을 가진 내부 측근들은 힘든 외부 세계로부터 리더를 보호하는 방파제 역할을 한다.

하지만 현명한 리더는 주위에 소음 방파제를 만들 때 위험에 처한다는 사실을 알고 있다. 그런 위험부담을 줄이기 위해 우수한 판단력을 가진 심복을 둔다. 그 심복에게 리더의 약점을 최소화하고 장점을 더욱 부각하는 역할을 맡긴다. 제이크루의 CEO 미키 드렉슬러와 그 회사 사장 제나 라이언스 사이의 유대 관계를 생각해 보자. 그들은 의류 디자인에 대한 열망을 갖고 있고 제이크루 브랜드에 대한 공통적인 비전도 갖고 있다. 두 사람의 최근 프로필에서 드렉슬러는 제나 라이언스를 자신의 편집자이자 번역자라고 소개한다. 드렉슬러는 회사가 사상을 거르고 쉽지 않으면서 의식의 흐름 기법을 사용하자는 제나 라이언스의 제안대로 행동하면 반드시 이로 인한 혼란을 막아준다고 설명했다. 제나 라이언스는 CEO의 스타일을 바꾸려고 노력하지 않는다. 오히려 그의 가장 훌륭한 사상을 구체적 행동으로 옮기는 한편 지나친 행동을 할 때는 제동을 건다. 드렉슬러는 라이언스의 능력을 잘 인식하고 있으며 그녀로 하여금 언제든지 필요할 때 자신에게 영향력을 행사하도록 허용한다. 또한 회사 CEO로서 자신의 영향력도 강화하려고 한다. 여기에 라이언스는 드렉슬러와 제이크루를 더욱 성공적으로 만들 수 있는 방법으로 일하는 데 능숙하다. 그녀는 이 유통업계에서 가장 존경받는 리더와 함께 일하면서 자신의 리더십 기술을 개발했고, 드렉슬러가 은퇴하면 제이크루의 유력한 CEO 후보다.

이런 유형의 상호 관계에서 유익한 점은 분명하지만, 리더와 신뢰받는 측근 사이의 역동 관계는 애매모호하다고 할 수 있다. 개인 간의 경쟁 권력을 분담하는 데에서 오는 중압감은 절대 표면에 떠오르지 않는다. 이런 요소는 한때 서로 가깝고 성공적이었던 유대 관계를 조기에 끝내는 결과를 가져온다. 제이미 다이먼은 직장 경력 초기에 시티그룹Citicorp의 CEO 샌포드 웨일Sanford Weill과 관계가 악화하여 갑자기 해고된 후에 시티그룹을 떠났다. 웨일은 몇 년 후에 이야기했다. "다이먼은 일을 잘했다. 그는 언제나 회사를 운영할 준비를 하고 있다는 생각이 들었고, 어쩌면 그것이 사실일지도 모른다고 생각했다. 그러나 유일한 문제점은 내가 회사를 은퇴할 준비가 안 됐다는 것이다. 그래서 우리는 상호 협력하지 않기 시작했는데, 그것은 기업을 운영하는 좋은 방법이 아니다."

이런 협력 관계에서 아랫사람은 자기 위에 있는 사람의 구미에 맞게 행동하는 한편 충고도 조심스럽게 해야 한다. 사람은 자기가 다른 사람에게 긍정적으로 비쳐질 때 더 좋은 성과를 올릴 수 있다는 연구 결과가 있다. 다른 사람으로부터의 기대가 긍정적일수록 권위를 가진 자리의 사람이 더 높은 긍정적 실적을 낼 수 있다.

그러나 대부분의 리더는 단순한 칭찬 이상을 원한다. 그들은 자신과 가장 가까운 사람들이 자신의 생각을 인정해 주기를 원한다. 심리학자 윌리엄 스완William Swann은 이것을 칭찬받고 싶어 하는 것과 알려지기 원하는 것 사이의 차이점이라고 설명한다. 다양한 연구에 의하면 자신을 긍정적으로 바라보는 사람은 역시 자신을 긍정적으로 바라봐주는 다른 사람과 서로 가까워지기를 원한다. 한편 같은 연구에서 자신을 부정적으로 바라보는 사람도 자신을 부정적으로 바라보는 사람과 가까워지기를 원하기는 하지만, 이들 대부분도 다른 사람보다 더욱 긍정적 견해를 필요로 한다는 결과는 무척이나 놀라운 일이다. 이 연구에서 우리가 얻는 교훈은 사람은 그들의 자아 인식을 강화하는 의견을 적극적으로 찾고 자아 인식에 위배되는 반대 의견의 사람과는 거리감을 둔다는 것이다. 거의 대부분의 리더는 누구와 가까이 지낼지 결정할 힘을 가지고 있고, 자신의 전반적인 자아 이미지와 똑같이 바라보지 않는 사람과는 거리감을 둘 수 있다.

더욱 구체적으로 말하자면 사람은 리더로서 정체성의 중심이라고 생각하는 특정 장점에 많은 가치를 두고 싶어 한다. 예를 들어 스스로를 전략적으로 생각하는 리더는 자신을 전략적으로 봐주는 사람들이 주위에 모이기를 원한다. 다른 사람이 이런 면에서 리더에게 반대 의견을 제시하거나 리더를 내몰면 상황은 복잡해진다. 회사 운영을 위해 리더의 전략적 계획에 우려의 목소리를 내는 팀원은 단순히 계획 추진을 위해 일할지 모르지만, 그러는 동안 그들은 자신도 모르게 리더가 갖는 전략적 능력에 대한 자아 인식에 위협을 끼치는 행동을 한다.

리더가 자신의 정체성에 별로 관계가 없다고 생각하는 분야에서는 다른 사람이 제공하는 여론이 그다지 문제가 되지 않는다. 리더는 회사의 정책이 언론에 영향을 준다고 다른 사람들이 비난한다 할지라도 별로 방어적인 태도를 취하지 않을 수도 있다. 왜냐하면 개인적으로 그와 같은 능력에 직접 관계가 없기 때문이다. 이상적인 세계에서 자신의 맹점에 대한 주위의 피드백을 받는 사람은 오히려 그들을 도와주려는 사람들에게 감사하게 생각할 수도 있을 것이다. 하지만 집행부 코치 마셜 골드스미스Marshall Goldsmith가 언급하듯이 성공적인 사람은 부정적인 여론에 관해 두 가지 쟁점을 생각한다. 첫째, 그들은 부정적인 여론을 듣고 싶어 하지 않으며 둘째, 사람들은 부정적인 여론을 주려고 하지도 않는다. 골드스미스는 약간 과장을 했지만 그리 큰 과장은 아니다. 한 사람이 다른 사람과의 관계에 해를 끼치지 않기를 희망하고, 특히 좀 더 힘 있는 위치에 있는 사람은 여러 형태의 맹점이 외부에

드러나는 것을 막는다. 물론 여기에는 그만한 이유가 있다. 자신의 보스에게 리더가 영업적인 면에서 수렁에 빠져 있고 회사를 위한 전략적 비전도 없다는 것을 말하고 싶어 할 사람이 누가 있겠는가? 리더에게 그의 지도 스타일이 팀원들의 사기를 빼앗고 팀 분위기를 해친다는 것을 이야기하고 싶어 하는 사람이 있으면 말해보라. 또한 자신은 항상 압력을 받고 있고, 이런 큰 회사를 이끌어 가면서 받는 스트레스를 처리할 수 있는 능력이 부족하다는 것을 동료에게 이야기하고 싶은 사람은 얼마나 있겠는가? CEO에게 자신의 월급이 너무 많고 이사진과 주주들에게 문제가 될 것이라고 이야기하는 사람이 누가 있을까? 또 다른 면에서 보면 리더와 팀이 서로에게 솔직함의 중요성에 대해 어떤 이야기를 하든 간에 얼마나 많은 리더가 이와 같은 종류의 여론을 실제로 듣고 싶어 할까?

　　나의 기업 상담자 동료 중 한 사람이 회사 문화를 바꾸어 더욱 활력적으로 만들고 싶어 하는 리더와 같이 일한 적이 있다. 첫 단계는 우선 회사에 변화를 가져오기 위해 어떤 일이 필요한지, 무슨 조치를 취해야 하는지 평가하는 일이었다. 팀원에게서 얻은 정보에 근거하여 먼저 리더의 리더십 스타일과 회사 문화에 끼치는 영향에 관해 익명으로 여론 조사를 한 후 보고서가 작성되었다. 그 보고서에는 리더가 회사 문화를 바꾸는 데 필요했던 상당히 많은 정보가 있었다. 그리고 팀원에게 결정권을 부여하는 일을 포함해 리더가 바로 문제의 원인이었다는 정보가 많았다. 이 기업 상담자는 그 정보를 리더에게 보냈고, 다음 주에 결과를 보고하기 위해 리더를 만났다. 사무실에 들어서자마자 리더는 벌떡 일어나서 보고서를 다 읽어 보았다고 말했다. 그리고 그는 테이블에서 보고서를 집어 들고 "이것이 내가 보고서에 대해 생각한 것입니다."라고 말하며 찢어 버렸다. 그 후 곧 상담 회사와의 모든 거래를 끊었다.

　　개인의 일자리를 계속 유지하거나 상담 계약을 유지하기 위해 진실이 은폐되어야 한다는 것은 아니다. 그러나 참된 진실은 슬기롭게 상대편에 전달되어야 하며, 때에 따라 메시지를 전달하는 사람에게 희생이 따른다는 것을 반드시 알아두어야 한다. 대기업에서 일하는 사람들은 부정적인 생각을 내놓으면, 그 생각이 선의라 하더라도 보복만 돌아온다는 것을 잘 안다. 각 사례에서 맹점을 들춰내는 사람은 장기적인 면에서 맹점 자체보다 훨씬 더 중요한 인간관계를 파괴할 수 있는 위험에 빠진다는 사실을 잘 알아야 한다. 여러 경우에 부정적인 메시지보다 리더의 자존심에 도전하는 메시지가 더 위험하다. 이 때문에 메시지를 보내는 사람은 리더의 자존심에 도전하지 말아야 한다. 이는 의견을 내놓는 사람은 반드시 리더의 마음을 읽어야 하고 또 건설적인 방법으로 마음을 열 수 있는 리더의 성격을 충분히 이해해야 한다는 의미다. 많은 경우에 개인의 의견은 그다지 모나지 않거나 애매모호해야 의견을 내는 사람을 보호할 수 있다. 사람은 말하고자 하는 바가 정당하다고 생각하지만, 메시지를 전달할 때 비능률적이고 좋지 못한 방법으로 전달하곤 한다.

최종적으로 이야기하고 싶은 것은 앞의 여러 장에서 이미 언급했던 호기심이다. 리더의 기술이 회사의 필요에 맞고 시기가 적절하며 그룹에 적합하면 호기심 없이도 성공할 수 있다. 리더가 알고 있는 지식이나 회사 역사상 어떤 시점에 회사가 필요로 하는 일을 리더가 어떻게 부응하는지에 따라 효율적인 사람이 될 수도 있다. 그렇지만 대부분의 사람은 과거 자신에게 상당히 성공적이었던 영업 방법을 새로운 환경에 재적응하려고 하기 때문에 변화의 적응이 다른 사람보다 훨씬 뒤떨어질 수 있다. 그들은 단 하나의 시나리오를 가지고 있을 뿐이다. 이런 사람들은 자신을 비롯한 팀, 조직, 시장까지 새로운 방식의 사상이나 행동에는 훨씬 부족하다. 이와 비교해서 좀 더 호기심 있는 리더는 언제나 새로운 데이터를 찾고, 그들이 믿는 것과 서로 다른 견해를 찾으려고 노력한다. 이런 관점이나 건의안에 대해 의견이 달라질 수 있지만 리더린 무엇이든 늘 고려해 보는 사람들이다. 리더의 마음속에 있는 호기심은 자기 확신을 더욱 강화하도록 부추긴다.

맹점과 관련된 리더의 실패는 일반적으로 경력과 성격 면에서 연구된다. 이 책 전체에서 언급된 리더는 자신의 맹점을 진단할 때 문제가 되는 좀 더 큰 원인 가운데에서 세부적인 요소를 찾아야 한다. 즉, 맹점은 인격적 결함이나 개인 의사 결정 문제의 단순한 실수가 아니다. 이런 환경적 요소는 특정 면에서 맹점 가능성을 더욱 뚜렷하게 나타나도록 할 수 있다. 다른 말로 바꾸어 말하면 리더의 맹점은 어떤 상황에서는 더욱 많이 나타나고 어떤 경우에는 적게 나타날 수 있다. 나사의 컬럼비아호 우주왕복선 지역 프로젝트 매니저 린다 햄은 목표 추구에 다소 강압적인 스타일로, 엄격하고 단호한 리더였다. 이런 면에서 그녀는 나사 문화의 가치관을 그대로 생활화했고, 그 결과 떠오르는 별로 인정받았다. 하지만 그녀의 맹점 역시 자신이 일하는 그룹 문화의 맹점과 딱 어울렸다. 이것이 정보를 찾아내는 과정과 위기 직전의 토론 과정에 문제점을 야기했으며, 그녀는 반대 의견을 찾아내기 위해 적극적으로 노력할 필요를 느끼지 못했다. 이와 비교해 다른 리더는 그들이 일하는 조직 문화와 주로 갈등을 빚는 정책을 가지고 있다. 다른 사람이 이런 유형 리더에게서 볼 수 있는 맹점은 좀 더 큰 조직 문화에서는 결코 맹점이 될 수 없다. 자신의 맹점을 이해하려는 리더는 좀 더 큰 맥락에서 자기 행동에 대한 책임을 망각하지 않고 자신을 진단해야 한다.

좀 더 구체적인 예로 이 점을 설명하려고 한다. 웨스트 코스트West Coast 기술회사의 여성 고위 이사 한 사람은 스스로 자신과 소속 팀의 업적을 선전하는 것이 너무 지나치다는 반응을 받았다. 첫 번째 해석은 이 반응이 의견을 내는 사람에 대해 너무 많은 이야기를 한다는 것이다. 또 여성 리더가 일부 대기업에서 다른 사람에게 어떻게 비춰지는지에 영향을 줄 수 있는 큰 기준에 대해 너무 많은 이야기를 했다. 실제 연구에서 일반적으로 남녀 모두 너무 적극적인 여성은 사회 기준(여성은 보조적, 협조적이다.)에 어긋난다고 보는 경우가 많다. 그 때문에 적극적이고 경쟁적인 여성은 다른 사람 눈에 지나치게 저돌적으로 보일 수 있고, 비슷한 특성을 가진 남자보다 성공 가능성이 훨씬 적다. 여기에서 여성이 다소 덜 적극적이어야 한다고 말하려는 것은 아니다. 이 사례는 여성 이사의 맹점으로 볼 수 있다. 그러나 그녀가 활동하는 좀 더 큰 분위기 안에서는 그녀의 맹점도 눈에 띈다. 그녀는 주요 쟁점을 이해하고 일부 사람들이 그들의 방식대로 이 여성 리더를 보고 있다는 데에 별로 놀라지 않는다. 그들은 여성 이사에게 한 번도 보고한 적이 없었고 그들의 취미에 맞지 않는 여성을 어떻게 대해야 하는지 확실히 모른다. 그 여성 리더는 그 반응을 무시하기로 결정했다. 사회적 여론에 개의치 않기로 하고 과거 그녀가 해온 대로 자신을 더욱 돋보이게 만들고 있다.

　이 반응의 두 번째 해석은 위에서 언급한 여성에 대한 제한적 기대감을 받으며 그녀가 달성하려는 일이 주위 저항에 부딪힌다는 것이다. 그녀는 다른 사람이 그녀를 어떻게 알고 있는지, 좀 더 큰 주위 인간관계 역학이 어떻게 작용하는지 이해하고 있다. 목표가 결정되고 임무에 노력하는 그녀는 사람들이 어떻게 생각하는지 전혀 상관하지 않는다. 하지만 그녀는 이기주의적인 모습을 피하기 위해 어떤 경우에는 대결적인 행동을 자제하고 자신의 리더십 스타일을 개선하겠다는 결정을 내렸다. 그녀는 주위 지원을 필요로 하고, 자기 정책을 차단할 수 있는 이유를 주위 사람에게 주고 싶어 하지 않는다. 다른 사람을 계속 밀어주고 팀 성공에 자부심을 느끼는 더욱 세밀한 행동으로 말이다. 그녀는 이 회사에서 그녀의 영향력을 확대하는 권위적인 태도로 행동했던 스타일을 개선하고 있다.

　세 번째는 잠재적 해석으로 사내에서 이사가 이기적이고 다른 사람을 격려하는 태도로 행동하는 경우다. 회사 내의 사람은 이 이사가 조작적이고 회사 이해관계보다 자신을 지나치게 앞세우는 고도의 정치적 행동을 하며 그녀를 믿지 않는다고 생각한다. 그녀는 자아 인식이 부족하고 동료들이 자신에게 비협조적이라고 비난하며 자신을 방어한다. CEO에게서 받은 정보를 가지고 그녀는 회사 내의 변화 필요성을 느끼게 된다. 그리고 자신의 동기와 이사로서의 행동 스타일을 열심히 들여다본다. 시간이 가면서 그녀는 점점 더 자아 인식이 강해지고 깊은 차원에서 앞으로 회사 운영을 어떻게 할지 생각한다. 또 그녀가 생각하는 모든 방법에 변화를 가한다.

이런 해석 가운데 어떤 것이 옳은 해석인가? 기업 상담자는 주로 상황에 따라 다르다고 말하기를 좋아한다. 어떤 경우에는 각 견해마다 진실한 면도 있을 수 있고 다른 상황에서는 단 한 사람의 견해만이 유익하고 가치가 있는 상황도 있을 수 있다. 그 리더는 최종적으로 어떤 상황 판단이 자기에게 가장 정확한지, 또 만약에 변화해야 한다면 어떤 변화가 필요한지 결정해야 한다. 하지만 절차를 위해 각 잠재적 해석 가능성을 적극적으로 찾아내야 할 것이다. 리더는 그런 일을 충분히 이해해 쓸데없는 잡음을 없애고 중요하지 않다면 무시할 수 있는 지혜도 가져야 한다.

호기심은 때때로 리더에게 가치 없는 것으로 생각되기도 한다. 왜냐하면 일을 가장 잘 추진하는 데 있어서 호기심은 확실성이 부족하고 특정 기업 분위기에서는 다른 사람에 대한 일이기 때문이다. 또한 호기심은 한 리더가 하고자 하는 방법에 대해 지나칠 정도로 분석적이라고 생각할 수도 있다. 인지심리학자 데니얼 카너먼은 일반적으로 강력한 리더는 결정에 냉철하고, 소극적 리더는 중심을 잡지 못하고 주변에 좌지우지된다고 말한다. 그는 조직은 강력한 리더의 이미지에 부합하는 사람을 주로 승진시킨다고 말한다. 사실 리더는 단호하고 빨리 행동해야 한다는 강한 기대가 있기 때문에 강력하지 못하면 대가가 따른다. 우리는 자기가 하는 일을 알고, 이를 지나치게 생각하지 않는 능력 있는 사람에게 이끌리기를 원한다. 많은 회사에서 허세도 보상을 받는다.

우리는 나머지 모든 것이 다 동일하다면 자신감이 넘치고 단호한 리더를 따른다. 하지만 리더와 같이 일하는 사람은 리더도 약점이 있고, 리더가 자신의 장점에 비해서 언제나 강하게 비치는 환상이 있다는 것을 알기 때문에 리더 역시 많은 실수를 저지른다는 사실을 잘 알고 있다. 이것은 특히 대부분의 능력 있고 환상적인 리더에게 사실이다. 다시 말해 우리는 위대함과 자아 인식을 동일한 사람에게서 다 찾을 수 있다고 생각해서는 안 된다. 다르게 생각한다는 것은 리더의 복잡한 성격을 이해하지 못하는 일이고, 리더십의 무거운 짐을 이해하지 못한다는 것이다. 잡스에게 맹점이 없었더라면 우리가 알고 있는 잡스가 되지 못했을 것이다. 잡스의 행동이 언제나 존경받고 능률적이었다는 것이 아니고, 일반 사람들은 시간이 지나도 리더로 성장할 수 없다는 말도 아니다. 하지만 위대한 리더가 언제나 자아 인식이 있는 사람이라고 믿는 사람은 리더를 모르거나 안다 해도 제대로 알지 못하는 사람이다.

이는 맹점이 문제점으로 다루어질 수 없다는 말이다. 문제점은 분석할 수 있고 고칠 수 있다. 이와 비교해서 맹점은 많든 적든 효율적으로 대처할 수 있는 딜레마이지만, 완전히 해결할 수는 없는 것이다. 딜레마를 문제로 처리하려고 하면 현재 관심과 노력을 요하는 일을 다 잠재워 버리겠다는 거짓 생각에 도달하게 된다. 맹점은 당신이 인식하거나 개선하기 위해 행동을 취할 때 없어지는 것이 아니다. 맹점은 계속 표면에 떠오른다. 그리고 다른 맹점에 의해 가려져 버린 후 새롭고 어려운 일에 부딪칠 때 다시 나타난다. 그리고 또다시 다른 맹점으로 가려진다. 맹점에 대한 인식은 자기 지식과 기술에 한계가 있다는 것을 알 때, 심지어 어쩌면 가치가 있다고 인식할 때 경계해야 한다. 그뿐만 아니라 겸손도 요한다. 실행하고, 어떻게 강력하게 이끌 것인가에 있어서 당신의 지식이나 기술에 한계가 있다는 인식을 가지는 것이 배울 만한 교훈이다.

Section 3

맹점 개선을 위한 추가 자료

RESOURCE

A

맹점 Q&A

Q₁ 당신은 맹점을 무엇이라고 설명하는가?

A 맹점이란 리더나 회사에 해를 끼칠 수 있는, 알지 못하는 약점이나 위험요소다.

Q₂ 당신은 왜 인지하지 못하는 강점이나 기회를 맹점이라 보지 않는가?

A 때때로 리더는 자신의 강점을 이용하지 못하고 조직이나 시장에서 기회를 인식하지도 못한다. 즉, 맹점을 알아볼 수 있는 가장 간결한 방법은 약점과 리더를 추락시킬 수 있는 위험부담이라는 의미다.

Q₃ 맹점과 검은 백조 사건 사이의 차이는 무엇인가?

A 검은 백조 사건은 인터넷의 부상과 같이 사전에 전혀 예측하지 못한 사건이다. 이에 비해 맹점이란 이해 가능한 약점이나 위험이다. 그것은 언제나 존재할 수 있는데, 맹점을 찾으면 예측이 가능하다.

Q4 대부분의 리더는 어떤 유형의 맹점을 가지고 있는가?

A T. E. 로렌스T. E. Lawrence는 사람이 똑같지 않지만 모두 꿈을 꾼다고 말했다. 마찬가지로 리더는 동일하지 않지만 모두 맹점을 가지고 있다. 맹점을 발생시키는 요소도 많다. 그리고 이 책에서 얻을 수 있는 주요한 장점은 어떤 사람도 그런 피해를 피할 수 없다는 것이다.

Q5 맹점에 서로 다른 차이가 있는가?

A 그렇다. 우리가 실제적 맹점을 분류하면, 완전히 맹목적인 사람도 있고 서로 정도가 다르지만 눈에 띄는 결함을 가지고 있는 사람도 있다. 마찬가지로 리더가 완전히 맹점에 의해 눈이 가려질 수도 있고 자신도 모르는 위험부담에 의해 눈이 가려지는 경우도 있다. 그들은 부분적으로 자기 약점이나 위험을 인식하지만 이것이 앞으로 모든 일에 충격을 줄 가능성이 있다는 것을 이해하지 못하는 경우도 많다.

Q6 맹점의 서로 다른 유형은 어떤 것인가?

A 우리는 흔히 '리더의 자기 인식'이나 특히 '그의 행동이 남에게 끼치는 영향'이라는 면에서 맹점을 생각한다. 예를 들면 권위적인 스타일을 가진 리더가 스스로 포용적이라고 믿을 수도 있고, 또 자기 스타일이 팀원의 책임감을 저해하는 결과를 초래한다는 사실을 모를 수도 있다. 하지만 맹점은 리더가 자신의 팀 조직이나 시장을 바라보는 인식에서 존재한다. 어떤 상황에서는 더 중요하지 않다 하더라도 맹점이 저해하는 결과는 역시 동일하다.

Q7 당신은 맹점이 긍정적일 수 있다고 말하는데, 어떻게 긍정적인가?

A 대부분의 사람은 실제 상황의 갈등을 생산적이고 바람직한 것이라고 인식하는 경향이 있다. 이런 견해는 리더나 조직을 위해 실질적인 해결이 오히려 파괴적 결과를 막기 때문에 긍정적이다. 하지만 맹점이 긍정적이라는 인식은 리더의 자신감을 약화할 수도 있고 다른 사람에게 확신을 심어주는 일을 더욱 어렵게 만들 수 있다는 면에서 좋은 것은 아니다. 당신이 모르는 것이 당신에게 해를 줄 수 있고, 또 분명히 아는 것이 해를 줄 수 있다.

Q8 어떤 사람은 자기 약점과 위험부담을 알 수도 있고 동시에 모를 수도 있는데,
그것은 무슨 이유인가?

A 이것이 맹점의 가장 흥미로운 성격 중 하나다. 알기도 하고 모르기도 한다는 것은 논리적으로 볼 때 있을 수 없는 일이지만, 이것은 분명히 존재한다. 예를 들어 리더가 도전적인 상품 출시 계획을 맞춘다는 것은 대단히 어려운 일이 될 수도 있겠지만, 자기 자신이나 타인에게 이것이 이루어질 수 있는 일이라고 설득한다. 이는 수많은 잠재적 장애물이 있다는 것을 알고 있지만 장애물이 계획 추진을 방해하지 못하게 행동하는 것과 같다.

Q9 적절한 환상이란 무엇인가?

A 연구 결과에 의하면 어느 정도 적극적인 생각은 생산 활동에 동기를 부여하는 특징이 있다고 말한다. 그러나 이와 같은 환상은 당신의 신념과 현실 사이의 차이가 지나치게 환상 쪽으로 기울어지지 않고 적절한 상태가 되도록 조절해야 한다.

Q10 생산과 비생산적 맹점의 차이는 무엇인가?

A   생산적 맹점은 사람에게 자신감과 지나친 위험부담 없이 큰일을 이룩하는 데 필요한 동기를 부여한다. 비생산적 맹점은 사람들을 치명적인 위험에 빠뜨릴 수 있는 상태에 노출한다. 맹점을 가지고 살아가는 방법은 이 두 가지 사이의 선을 잘 관리하는 것이다.

Q11 왜 당신은 상위 리더일수록 더 큰 맹점을 가질 가능성이 많다고 말하는가?

A   연구 결과는 자아 인식이 효율성과 서로 관계가 있다고 지적하지만 예외도 있다. 마이클 맥코비Michael Maccoby는 특히 자기 인식은 없지만 대단히 효율적인 리더를 설명하기 위해 생산적 나르시시스트Productive Narcissist 라는 신조어를 만들어 냈다. 어떤 환경의 리더는 몇 가지 맹점을 가질 필요가 있다.

Q12 맹점이 당신에게 해가 되지 않게 하는 가장 좋은 방법은 무엇인가?

A   당신은 문제가 되는 맹점을 찾아내는 메커니즘을 구성할 필요가 있다. 이것은 새 차에 당신이 보지 못하는 부분, 즉 맹점이 있을 때 운전자에게 통보해 주는 맹점 경보 시스템을 가지고 있다는 사실을 알게 되는 것과 같은 이치다. 이와 같은 메커니즘은 리더에게 중요하다. 왜냐하면 그들 내부의 경고 능력에도 한계가 있기 때문이다. 당신은 외부 메커니즘을 반드시 장착할 필요가 있다. 외부 메커니즘이란 사람, 절차, 관행을 의미하고, 이것은 당신이 맹점 때문에 위험에 처할 가능성이 있을 때 경고해 준다.

Q13 그와 같은 메커니즘 사례는 무엇인가?

A 이 역할에 가장 적합한 사람은 당신을 잘 알고 존경하는 능력 있는 측근이다. 그는 당신이 약점이나 위험부담을 보지 못할 때 당신에게 그것을 알려줄 것이다. 훌륭한 리더는 서로 다른 분야나 전략 작전에서 언제나 경고 시스템 역할을 하는 사람들이 주변에 있다. 당신은 다양한 분야에서 똑같이 자기 의견을 제시하는 여러 사람들 가운데 적어도 한 사람의 경고자가 필요하다.

Q14 사람들이 자신보다 타인의 맹점을 잘 알아보는 이유는 무엇인가?

A 여러 가지 이유로 자신을 정확하게 보기는 어렵다. 특히 우리는 자신의 단점을 바라볼 때 보호적인 의식을 갖는다. 그래서 자신이 스스로에 관해 본 것은 틀릴 가능성이 있다. 수많은 연구 결과에서 사람들은 지적, 정직성, 매력과 같은 특징에 관해 다른 사람에 대한 평가보다 자신을 정확하게 평가하는 경우가 극히 드물다고 설명한다. 비슷한 사례는 360도 평가 설문 데이터에서 분명히 나타난다. 그 설문의 자기 평가는 객관적 항목과 비교할 때 가장 정확성이 떨어진다.

Q15 한편 당신은 다른 사람들이 언제나 사물을 정확하게 보지 못한다고 이야기 하는데, 왜 다른 사람은 우리의 맹점을 확인하는 일이 어려울 수 있는가?

A 이것은 세 가지 이유 때문이다. 첫째, 타인은 여러 가지 환경에서 당신을 보지 못할 수 있고, 스스로 인지하는 자신의 정보보다 당신에 대한 부정확한 정보를 가질 수도 있다. 둘째, 타인은 당신 내부 정보를 정확하게 알 수도 없다. 즉, 당신이 외부 사람보다 자신에 대한 정보(예를 들면 어떤 동기와 같은 일에 대해)를 더 잘 알 수 있다는 말이다. 셋째, 맹점은 관찰되는 사람에게서만 존재하는 것이 아니다. 다른 개인이나 그룹에도 맹점은 분명히 나타날 수 있다. 예를 들면 한 여성 이사는 너무 도전적이라는 이야기를 듣고 있다. 현실적으로 그녀는 매우 바람직할 정도로 적극적이지만, 문제는 그녀의 행동이 아니라 여성 리더에 대한 타인들의 관념에서 비롯된다. 다른 사람들은 때때로 실제 당신보다 그들의 생각에만 근거한 당신의 이야기를 더 많이 한다. 이 때문에 리더는 타인의 반응이나 그들의 영향력을 어떻게 받아들일지 생각하고 필요하다면 변화를 결정해야 한다.

Q16 왜 당신의 실수가 맹점을 이해하는 데 가장 믿을 수 있는 길이라고 설명하는가?

A   실수는 여러 가지 이유로 발생한다. 어떤 경우에는 당신이 약점 또는 중요한 위험을 알지 못하기 때문에 발생하기도 한다. 특히 당신이 서로 다른 환경에서 똑같은 실수를 되풀이할 때 더욱 잘 이해할 수 있다. 되풀이되는 실책은 검토할 필요가 있는 맹점을 가리키는 하나의 붉은 신호다. 실망도 역시 상대편 맹점을 찾아내는 데 도움이 될 수 있다. 예를 들면 만약 당신이 당연하다고 생각했던 조직 내 승진이 누락된 일은 당신의 지도력에 중요한 약점이 있다는 것을 인식하지 못했다는 증거가 된다. 이와 같은 환경은 고통스럽기는 하지만 당신의 맹점을 아는 데 도움이 된다.

Q17 자신의 맹점에 주력함으로써 어떤 의도하지 않았던 결과가 발생하는가?

A   이것은 당신 자신의 본능에 대한 믿음이 부족한 결과일 수도 있다. 결과적으로 더욱 임시적이다. 예를 들면 팀 의견을 독차지하는 리더는 팀 회의에서 수동적인 관측자가 되는 것이 좋다. 또한 그가 자기 견해에 목소리를 낼 때는 반드시 질문을 할 필요가 있다. 나는 이것을 중요한 일이라고 보지 않지만 대부분의 리더는 팀원에게 너무 위압적인 행동보다 맹점의 무시가 더욱 위험하다고 본다.

Q18 다른 사람의 맹점에 관해 의견을 제시할 수 있는 가장 좋은 방법은 무엇인가?

A   조심스럽게 해야 한다. 맹점이란 흔히 리더의 장점과 가까이 관련되어 있다. 더 일반적으로 말해서 리더의 개념과 긴밀한 관계가 있다. 당신은 사람들이 선의로 맹점을 지적할 때 모두 긍정적으로 받아줄 것이라고 추측해서는 안 된다. 당신이 남에게 의견을 제시할 때 기술적이어야 하는 것이 핵심이다. 그것이 가능하다면 신뢰를 바탕으로 한 관계를 만드는 데 도움이 된다.

Q19 상대에게 맹점에 관한 의견을 줄 때 기술적이란 말은 어떤 내용인가?

A 첫째, 당신이 보는 맹점이 리더나 조직 성공에 실제로 중요한지를 판단해야 한다. 만약 중요하지 않다면 무시해야 한다. 둘째, 그것을 말해 줄 수 있는 시기와 장소를 고려하라. 셋째, 당신이 보는 약점의 구체적 예를 제시하고 무시되는 위험에 관한 데이터도 제시하라. 최종적으로 리더가 생각해야 하는 것으로서 당신의 의견을 제시하라.

Q20 어째서 맹점 관리에 호기심이 중요한가?

A 호기심 많은 리더는 피드백을 받고 잠재력을 개발할 가능성이 높다. 그 결과 그들은 자신의 역할을 잘 확대하고 변하는 환경에 대한 적응이 다른 사람보다 더 빠르다. 이에 비해 그들의 믿음에 어느 정도 맹목적인 리더는 중요한 실수를 할 수 있는 위험부담이 더욱 커진다. 왜냐하면 그들이 스스로 충분히 보지 못하거나 이해하지 못하는 위험과 약점을 앞에 두고 계획을 밀고 나가기 때문이다. 당신은 흔히 잘못되었는데도 의심하지 않는 정치적, 사업적 리더를 찾는 데 멀리까지 바라볼 필요가 없다.

Q21 이 책에서 당신이 생각하는 가장 중요한 교훈은 무엇인가?

A 모든 리더는 다양한 심리적 조직적 요소 때문에 맹점을 갖는다. 당신도 예외가 아니라는 사실을 인식하는 일은 중요한 통찰력이다.

A 일부 맹점은 파괴적이고, 또 다른 일부 맹점은 적응할 수 있는 것들이다. 기술은 어떤 것이 당신의 관심을 필요로 하며 어떤 것이 관심을 가지지 않고 내버려 두는 것이 좋은지 아는 일이다.

A 당신과 회사를 위험에 빠뜨릴 수 있는 맹점 가능성을 찾아내는 사람, 절차, 관행이 주위에 포진하기를 원한다.

RESOURCE

리더십 맹점 설문 조사
: 자기 평가

다음의 자기 평가를 완성하라. 다음 각 항에서 자신이 동의하는 정도를 표시하라.

척도의 정도 (5점 척도)

맹점 분야	평가 척도	평가율 (1~5)
당신의 맹점		
나는 . . .		
1. 나와 같이 일하는 사람은 언제나 내게 정직하며 내가 실수할 때도 그것을 말해준다.	1 2 3 4 5	
2. 다른 사람이 나의 업무 능력을 평가하는 정도와 똑같이 자신의 능력을 평가한다. (나는 다른 사람이 나를 평가하는 것보다 자신을 더 높게 혹은 더 낮게 평가한다.)	1 2 3 4 5	
3. 내 업무 능력에 대해 팀원에게 의견을 묻는다. 즉, 내가 계속해야 할 또는 중단해야 할 그리고 새롭게 시작해야 할 의견을 묻는다.	1 2 3 4 5	
4. 이 분야에서 내가 개선하는 데 취해야 할 행동이나 내 약점을 주기적으로 확인하는 시간을 갖는다.	1 2 3 4 5	
5. 회의가 끝난 후 팀원에게 회의에서 어떤 영향력을 행사했는지 반응을 묻는다. (긍정적인지 아니면 부정적인지)	1 2 3 4 5	
6. 1년에 최소 두 번 정도 상관에게 발전해야 할 업무 능력 분야에 대해 의견을 구한다.	1 2 3 4 5	
7. 최소한 3년에 한 번은 전방위 360도 평가를 통해 나의 전체적인 리더십 영향력에 대한 의견을 구한다.	1 2 3 4 5	
8. 필요 분야에 정보를 줄 수 있는 충고자를 옆에 둔다. (전략, 기술, 영업, 사람 등)	1 2 3 4 5	
9. 나에게 도움이 될 만한 여론과 충고를 말해 줄 수 있는 멘토나 코치를 옆에 둔다.	1 2 3 4 5	
10. 전반적으로 나는 리더십 강점과 약점에 대해 잘 인식하고 있다.	1 2 3 4 5	

자기 평가 1-10문항의 점수를 합하시오:

맹점 분야	평가 척도	평가율 (1~5)
팀에 관한 맹점		
나는 . . .		
11. 각 팀원의 분명한 업무 수행 능력을 평가한다.	1 2 3 4 5	
12. 나의 팀원과 같이 일하는 사람들에게 팀원 능력 평가를 요청한다. (동료나 그들이 올리는 보고서를 포함한다.)	1 2 3 4 5	
13. 팀원을 위한 임시 업무 사항을 확인하고, 이 분야에서 오랫동안 그들이 이룩한 업무 능력을 확인한다.	1 2 3 4 5	
14. 주기적으로 모든 일이 그룹 내에서 어떻게 진행되는지 평가하기 위해 팀원에게 보고하는 사람과 간단한 인터뷰를 한다.	1 2 3 4 5	
15. 사내에서 일이 어떻게 진행되는지 주기적으로 관찰한다. (고객과의 교류, 그룹 회의를 지켜본다.)	1 2 3 4 5	
16. 적절한 도구를 이용하여 팀원 평가를 실시한다.	1 2 3 4 5	
17. 팀의 강점과 약점을 충분히 파악하기 위해 다른 회사에 있는 리더와 시간을 함께 보낸다.	1 2 3 4 5	
18. 팀원과 같이 활동하는 외부 인사에게 팀원 업무 능력에 대한 의견을 구한다.	1 2 3 4 5	
19. 1년에 최소 두 번 정도 각 팀원과 같이 발전을 위한 지도 시간을 갖는다. (발전하고 있는 분야의 진척 상황에 대한 평가)	1 2 3 4 5	
20. 전반적으로 나는 내 팀의 강점과 약점을 알고 있다.	1 2 3 4 5	

자기 평가 11-20문항의 점수를 합하시오:

맹점 분야	평가 척도	평가율 (1~5)
회사에 관한 맹점		
나는 . . .		
21. 매달 검토하고 있는 회사나 그룹 단위의 공식적인 몇 가지 업무 능력 수치를 확인한다.	1 2 3 4 5	
22. 우리가 영업하고 있는 방법, 회사 정책 수립에 필요한 것들을 알기 위해 몇 가지 목표가 되는 분야에 깊이 잠수(딥-다이브)하라.	1 2 3 4 5	
23. 주요한 회사 전체 정책에 대한 우리의 발전 상황을 평가하도록 팀원에게 지시한다. 그리고 그들이 발견한 내용을 보고하게 한다.	1 2 3 4 5	
24. 최전방에서 활동하는 직원과 직접 매달 한 번씩 시간을 같이 보낸다.	1 2 3 4 5	
25. 매달 최소 두 사람의 가능성이 높은 직원과 만나서 조직의 강점과 약점에 대한 의견을 구한다.	1 2 3 4 5	
26. 회사 전체의 강점과 약점을 평가하기 위해 2년마다 한 번씩 조직의 능률 설문 조사를 한다.	1 2 3 4 5	
27. 주요 프로젝트를 끝낸 후에는 사후 검토를 하고 교훈을 얻어낸다. (잘 된 일과 잘못된 일)	1 2 3 4 5	
28. 서로 고용된 직원을 만나서 그들이 과거에 있었던 회사와 비교해 우리 조직에 대한 그들의 의견을 듣는다.	1 2 3 4 5	
29. 회사를 떠나는 직원을 만나서 우리 조직에 대한 의견을 묻고, 다른 데로 옮겨가는 이유를 묻는다.	1 2 3 4 5	
30. 전반적으로 나는 우리 회사의 강점과 약점을 알고 있다.	1 2 3 4 5	

자기 평가 21-30문항의 점수를 합하시오:

맹점 분야	평가 척도	평가율 (1~5)
시장에 관한 맹점		
나는 . . .		
31. 한 달에 하루는 고객과 직접 시간을 보낸다.	1 2 3 4 5	
32. 주기적으로 경쟁자에 대해 냉철하게 평가한다. (그들의 강점과 약점, 우리의 기회와 위협)	1 2 3 4 5	
33. 외부 전문가와 만난다. (학술계 인사를 만나서 이 산업계가 어떻게 변하고 있는지 의견을 구한다.)	1 2 3 4 5	
34. 우리 기업과 경쟁적인 현실의 개선책과 사람들의 이견을 알기 위해 다른 회사에서 최근 고용한 직원을 만난다.	1 2 3 4 5	
35. 서서히 모습을 드러내는 기회와 위험부담을 항상 알려주는, 동종 업계의 유대관계 집단을 구성한다.	1 2 3 4 5	
36. 외부 기회와 위험부담을 찾기 위해 소셜 미디어를 사용한다. (고객 여론 사이트, 산업체 블로그)	1 2 3 4 5	
37. 매년 우리의 산업계가 어떻게 진화하며 앞으로 우리들의 반응에 대한 팀 차선책 시나리오를 검토한다.	1 2 3 4 5	
38. 회사가 목표하는 새로운 분야의 최근 시장 상황을 조사하기 위해 사내 관찰자를 지명한다.	1 2 3 4 5	
39. 1년에 최소 두 번 정도 팀과 특별한 시간을 내어 회사 전략과 시장 내 변화를 연구한다.	1 2 3 4 5	
40. 전반적으로 스스로 시장과 산업계의 위험과 기회를 잘 이해한다.	1 2 3 4 5	

자기 평가 31-40문항의 점수를 합하시오:

▶▶ 리더십 맹점 설문 조사 점수표

맹점 영역	각 분야의 점수 분포	자신의 맹점 점수 점수가 높을수록 맹점 가능성이 더 높다
자신	예상 범위: 10~50	
팀	예상 범위: 10~50	
회사	예상 범위: 10~50	
시장	예상 범위: 10~50	
합계 점수 (자신 + 팀 + 회사 + 시장)	**예상 범위: 40~200**	

▶▶ 총점 해설

합계 점수	맹점 확률
40–71	맹점 가능성이 **대단히 낮다**
72–103	맹점 가능성이 **낮다**
104–135	맹점 가능성이 **보통이다**
136–167	맹점 가능성이 **높다**
168–200	맹점 가능성이 **대단히 높다**

Note: 맹점 가능성은 확률 5점 척도 점수 분포에 기준을 두었다. 그리고 모든 리더가 질문에서 나타나는 맹점 정도와 맹점에 유의하는 자기 점수를 검토했다.

C

일반적인 리더십 맹점
: 반응 응답지

다음 설문지에는 인식되지 못한 약점이나 위험부담인 '일반적인 리더십 맹점'이 기록되어 있다. 이 설문 조사는 리더가 어떤 분야에서 자기 인식이 부족한지 확인한다. 당신이 생각하기에 설문 조사를 완성하도록 요구한 리더가 가진 가장 큰 맹점은 무엇인가? 다음 맹점 중 최소 세 가지를 골라라.

리더십의 공통적 맹점	설명	리더의 가장 큰 세 가지 맹점
리더에 관한 잠재적 맹점		
1. 자기의 전략적 능력을 과신한다.	전략적 사고보다 영업 관리 면이 더 뛰어나다.	
2. 효율성보다 정확성을 원한다.	총체적인 방법이 더 많이 필요하지만 자기 생각을 그대로 추진하려고 한다.	
3. 방법의 균형을 잡지 못한다.	회사가 이룩하는 데 필요한 결과나 보여야 할 행동 중 어느 하나도 주목하지 못한다.	
4. 다른 사람에 대한 자신의 영향을 보지 못한다.	자신의 행동이 타인에게 어떤 영향을 끼치는지 충분히 인식하지 못한다.	
5. 규정은 자기와 무관한 것으로 생각한다.	어떤 경우에는 다른 사람이 지키는 규정을 지키지 않고 지키려는 의사도 없다.	
6. 현재가 곧 과거라고 인식한다.	과거의 경험이나 해결책의 관점에서 새로운 도전을 바라본다.	
팀에 관한 잠재적 맹점		
7. 가장 중요한 우선 정책에 관심을 기울이지 않는다.	여러 가지 다른 분야에 발을 딛고 가장 중요한 우선순위 정책에 필요한 시간을 내지 않는다.	
8. 팀의 활동에 끼치는 리더의 영향력을 인식하지 못한다.	항상 문제를 야기하고 실제보다 더 비효율적인 방법으로 팀을 이끈다.	
9. 리더십 팀에 있는 사람을 지나치게 과대평가한다.	능력 평가에서 자기 팀이나 팀원의 능력을 제대로 보지 못한다.	
10. 거친 대화는 피한다.	특히 조직 내 사람과 의제를 처리할 때 의견 갈등을 피한다.	
11. 잘못된 사람을 신뢰한다.	파괴적인 방법으로 행동하는 사람에게 힘을 실어 준다.	
12. 진정한 후계자를 키우지 못한다.	차기 리더십 팀을 제대로 개발하는 데 충분한 시간을 투자하지 않는다.	

리더십의 공통적 맹점	설명	리더의 가장 큰 세 가지 맹점
회사에 관한 잠재적 맹점		
13. 사람의 마음을 사로잡지 못한다.	사람들이 가능하다고 생각하는 목표보다 초과 달성하도록 마음의 동기를 심어주지 않는다.	
14. 일선 판매장과 거리를 둔다.	회사의 최전선에서 일하는 사람들과 고객으로 부터 멀어진다.	
15. 정보와 의견을 사실로 받아들인다.	자기에게 올라오는 정보는 이미 여과 또는 포장되었다는 사실을 모른다.	
16. 정치적 분위기를 잘못 파악한다.	정치적 인식 능력이 부족하고 이해할 만한 슬기로움도 없다.	
17. 항상 회사보다 자기 욕심을 앞세운다.	성공을 위한 개인적 야심과 욕망을 회사 이해관계보다 훨씬 더 우선한다.	
시장에 관한 잠재적 맹점		
18. 현상 유지에 매달린다.	현재 사업 모델에 제한점이 있다는 것을 충분히 보지 못하고 변화를 받아들이지 않는다.	
19. 경쟁자를 과소평가한다.	경쟁자를 실제보다 더 허약하고 덜 위협적인 존재로 보는 경향이 있다.	
20. 지나치게 낙관적이다.	어떤 경우에 성공 가능성을 너무 과신한다. (프로젝트나 투자 인사관계와 같은 것들)	

위에서 선택한 세 가지 맹점에 대한 추천

A   맹점 ....   추천:

 설명 ....

B   맹점 ....   추천:

 설명 ....

C   맹점 ....   추천:

 설명 ....

D   위에 기록된 맹점 외에 리더가 가지고 있는 다른 맹점이 있는가?

RESOURCE

D

리더십 맹점 참고자료

Learning from Others' Successes

- Michael A. Roberto has written a number of excellent books on leadership; his Know What You Don't Know: How Great Leaders Prevent Problems Before They Happen (Pearson Prentice Hall, 2009) is the most relevant in regard to blindspots.

- Robert I. Sutton, in Good Boss, Bad Boss: How to Be the Best . . . and Learn from the Worst (Business Plus, 2012), has insightful things to say about leadership in general. This book is a good place to start if you are new to Sutton's work. I also suggest reading his blogs on the HBR Blog Network (blogs.hbr.org/sutton).

- Marshall Goldsmith is well known for his insights on how successful executives avoid the problems that plague others, particularly in regard to their behavior; see his book What Got You Here Won't Get You There: How Successful People Become Even More Successful (Hyperion, 2007).

Learning from Others' Failures

- Richard S. Tedlow, in Denial: Why Business Leaders Fail to Look Facts in the Face—and What to Do About It (Portfolio, 2010), presents rich case histories of corporate denial.

- Sydney Finkelstein, in Why Smart Executives Fail (Portfolio, 2003), provides an interesting assessment of failure with many case studies.

- Max Bazerman and Ann E. Tenbrunsel, in Blind Spots: Why We Fail to Do What's Right and What to Do About It (Princeton University Press, 2012), view blindspots from an ethical vantage point, with useful models and recommendations.

- Kathryn Schulz, in Being Wrong: Adventures in the Marginof Error (HarperCollins, 2010), looks at the reasons why we make mistakes. Her work combines research with an interesting philosophical view of the errors we make.

The Nature of Self-Deception

- Daniel Kahneman, author of Thinking, Fast and Slow (Farrar, Straus and Giroux, 2013) and a highly respected scholar, examines how people process information and the mistakes they make in doing so.

- Daniel Goleman was one of the first to write for a general audience on what research can tell us about self-deception; see, in particular, his book Vital Lies, Simple Truths: The Psychology of Self-Deception (Simon & Schuster, 1996).

- Malcolm Gladwell discusses the logic and limits of leadership hubris in "Cocksure: Banks, Battles, and the Psychology of Overconfidence," The New Yorker, July 27, 2009.

- Robert Trivers, in The Folly of Fools: The Logic of Deceit and Self-Deception in Human Life (Basic Books, 2011), offers a fascinating mix of sociobiology and personal history. Trivers is one of the most original thinkers on self-deception.

참고문헌

Introduction

1. James Surowiecki, "The Turnaround Trap," New Yorker, March 25, 2013.

2. Brad Tuttle, "The 5 Big Mistakes That Led to Ron Johnson's Ouster at JCPenney," Time, April 9, 2013, business.time.com/2013/04/09/the-5-big- mistakes-that-led-to-ron-johnsons-ouster-at-jc-penney.

3. Joann S. Lublin and Dana Mattioli ("Penney CEO Out, Old Boss Back In," Wall Street Journal, April 8, 2013) state that "Mr. Johnson was unapologetic about his decision not to test his strategy. Asked earlier this year if he would do things differently given a chance to start over, he replied, 'No, of course not.'"

4. Nassim Nicholas Taleb, The Black Swan: The Impact of the Highly Improbable, 2nd ed. (New York: Random House, 2010).

5. Personal story told by Marc Gerstein to the author.

6. Thomas K. McCraw, Prophet of Innovation: Joseph Schumpeter and Creative Destruction (Cambridge, MA: Harvard University Press, 2009), 163–164.

7. Thomas J. Watson, Father, Son & Co.: My Life at IBM and Beyond (New York: Bantam, 2000), 28.

8. Robert Frank, "Billionaire Sara Blakely Says Secret to Success Is Failure," CNBC interview with Sara Blakely, October 16, 2013, http://www.cnbc.com/ id/101117470.

9. Evoking T. E. Lawrence: "All men dream, but not equally. Those who dream by night in the dusty recesses of their minds, wake in the day to find that it was vanity: but the dreamers of the day are dangerous men, for they may act on their dreams with open eyes, to make them possible"; in Seven Pillars of Wisdom: A Triumph (Hertfordshire, UK: Wordsworth Editions, 1997), 7.

10. Theodore Roosevelt, "Citizenship in a Republic," speech presented at the Sorbonne, Paris, April 23, 1910, www.leadershipnow.com/tr-citizenship.html. Reproduced from The Works of Theodore Roosevelt, vol. 13, 506–529.

Chapter 1

1. Adam Lashinsky, "Amazon's Jeff Bezos: The Ultimate Disrupter," Fortune, November 16, 2012.

2. My point here is related to Kathryn Schulz's description of the benefits of optimism: "Believing that this time we will succeed where in the past we have failed, or failed to try; believing the best of ourselves even when we are intimately familiar with the worst and the merely average; believing that everything in us that is well intentioned will triumph over that is lazy or fickle or indifferent or unkind; this is the wrongness of optimism—an endlessly renewable, overstated faith in our own potential"; in Being Wrong: Adventures in the Margin of Error (New York: Harper Collins e-books, 2010), 338.

3. See Amy B. Brunell, William Gentry, W. Keith Campbell, Brian Hoffman, Karl W Kuhnert, and Kenneth G. DeMarree, "Leader Emergence: The Case of the Narcissistic Leader," Personality and Social Psychology Bulletin 34, no. 12 (December 2008); also Kenneth E. Clark and Miriam B. Clark, "The Dark Side of Charisma," in Measures of Leadership, ed. Kenneth. E. Clark and Miriam B. Clark (West Orange, NJ: Leadership Library of America, 1990), 343–354.

4. Noam Wasserman, The Founder's Dilemmas: Anticipating and Avoiding the Pitfalls That Can Sink a Startup (Princeton, NJ: Princeton University Press, 2012), 11.

5. Bob Sutton, "Andy Grove Tells the Truth About What Great Leaders Do," Work Matters (blog), bobsutton.typepad.com/my_weblog/2007/03/andy_grove_tell.html.

6. Robert I. Sutton, "A Great Boss Is Confident, But Not Really Sure," HBR Blog Network, July 15, 2010, blogs.hbr.org/2010/07/confident-but-not-really-sure.

7. Roy Baumeister, "The Optimal Margin of Illusion," Journal of Social and Clinical Psychology 8, no. 2 (1989): 176–189.

8. Atul Gawande, Complications: A Surgeon's Notes on an Imperfect Science(New York: Picador, 2003).

9. Gawande, Complications, 55.

10. Michael Maccoby, The Productive Narcissist: The Promise and Peril of Visionary Leadership (New York: Broadway Press, 1993).

11. Andy Hertzfeld, Revolution in the Valley: The Insanely Great Story of How the Mac Was Made (Sebastopol, CA: O'Reilly Media, 2005), 24–25.

12. Triumph of the Nerds (television interview with Steve Jobs), PBS, 1996.

13. Walter Isaacson, Steve Jobs (New York: Simon & Schuster, 2013).

14. "Think Different" (Apple advertisement narrated by Steve Jobs), YouTube, www.youtube.com/watch?v=8rwsuXHA7RA.

15. Andy Hertzfeld, "Quick, Hide in This Closet!" Folklore, August 1983, www.folklore.org/index.py, p. 5.

16. Josh Tyrangiel, "Tim Cook's FreshmanYear: The Apple CEO Speaks," Bloomberg BusinessWeek, December 6, 2012, 76.

17. The expression is from Tony Kushner, Angels in America, Part One: Millennium Approaches (New York: Theatre Communications Group, 1993), 102: "Respect the delicate ecology of your delusions."

18. William D. Cohan and Bethany McLean, "Jamie Dimon on the Line," Vanity Fair, November 2012.

19. That critic was US Senator Carl Levin, quoted in Dawn Kopecki, Clea Benson, and Hugh Son, "JPMorgan Report Piles Pressure on Dimon in Too-Big Debate," Bloomberg News, March 15, 2013.

20. Susan Dominus, "The Woman Who Took the Fall for JPMorgan Chase," New York Times, October 3, 2012.

21. Polya Lesova, "Dimon: London Whale Issues 'Tempest in a Teapot.'" Market Pulse Archives,http://www.marketwatch.com/story/dimon-london-whale-issues-tempest- in-a-teapot-2012-04-13-937450.

22. JPMorgan Chase & Co., Annual Report: 2012, investor.shareholder.com/jpmorganchase/annual.cfm, 10.

23. Susan Dominus, "Ina Drew Takes Risk, Goes on the Defensive," New York Times, March 18, 2013.

24. JPMorgan Chase, Annual Report: 2012, 10.

25. Cohan and McLean, "Jamie Dimon on the Line."

26. This quotation from the internal report appears in David Benoit, "London Whale Report: Dimon Could Have Done Better; CEO's Salary Slashed," Deal Journal (Wall

Street Journal blog), January 16, 2013.

27. Richard S. Tedlow, "The Struggle for Dominance in the Automobile Market: The Early Years of Ford and General Motors," Business and Economic History 17 (1988): 49–62.

28. David Halberstam, The Reckoning (New York: William Morrow, 1986), 94.

29. Ed Catmull, "How Pixar Fosters Collective Creativity," Harvard Business Review(online), September 2008.

30. John Markoff, "Michael Dell Should Eat His Words, Apple Chief Suggests," New York Times, January 16, 2006.

31. This executive stated that the "VAX [minicomputer] took over the company, and what it allowed them to do was not think. No one had to think from 1981 to '88 because the VAX was so dominant"; quoted in Ronald Rosenberg and Aaron Zitner, "The War Long Lost, Digital Surrenders," Boston Globe, January 2, 1998, c1.

32. Yann Martel, Life of Pi (New York: Mariner Books, 2001).

Chapter 2

1. Donald Rumsfeld, who has held a host of political and business roles over his career, noted this point in a slightly different manner at a 2002 Department of Defense press briefing when he was US secretary of defense, saying, "There are known knowns; there are things we know that we know. There are known unknowns; that is to say, there are things that we now know we don't know. But there are also unknown unknowns—there are things we do not know we don't know." Rumsfeld's model is slightly different from what I propose, in focusing on only what is known versus unknown; he does not address the strengths and weaknesses of a leader. Charles M. Blow, "Rumsfeld Quotes in Knowns, Unknowns and Unknowables," September 26, 2012, http://campaignstops.blogs.nytimes.com/2012/09/26/blow-knowns-unknowns-and-unknowables/.

2. Whitehead's full statement is, "Not ignorance, but ignorance of ignorance is the death of knowledge."

3. Robert E. Kaplan and Robert B. Kaiser, Fear Your Strengths: What You Are Best at

Could Be Your Biggest Problem (San Francisco: Berrett-Koehler, 2013).

4. Jack Zenger and Joseph Folkman, "Three Myths About Your Strengths," HBR Blog Network, July 10, 2013, http://blogs.hbr.org/2013/07/three-myths-about- your-strengths/.

5. For an overview of the Johari Window model, see www.businessballs.com/johari windowmodel.htm.

6. Paul M. Barrett, "Jim Rogers, the CEO Who Wouldn't Leave," Bloomberg BusinessWeek, September 20, 2012.

7. Barrett, "Jim Rogers, the CEO Who Wouldn't Leave."

8. Bruce Henderson, "Emails on Duke Energy Merger Reveal Outrage: Duke Board Members from Progress React to Ouster in 2,195 Pages Released Monday," Charlotte Observer, November 6, 2012.

9. Richard S. Tedlow, Denial: Why Business Leaders Fail to Look Facts in the Face— and What to Do About It (New York: Portfolio, 2010).

10. Marc Gerstein and Robert Shaw, "Organizational Bystanders," People and Strategy, June 2009, 31–31.

11. Gerstein and Shaw, "Organizational Bystanders."

12. Nassim Nicholas Taleb, The Black Swan: The Impact of the Highly Improbable, 2nd ed. (New York: Random House, 2010).

13. Daniel Kahneman, Thinking, Fast and Slow (New York: Farrar, Straus and Giroux, 2013), 201.

14. Daniel Kahneman, Jack L. Knetsch, and Richard H. Thaler, "Anomalies: The Endowment Effect, Loss Aversion and Status Quo Bias," Journal of Economic Perspectives 5, no. 1 (1991): 193–206.

15. Douglas Smith and Robert Alexander, Fumbling the Future: How Xerox Invented, Then Ignored, the First Personal Computer (Lincoln, NE: iUniverse, 1999); also see Paul Kedrosky, "Xerox's Long History of Management Ineptitude," National Post, November 25, 2000, and Jagdish N. Sheth, The Self-Destructive Habits of Good Companies . . . and How to Break Them (Philadelphia: Wharton School Publishing, 2007).

16. "IBM's Sam Palmisano: 'Always Put the Enterprise Ahead of the Individual'"

(interview with Wharton management professor Michael Useem), January 18, 2012, knowledge.wharton.upenn.edu/article/ibms-sam- palmisano-always-put-the-enterprise-ahead-of-the-individual.

17. W. L. Gore & Associates, "What We Believe." www.gore.com/en_xx/careers/whoweare/whatwebelieve/gore-culture.html; also cited by Jim Collins, "How the Mighty Fall: A Primer on the Warning Signs" (book excerpt), Bloomberg BusinessWeek, May 14, 2009.

18. Jim Collins, How The Mighty Fall: And Why Some Companies Never Give In(New York: HarperCollins, 2009).

19. George Anders, "Meg Whitman Jolts HP as Its Reluctant Savior," Forbes, June 10, 2013.

Chapter 3

1. See Christie Aschwanden, "Which Lance Armstrong?: The Emotions, Impulses and Mysterious Drives That Might Have Fueled the Cheating Tour Champion— and the Honest One," Bicycling, n.d., www.bicycling.com/news/featured-stories/ which-lance-armstrong.

2. "Lance Armstrong & Oprah Winfrey: Cyclist Sorry for Doping" (interview), BBC Sport (radio), January 18, 2013.

3. Gretchen Reynolds, "Phys Ed: Will Olympic Athletes Dope If They Know It Might Kill Them?," New York Times, January 20, 2010.

4. Robert I. Sutton, in "12 Things Good Bosses Believe," describes this belief as, "How I do things is as important as what I do." HBR Blog Network, May 28, 2010, http://blogs.hbr.org/2010/05/12-things-that-good-bosses-bel/.

5. Conversely, Sutton, in "12 Things Good Bosses Believe," describes the need for the good leader to recognize that "I have a flawed and incomplete understanding of what it feels like to work for me."

6. Charlie Gasparino, "John Thain's $87,000 Rug," Daily Beast, January 22, 2009, www.thedailybeast.com/articles/2009/01/22/john-thains-87000-rug.html.

7. Jim Collins believes great leaders are dedicated to a larger cause: "The central question is, What are you in it for? . . . leaders can be bland or colorful, uncharis-

matic or magnetic, understated or flamboyant, normal to the point of dull, or just flat-out weird—none of this really matters, as long as they're passionately driven for a cause beyond themselves"; in Great by Choice (New York: HarperBusiness, 2011), 33.

8. For a further example, see Dan Lovallo and Daniel Kahneman, "Delusions of Success: How Optimism Undermines Executives' Decisions," Harvard Business Review, July 2003.

9. Joe Roth remarks on the consequences of hubris, in this instance in the movie industry, in "Going After the Big One," Los Angeles Times, December 31, 1996.

10. Kurt Eichenwald, "Microsoft's Lost Decade," Vanity Fair, August 2012, 3.

11. Lovallo and Kahneman, "Delusions of Success."

12. Sydney Finkelstein, "The Seven Habits of Spectacularly Unsuccessful Executives," Forbes, January 2, 2012; see Habit #6: "They underestimate obstacles."

Chapter 4

1. "Parallel Worlds: Interview" (with Michael Bloomberg), The Focus 13, no. 1 (2009), www.egonzehnder.com/the-focus-magazine/archive.html?volume=162.

2. Amy Westfeldt and Jennifer Peltz, "With Can-Do Stance on Marathon, Mayor Misreads NYC," Associated Press, November 3, 2012.

3. Justin Stangel, "Worst Storm Ever" (tweet), Outcry over New York Marathon Leads to Cancellation, November 2, 2012, storify.com/cbccommunity/new- yorkers-rage-over-decision-to-hold-marathon.

4. Christopher Chabris and Daniel Simons, The Invisible Gorilla: How Our Intuitions Deceive Us (New York: Three Rivers Press, 2011).

5. David McRaney, You Are Not So Smart: Why You Have Too Many Friends on Facebook, Why Your Memory Is Mostly Fiction, and 46 Other Ways You're Deluding Yourself (New York: Gotham, 2012), 29.

6. Sydney Finkelstein, Why Smart Executives Fail (New York: Portfolio, 2003).

7. Max Bazerman and Ann E. Tenbrunsel, Blind Spots: Why We Fail to Do What's Right and What to Do About It (Princeton, NJ: Princeton University Press, 2011), 11.

8. Mark Maremont and Tom McGinty, "Mylan Chief Flies Firm's Jet to Side Gig: Son's Concerts," Wall Street Journal, December 17, 2012.

9. Barry M. Staw, "The Escalation of Commitment to a Course of Action," Academy of Management Review 6, no. 4 (1981): 577–587.

10. Mark Dowie, "Pinto Madness," Mother Jones, September/October 1977.

11. See Daniel Goleman's book Focus: The Hidden Driver of Excellence (New York: Harper, 2013), 123–126. He cites several studies that examine the relationship between power and status and the degree to which people focus on others.

12. See Michael W. Kraus and Dacher Keltner, "Signs of Socioeconomic Status: A Thin Slicing Approach," Psychological Science 20, no. 1 (2000), 99–106.

13. David Dunning, Self-Insight: Roadblocks and Detours on the Path to Knowing Thyself (New York: Psychology Press, 2005), 6.

14. The poll was conducted by the College Board in conjunction with the SAT examination process. One could question whether the results were skewed by the desire of those completing the survey to be seen in a positive light, given that they were taking college entrance exams. However, other studies in different set- tings confirm the bias toward seeing ourselves in a positive light. See Mark D. Alicke and Olesya Govorun, "The Better-Than-Average Effect," in The Self in Social Judgment, ed. Mark D. Alicke, David A. Dunning, and Joachim I. Krueger (New York: Psychology Press, 2005), 85–106.

15. Fabio Sala, It's Lonely at the Top: Executives' Emotional Intelligence Self [Mis]Perceptions (Consortium for Research on Emotional Intelligence in Organizations, 2001), www.eiconsortium.org.

16. See Malcolm Gladwell, "Cocksure: Banks, Battles, and the Psychology of Overconfidence," New Yorker, July 27, 2009, for a wonderful treatment of leadership arrogance.

17. Michael Maccoby, The Productive Narcissist: The Promise and Peril of Visionary Leadership (New York: Broadway Press, 1993).

18. Gates is quoted in Alina Tugend, "Success Is a Lousy Teacher," Daily Beast, March 30, 2011, www.thedailybeast.com/articles/2011/03/30/have-we-learned- from-our-financial-crisis-mistakes-by-alina-tugend.html.

19. Frank Rich, "Suckers for Superheroes," New York Magazine, December 9, 2012.

20. Gladwell, "Cocksure."

21. Ray Hyman, "Why and When Are Smart People Stupid," in Why Smart People Can Be So Stupid, ed. Robert Sternberg (New Haven, CT: Yale University Press, 2003).

22. Carmine Gallo, "How to Run a Meeting Like Google," Bloomberg BusinessWeek, September 26, 2006. Also see Nicholas Carlson, "The Truth About Marissa Mayer: She Has Two Contrasting Reputations," Business Insider, July 17, 2012, www.businessinsider.com. He quotes a former colleague of Mayer's as saying, "She used to make people line up outside of her office, sit on couches and sign up with office hours with her. Then everybody had to publicly sit outside her office and she would see people in five minute increments. She would make VPs at Google wait for her. It's like you've got to be kidding."

23. Rutgers Case Study and Recommendations. Skadden, Arps, Slate, Meagher & Flom LLP for the Board of the Governors of Rutgers, July 22, 2013. Cited in Kelly Heyboer, "Rutgers Releases Independent Investigator's Report on Basketball Scandal," Star-Ledger, July 22, 2013, NJ.com. Also, see Thomas Fox, "The Rutgers Basketball Scandal—Some Questions for the Compliance Practitioner to Ask," June 12, 2013, www.CorporateComplianceinsights.com, and Dan Loumena, "Rutgers Basketball Scandal: Tim Pernetti Is the Wrong Fall Guy," Los Angles Times, April 6, 2013.

Chapter 5

1. Robert Jordan. "A Desk Is a Dangerous Place from Which to View the World," Forbes, November 1, 2012, http://www.forbes.com/sites/robertjordan/2012/11/01/how-to-be-a-better-leader-ditch-your-desk/.

2. McKinsey Quarterly staff, "McKinsey Conversations with Global Leaders: Andrew Gould of Schlumberger," McKinsey Quarterly, April 2010.

3. Michael Useem, "IBM's Sam Palmisano: Always Put the Enterprise Ahead of the Individual," Knowledge@Wharton. January 18, 2012, http://knowledge.wharton.upenn.edu/article/ibms-sam-palmisano-always-put-the-enterprise-ahead-of-the- individual/.

4. Steve Lohr, "Can Apple Find More Hits Without Its Tastemaker?" New York Times, January 18, 2011.

5. Adam Lashinsky, "Amazon's Jeff Bezos: The Ultimate Disrupter," Fortune, November 16, 2012.

6. Michael Schrage, "Invest in Your Customers More Than Your Brand," HBR Blog Network, February 25, 2013. http://blogs.hbr.org/2013/02/invest-in-your-customers-more-than-your-brand/.

7. From Amazon.com, Selling at Amazon.com 〉 Feedback & Performance 〉 Customer Metrics (which lists some of the company's performance measures), http://www.amazon.com/gp/help/customer/display.html?nodeId=200205140.

8. A. G. Lafley, "What Only the CEO Can Do," Harvard Business Review, May 2009.

9. This customer interaction is described in Nick Paumgarten's article "The Merchant: It's All About the Eye—and the Numbers," New Yorker, September 20, 2010. For another profile of Drexler's management style, see Tina Gaudoin's "Mickey Drexler: Retail Therapist?" WSJ. Magazine, June 2010.

10. Comments made at the Women's Wear Daily CEO Summit and quoted in Lauren Sherman, "J. Crew's Mickey Drexler on Secrets to His Success," Fashionista, January 7, 2013, fashionista.com/2013/01/j-crew-mickey-drexler-wwdceo-summit.

11. Emily Bryson York, "Starbucks Gets Its Business Brewing Again with Social Media: How the Company Turned Around Sales by Finding 'Intersection Between Digital and Physical,'" Advertising Age, February 22, 2010.

12. Darren Heitner, "NASCAR and Hewlett-Packard Are Driving Innovation with New Fan and Media Engagement Center," Forbes, January 14, 2013.

13. "Joint Chiefs Chairman's Tough Task Ahead," 60 Minutes, CBS News, February 11, 2009.

14. Ken Favaro, Per-Ola Karlsson, and Gary L. Neilson, "Navigating the First Year: Advice from 18 Chief Executives," Strategy+Business, May 24, 2012.

15. Endre Holen and Allen Webb, "My Transition Story," McKinsey Quarterly, June 2010.

16. Michael A. Roberto, Know What You Don't Know: How Great Leaders Prevent

Problems Before They Happen (Upper Saddle River, NJ: Pearson Prentice Hall, 2009).

17. Adam Bryant, "Knock Knock: It's the CEO," New York Times, April 11, 2009.

18. Gaudoin, "Mickey Drexler."

19. Wal-Mart, "A Look Inside Lee's Garage," news.walmart.com/news-archive/2006/02/17/a-look-inside-lees-garage.

20. Gary Hamel and Lisa Välikangas, "The Quest for Resilience," Harvard Business Review, September 2003.

21. Jeff Immelt, "Renewing American Leadership," speech presented at West Point, New York, December 2009. GE Reports, http://files.gereports.com/wp-content/uploads/2009/12/90304-2-JRI-Speech-Reprint1-557.qxd_8.5x11.pdf.

22. Joel Kurtzman, "An Interview with Gary Hamel," Strategy+Business, October 1, 1997.

23 David A. Price, The Pixar Touch (New York: Vintage Press, 2009).

24. Verne Harnish and the Editors of Fortune, The Greatest Business Decisions of All Time (New York: Time Home Entertainment, 2012).

25. Walter Isaacson, Steve Jobs (New York: Simon & Schuster, 2011).

26. The overall approach discussed here is based on the tools outlined by Dorothy Leonard, Gavin Barton, and Michelle Barton in "Make Yourself an Expert," Harvard Business Review, April 2013, 127.

Chapter 6

1. Raymond S. Nickerson, "Confirmation Bias: A Ubiquitous Phenomenon in Many Guises," Review of General Psychology 2, no. 2 (1998): 175–220.

2. Tim Weiner, "Robert S. McNamara, Architect of a Futile War, Dies at 93," New York Times, July 6, 2009.

3. Carl Lavin, "The Flawed Legacy of Robert McNamara," Forbes, July 6, 2009.

4. Errol Morris (director), The Fog of War: Eleven Lessons from the Life of Robert S. McNamara (New York: Sony Classics, 2003), film.

5. Kathryn Schulz, Being Wrong: Adventures in the Margin of Error (New York:

HarperCollins e-books, 2010), 4.

6. Jim Collins, foreword to The Greatest Business Decisions of All Time, by Verne Harnish and the Editors of Fortune (New York: Time Home Entertainment, 2012).

7. A number of authors provide advice on asking effective questions, which I draw on in my own treatment of this topic. See Marilee Goldberg, The Art of the Question (New York: Wiley, 1998), and Michael Marquardt, Leading with Questions (San Francisco: Jossey-Bass, 2005). See also Michael Hyatt's "7 Suggestions for Asking More Powerful Questions," at michaelhyatt.com/asking- more-powerful-questions.html.

8. John McLaughlin, quoted in Bernard T. Ferrari, "The Executive's Guide to Better Listening," McKinsey Quarterly, February 2012.

9. Jason Zweig, "A Lesson from Buffett: Doubt Yourself," Money Beat (Wall Street Journalblog),May5,2013,blogs.wsj.com/moneybeat/2013/05/05/a-lesson-from-buffett-doubt-yourself.

10. Michael A. Roberto, Why Great Leaders Don't Take Yes for an Answer: Managing for Conflict and Consensus (Upper Saddle River, NJ: Pearson Prentice Hall, 2005).

11. Peter Drucker, "Managing Oneself," Harvard Business Review, January 2005.

12. Anthony Tijan, "WatchYourself and Learn: How Leaders Become Self-Aware," HBR BlogNetwork,July19,2012,blogs.hbr.org/2012/07/how-leaders-become-self-aware.

13. See Marshall Goldsmith, What Got You Here Won't Get You There: How Successful People Become Even More Successful (New York: Hyperion, 2007).

14. David Kiley, "Alan Mulally: The Outsider at Ford," Bloomberg BusinessWeek, March 4, 2009.

15. Bryce Hoffman, American Icon: Alan Mulally and the Fight to Save Ford Motor Company (New York: Crown Business, 2012).

16. Catmull, "How Pixar Fosters Collective Creativity."

17. Panos Mourdoukoutas, "Why Is Mr. Buffett Inviting a Heretic to Berkshire Hathaway's Annual Shareholder Meeting?" Forbes, May 4, 2013.

18. McKinsey Quarterly staff, "McKinsey Conversations with Global Leaders: Dan Vasella of Novartis," McKinsey Quarterly, July 2009.

19. Max Bazerman and Ann Tenbrunsel, "Blind Spots: The Roots of Unethical

Behaviour at Work," Rotman, Spring 2011, 56.

20. Howard Yu and Joseph L. Bower, "Taking a Deep Dive: What Only a Top Leader Can Do," Working Paper, Harvard Business School, May 6, 2010.

21. Catmull, "How Pixar Fosters Collective Creativity."

22. Ed Catmull, "Pixar: Keep Your Crises Small," YouTube video, from a speech at Stanford Business School, recorded January 31, 2007, posted July 28, 2009, http://www.youtube.com/watch?v=k2h2lvhzMDc.

23. Drawing on Adélaïde-Édouard le Lièvre de La Grange's aphorism, "When we ask for advice, we are usually looking for an accomplice."

24. Bernard T. Ferrari, "The Executive's Guide to Better Listening," McKinsey Quarterly, February 2012.

25. Matthew DiLallo, "What Would Your Replacement Do?," Motley Fool Blog Network, May 7, 2012, beta.fool.com/latimerburned/2012/05/07/what-would- your-replacement-do/4310.

26. Atul Gawande, Complications: A Surgeon's Notes on an Imperfect Science (New York: Picador, 2003).

27. Department of the Army, A Leader's Guide to After-Action Reviews (Training Circular 2520), September 1993, www.acq.osd.mil/dpap/ccap/cc/jcchb/Files/Topical/After_Action_Report/resources/tc25-20.pdf.

28. McKinsey Quarterly staff, "Strategic Decisions: When Can You Trust Your Gut?" (interview with Daniel Kahneman and Gary Klein), McKinsey Quarterly, March 2010.

Chapter 7

1. Or as novelist Gilbert Chesterton puts it: "It isn't that they can't see the solution. It is that they can't see the problem."

2. Mark H. Ronald and Robert B. Shaw, "Developing Peripheral Vision," Leader to Leader 48 (Spring 2008), http://www.hesselbeininstitute.org/knowledgecenter/journal.aspx?ArticleID=718.

3. Joann S. Lublin and Christopher Weaver, "CEO Sought Nod for Romance," Wall

Street Journal, May 23, 2012.

4. Joann S. Lublin, "So You Want to Be CEO: Start Here," Wall Street Journal, September 16, 2013.

5. Patricia Sellers, "Lessons of the Fall," Fortune, May 29, 2008.

6. James Manyika, "Google's View on the Future of Business: An Interview with CEO Eric Schmidt," McKinsey Quarterly, November 2008, 5.

7. Ronald and Shaw, "Developing Peripheral Vision."

8. Rik Kirkland, "Leading in the 21st Century: An Interview with Carlos Ghosn," McKinsey Quarterly, September 2012, http://www.mckinsey.com/insights/leading_in_the_21st_century/an_interview_with_carlos_ghosn.

9. Kevin Sharer, "Why I'm a Listener: Amgen CEO Kevin Sharer," McKinsey Quarterly, April 2012.

10. Shane Snow, "The One Conversational Tool That Will Make You Better at Absolutely Everything," Fast Company, December 17, 2012.

11. Robert S. Kaplan, "Top Executives Need Feedback—Here's How They Can Get It," McKinsey Quarterly, September 2011.

12. John Kelly, "NASA's Procedures, Culture Under Fire: Striving forAccountability," Florida Today, July 7, 2005.

Chapter 8

1. Robert S. Kaplan, "Top Executives Need Feedback—Here's How They Can Get It," McKinsey Quarterly, September 2011.

2. Dan Ciampa was one of the first to write about the skill of leaders in taking advice. See his Taking Advice: How Leaders Get Good Counsel and Use It Wisely (Boston: Harvard Business Review Press, 2006). My treatment of this topic draws on his work, particularly his distinction between types of advice and kinds of advisors.

3. John Baldoni, "Do You Have a Rahm Emanuel on Your Staff?" HBR Blog Network, November 7, 2008.

4. Saj-nicole Joni, "Chairman Rx: The Need for Perspective," Forbes, October 27, 2006.

5. Michael Watkins, The First 90 Days (Boston: Harvard Business Review Press, 2013).

6. Dominic Barton, Andrew Grant, and Michelle Horn, "Leading in the 21st Century," McKinsey Quarterly, June 2012.

7. See Herminia Ibarra and Mark Huner, "How Leaders Create and Use Networks," Harvard Business Review, January 2007. They propose three types of networks: operational, personal, and strategic. Dan Ciampa's model, discussed in Taking Advice, outlines four areas in which advice is needed: strategic, operational, political, and personal.

8. Leslie Kwoh, "Reverse Mentoring Cracks Workplace," Wall Street Journal, November 28, 2011.

9. "The Great Pepsi Panic," Newsweek, June 27, 1993.

10. Dakin Campbell and Dawn Kopecki, "Dimon Says JPMorgan Executives 'Acted Like Children' on Loss," Bloomberg News, January 9, 2013, http://www.bloom berg.com/news/2013-01-08/dimon-says-some-jpmorgan-leaders-acted-like-chil dren-on-loss.html.

11. Different consultants use different categories to think about advisors. Dan Ciampa, for example, talks about advisors who are either an expert, experienced, sounding board, or partner. See his Taking Advice: How Leaders Get Good Counsel and Use It Wisely (Boston: Harvard Business Review Press, 2006).

12. Joseph Jimenez, "The CEO of Novartis on Growing After a Patent Cliff," Harvard Business Review, December 2012.

13. Kaplan, "Top Executives Need Feedback."

14. See Saj-nicole Joni, The Third Opinion (New York: Portfolio, 2004).

15. Ciampa, Taking Advice.

16. Hugh Sidey, "The Lesson John Kennedy Learned from the Bay of Pigs," Time, April 16, 2001, http://content.time.com/time/nation/article/0,8599,106537,00.html #ixzz2lmYiJtKi.

17. Michael Bloomberg, Bloomberg on Bloomberg (Hoboken, NJ: Wiley, 2001), 251.

18. Michael Maccoby, "Narcissistic Leaders: The Incredible Pros, the Inevitable Cons," Harvard Business Review, January 2004.

Chapter 9

1. Jobs noted, "John kept Paul from being a teenybopper and Paul kept John from drifting out into the cosmos," in Brent Schlender, "Exclusive: New Wisdom from Steve Jobs on Technology, Hollywood, and How Good Management Is Like the Beatles," Fast Company, April 17, 2012.

2. Jagdish N. Sheth, The Self-Destructive Habits of Good Companies: . . . and How to Break Them (Philadelphia: Wharton School Publishing, 2007), 70.

3. McKinsey Quarterly staff, "Strategic Decisions: When Can You Trust Your Gut?" (interview with Daniel Kahneman and Gary Klein), McKinsey Quarterly, March 2010, http://www.mckinsey.com/insights/strategy/strategic_ decisions_ when_can_you_trust_your_gut.

4. Hayagreeva Rao, Robert Sutton, and Allen P. Webb, "Innovation Lessons from Pixar: An Interview with Oscar-Winning Director Brad Bird," McKinsey Quarterly, April 2008.

5. Bill George, "Leadership Lessons from the Life of Robert McNamara" (posted on Bill George's website), July 13, 2009, www.billgeorge.org/page/ leadership-lessons-from-the-life-of-robert-mcnamara.

6. John Baldoni, "Hire People Who Disagree with You," HBR Blog Network, July 27, 2009, http://blogs.hbr.org/2009/07/hire-people-who-disagree/.

7. Michael Kruyl, Judy Malan, and Rachel Tuffield, "Three Steps to Building a Better Leadership Team," McKinsey Quarterly, February 2011, http://www.mckinsey. com/insights/organization/three_steps_to_building_a_better_top_team.

8. David A. Nadler, "Executive Team Effectiveness: Leading at the Top," in Executive Teams, by David A. Nadler, Janet L. Spencer, and Associates (San Francisco: Jossey-Bass, 1997), 21–39; see also David Nadler, "Managing the Team at the Top," Strategy+Business, January 1, 1996.

9. Michael Hilzik, Dealers of Lightning (New York: HarperCollins e-books, 2009).

10. Robert I. Sutton, "It's Up to You to Start a Good Fight," HBR Blog Network, August 3, 2010, http://blogs.hbr.org/2010/08/its-up-to-you-to-start-a-good/.

11. McKinsey Quarterly staff, "Strategic Decisions."

12. McKinsey Quarterly staff, "Strategic Decisions."

13. Michael A. Roberto, Why Great Leaders Don't Take Yes for an Answer: Managing for Conflict and Consensus (Upper Saddle River, NJ: Pearson Prentice Hall, 2005).

14. Sutton, "It's Up to You to Start a Good Fight."

15. George Packer, "Team Effort," New Yorker, July 5, 2010.

16. Jim Collins, foreword to The Greatest Business Decisions of All Time, by Verne Harnish and the editors of Fortune (New York: Time Home Entertainment, 2012).

17. Martin Sorrell, Randy Komisar, and Anne Mulcahy, "How We Do It: Three Executives Refl on Strategic Decision Making," McKinsey Quarterly, March 2010.

Conclusion

1. Business Lessons from American Express CEO Ken Chenault, Kissmetrics, a blog about analytics, marketing, and testing, May 2013, http://blog.kissmet rics.com/lessons-from-ken-chenault/.

2. Stefan Stern, "Should Your Next CEO Be an Inside Outsider?" HBR Blog Network, December 3, 2012, http://blogs.hbr.org/2012/12/should-your-next- ceo-be-an-insid/

3. This comment by Zach Nelson, CEO of NetSuite, is quoted in Quentin Hardy, "Young Tech Sees Itself in Microsoft's Ballmer," New York Times, August 25, 2013.

4. Alexandra Wolfe, "Howard Schultz: What Next, Starbucks?" Wall Street Journal, September 27, 2013.

5. Danielle Sacks, "How Jenna Lyons Transformed J. Crew into a Cult Brand," Fast Company, May 2013.

6. Interview with Sandy Weil on CNBC's Squawk Box, September 10, 2013.

7. In brief, the research found that people's expectations of those in positions of authority (students' views of teachers in these studies) affect performance, an outcome some call a reverse Pygmalion effect. See, for example, Robert S. Feldman and Thomas Prohaska, "The Student as Pygmalion: Effect of Student Expectation on the Teacher," Journal of Educational Psychology 71, no. 4 (1979): 485–493.

8. W. B. Swann Jr., "To Be Adored or to Be Known: The Interplay of Self-

Enhancement and Self-Verification," in Foundations of Social Behavior, ed. R. M. Sorrentino and E. T. Higgins, vol. 2 (New York: Guilford Press, 1990), 408–448.

9. Marshall Goldsmith, What Got You Here Won't Get You There: How Successful People Become Even More Successful (New York: Hyperion, 2007), 111.

10. See Kathy Caprino, "Busting the Myth That Women Aren't as Ambitious as Men," Forbes, November 28, 2011, and Sheryl Sanberg, "Now Is Our Time," Harvard Business Review, April 2013.

11. McKinsey Quarterly staff, "Strategic Decisions: When Can You Trust Your Gut?" (interview with Daniel Kahneman and Gary Klein), McKinsey Quarterly, March 2010.

12. McKinsey Quarterly staff, "Strategic Decisions," 6.

13. Thomas Fuller observed, centuries ago, that "great and good are seldom the same man."

14. Robert I. Sutton takes a contrary view of Steve Jobs; see The No Asshole Rule: Building a Civilized Workplace and Surviving One That Isn't (NewYork: Business Plus, 2010).

15. For a provocative articulation of this point, see Kevin Dutton, The Wisdom of Psychopaths (New York: Farrar, Straus and Giroux, 2012